毛海莹 著

宁波民俗文化

NINGBO FOLK CULTURE

上海三联书店

金银彩绣 甬上风情图

甬东天后宫

宁波传统碱水粽

奉化芋艿头

宁波人日常家庭聚餐

龙凤金团

宁波红膏呛蟹

宁波猪油汤团

宁波传统端午担

宁波谢年仪式

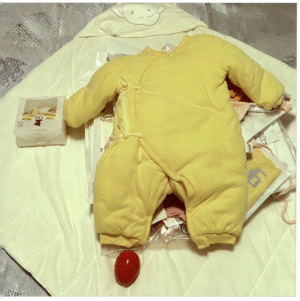

宁波催生包

宁波新娘出嫁时用的火熄

宁波新娘上轿饭

年轻爸爸用鹅头给宝宝开荤

骨木镶嵌千工床

朱金漆木雕万工轿

海盐晒制

泥金彩漆

化布龙表演

宁波民俗文化访谈合影

宁波民俗文化访谈场景

目 录

前　言 ……………………………………………………………………… 1

第一章　岁时民俗 ………………………………………………………… 1

一、春时民俗　立春雨水到,早起晚睡觉 ……………………… 2

二、夏时民俗　雄黄细蘸高粱酒,苍术还须正午烧 ………… 15

三、秋时民俗　立秋西瓜被被秋,八月十六度中秋 ………… 22

四、冬时民俗　廿五廿六操年糕,廿七三十拣黄道 ………… 27

第二章　人生礼俗 ……………………………………………………… 39

一、诞生礼俗　怀抱婴儿撑纸伞,乌鼻头管望外婆 ………… 39

二、婚嫁礼俗　新娘花轿八人抬,十里红妆嫁过来 ………… 52

三、寿辰礼俗　请吃酒挜拜生，做九不做十 ……………………… 64

四、丧葬礼俗　金木水火土，三升三斗足 ……………………… 73

第三章　饮食民俗 ……………………………………………………… 84

一、日常食俗　红膏呛蟹咸咪咪，大汤黄鱼放咸斋 ………… 86

二、节令食俗　立夏鸡蛋松花团，倭豆米饭脚骨笋 ………… 94

三、仪礼食俗　跑过三关六码头，吃过奉化芋艿头 ………… 105

四、特色食俗　岁朝早起整冠裳，饼果汤团荐影堂 ………… 109

第四章　生产民俗 …………………………………………………… 114

一、农业民俗　田要肥河泥草子，人要健桂圆荔枝 ………… 114

二、渔业民俗　呆大捕死张网，活络要算小对郎 …………… 119

三、手工业民俗　千工床万工轿，金银彩绣来增色 ………… 123

四、商业民俗　走遍天下，不如宁波江厦 …………………… 131

第五章　游乐民俗 …………………………………………………… 138

一、民间游戏　正月嗑瓜子，二月放鹞子 ………………… 139

二、民间竞技　踢碎香风抛玉燕，海滩涂里赛泥马 ………… 146

三、民间杂艺　木偶摔跤套路多，南方高跷花样新 ………… 151

第六章　语言民俗 …………………………………………………… 156

一、语音习俗　石骨铁硬宁波话，幽默智慧明事理 ………… 157

二、吉祥俗语　生意兴隆通四海，财源茂盛达三江 ………… 160

三、商贸俗语　外行生意勿可做，内行生意勿可错 ………… 162

四、生活俗语　娘舅大石头，闲话独句头 …………………… 165

第七章　民间俗信 ·································· 169

　　一、自然俗信　以酒祀床母,以茶祀床公 ·············· 169

　　二、宗教俗信　太平求子拜观音,招财进宝请财神 ············· 176

　　三、特色俗信　若要夫妻同到老,梁山伯庙到一到 ············· 183

　　四、禁忌民俗　吃鱼不翻说掉头,舌头不叫叫赚头 ············· 195

第八章　民俗艺术 ·································· 202

　　一、曲艺戏剧　信神跪佛脚,唱书对韵脚 ·············· 202

　　二、音乐舞蹈　渔民号子粗犷美,奉化布龙舞不停 ············· 211

　　三、传统技艺　三分雕刻七分漆,三金一嵌传如意 ············· 223

参考文献 ····································· 235

附:宁波民俗文化访谈录 ···························· 242

后　记 ····································· 256

图 片 目 录

图 1-1　宁波城隍庙春节民俗活动 ┈┈┈┈ 6

图 1-2　宁波城隍庙新春灯会 ┈┈┈┈ 11

图 1-3　宁波慈城古镇新春灯会 ┈┈┈┈ 11

图 1-4　宁波云龙端午龙舟竞渡 ┈┈┈┈ 18

图 1-5　宁波传统端午担 ┈┈┈┈ 20

图 1-6　甬式月饼 ┈┈┈┈ 26

图 1-7　冬至宁波大头菜烤年糕 ┈┈┈┈ 30

图 1-8　宁波谢年仪式 ┈┈┈┈ 34

图 2-1　宁波催生包 ┈┈┈┈ 42

图 2-2　结婚新房铺床 ┈┈┈┈ 56

图 2-3　宁波新娘出嫁时用的火熜 ┈┈┈┈ 60

图 2-4　宁波婚宴喜礼 ┈┈┈┈ 63

图 2-5　宁波老人做寿时的寿面 ┈┈┈┈ 67

图 2-6　给宁波老人的祝寿蛋糕 ┈┈┈┈ 68

图 2-7　六十六块肉 ┈┈┈┈ 70

图 2-8　出殡时送葬队伍 ┈┈┈┈ 81

图 3-1　宁波人日常家庭聚餐 ············· 85

图 3-2　宁波呛蟹 ············· 87

图 3-3　宁波灰汁团 ············· 93

图 3-4　宁波各色点心 ············· 96

图 3-5　宁波传统碱水粽 ············· 100

图 3-6　龙凤金团 ············· 106

图 3-7　宁波新娘上轿饭 ············· 106

图 3-8　奉化芋艿头 ············· 106

图 3-9　宁波猪油汤团 ············· 110

图 4-1　宁波象山开渔节开船仪式 ············· 121

图 4-2　宁波金银彩绣制作 ············· 129

图 4-3　海盐晒制 ············· 130

图 4-4　慈城药商博物馆前的铃医 ············· 136

图 5-1　赛泥马 ············· 150

图 5-2　余姚木偶摔跤 ············· 152

图 7-1　河姆渡遗址"双鸟朝日" ············· 170

图 7-2　床公床婆 ············· 173

图 7-3　甬东天后宫 ············· 184

图 7-4　前童元宵行会 ············· 188

图 7-5　宁波梁山伯庙 ············· 191

图 7-6　宁波城隍神 ············· 193

图 8-1　宁海平调耍牙 ············· 210

图 8-2　奉化布龙表演 ············· 216

图 8-3　北仑梅山舞狮 ············· 218

图 8-4　朱金漆木雕万工轿 ············· 224

图 8-5　骨木镶嵌千工床 ············· 226

图 8-6　金银彩绣甬上风情图 ············· 227

图 8-7　泥金彩漆 ············· 228

前　言

　　宁波历史文化底蕴深厚,城市文脉源远流长,拥有 8000 多年的海洋文明史和 1200 年的三江口建城史。形成于晋代的浙东运河连接了 7 世纪初开凿的京杭大运河,宁波也由此成为中国大运河南端出海口、"海上丝绸之路"东方始发港,具有了运河城市与海港城市的双重特征。宁波也是国家历史文化名城,悠久灿烂的城市文明孕育了源远流长的海丝文化,一脉相承,丰富多元,涵盖了商品贸易、科学技术、文化传播、国际交流等海上丝绸之路的各个方面。

　　宁波大地,四明山、天台山巍然矗立,三江汇涌,甬江纵贯入海。枕山面海、拥江揽湖,山的伟岸、海的奔放、江的灵动、湖的沉稳,孕育了宁波独特的地域民俗文化,造就了宁波人独特的精神气质。

　　本书以动态传承的方式记录了宁波人的日常民俗文化,包括城区的市井生活民俗文化、郊县的乡村生活民俗文化。全书对宁波民俗文化的阐述既有物质生活层面的,也有社会生活层面的,更有精神生活层面的。著作以历史传承的底蕴、地域文化的特色以及与宁波文化生态的相互依存关系为考察中心,成为宁波乡土史志的重要资料。

全书共设八章,包括"岁时民俗""人生礼俗""饮食民俗""生产民俗""游乐民俗""语言民俗""民间俗信""民俗艺术",均以宁波典型的民俗事象为研究对象,并力图以精当而通俗的理论概括和民俗阐释作整体分析,并对宁波源远流长的民俗文化和资源价值做出合理评判。书中涉及的民俗事象既有宁波市级层面的民俗文化,也有宁波下属十个县市区的地域特色民俗文化,包括海曙区、江北区、鄞州区、北仑区、镇海区、奉化区、余姚市、慈溪市、象山县、宁海县等县市区的特色民俗。

第一章"岁时民俗",分春时民俗、夏时民俗、秋时民俗、冬时民俗分别叙说;第二章"人生礼俗",涉及诞生礼俗、婚嫁礼俗、寿辰礼俗、丧葬礼俗等方面;第三章"饮食民俗"选择部分有宁波特色的物产和菜肴,分别从日常食俗、节令食俗、仪礼食俗、特色食俗等方面展开;第四章"生产民俗"涵盖了农业、渔业、手工业、商业等方面的民俗,凸显出宁波的商贸和海洋特色;第五章"游乐民俗"则分民间游戏、民间竞技和民间杂艺等三大部分,把宁波特色的儿童和成人民间游娱活动较好地呈现出来;第六章"语言民俗"从宁波话的语音习俗、吉祥俗语、商贸俗语、生活俗语等四方面切入进行探讨;第七章"民间俗信"对有特色的宁波信仰民俗作研究与判断,包括自然俗信、宗教俗信、特色俗信和禁忌民俗等;第八章"民俗艺术"则从曲艺戏剧、音乐舞蹈、传统技艺等视角生动地展示了宁波特色的民间艺术形式。此外,著作还结合上述内容做了大量的民俗访谈和田野调查,从生活实践的层面丰富了民俗理论的内涵。

著作第一次系统全面地展示了宁波地方民俗文化,语言力求精练雅致,行文畅达,并适当配有特色图片。宁波是副省级计划单列市,是全国文明城市,经济和文化齐头并进,也是长三角经济一体化中重要的独具活力和特色的现代化滨海城市。因此,本书出版面世后将成为长三角地区人民了解宁波民俗、品读文化、传承文化的重要平台,也是外地人来甬工作、学习、旅游的重要文化参考,具有重要的现实意义与应用价值。

"十里不同风,百里不同俗",作为江南城市,宁波独具特色的民俗文化会让你记忆深刻。不管你是生于斯长于斯的老宁波人,还是来甬工作学习的新宁波人,抑或是少小离家客居他乡的宁波游子,民俗文化都将是你情感的依托和心灵的归宿。

期待更多关注宁波民俗、热爱浙江文化的读者一起开启宁波民俗文化之旅。

甲辰年初秋于宁波塘家湾

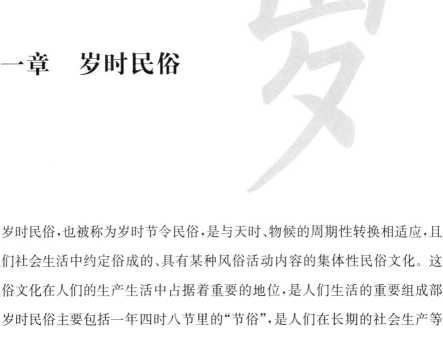

第一章　岁时民俗

　　岁时民俗,也被称为岁时节令民俗,是与天时、物候的周期性转换相适应,且在人们社会生活中约定俗成的、具有某种风俗活动内容的集体性民俗文化。这种民俗文化在人们的生产生活中占据着重要的地位,是人们生活的重要组成部分。岁时民俗主要包括一年四时八节里的"节俗",是人们在长期的社会生产等实践中逐渐形成的,其中包含着历史地域、宗教信仰等多种文化因素。节气是指二十四个时节和气候,是中国古代制订的一种用来指导农事的补充历法,是中华民族劳动人民长期的经验积累和智慧结晶。2016年11月30日,中国"二十四节气"被正式列入联合国教科文组织人类非物质文化遗产代表作名录。在没有"天气预报"的中国古代,"二十四节气"扮演了相当重要的角色,至今仍在影响国人,指导着人们的生产和生活。宁波的节气节俗中至今保留着相当程度的地方习俗,展示着宁波特色的风土人情。

　　此外,宁波地区的传统节日习俗受到了居住地区的自然环境条件制约,具有鲜明的地域特色。宁波民间向来比较重视谢年、除夕、春节、元宵节、三月三、端午节、四月初八、七月十五、地藏王生日、中秋节等。这些传统节俗中祭祀活动是必不可少的，它们也是岁时民俗重要的组成部分。

岁时民俗的确立是万物化育、自然形成的。但是，随着社会的变迁、科技的进步，一些岁时节日的习俗已渐渐消失在历史长河，但同时也有一些新兴的岁时节俗因生产生活的需要，出现在我们的生活中。岁时民俗的形成与发展，与人们对自然的认识和对生活的期望密切相关。人们根据天时、物候的变化，结合生活实际，创造出了各种具有特定意义的岁时民俗，以此来祈求五谷丰登、人畜两旺、岁岁平安。这些岁时民俗不仅体现了人们对美好生活的向往和追求，也寄托了人们对家庭、民族和国家的深厚情感。

一、春时民俗

立春雨水到，早起晚睡觉

立 春

每年公历 2 月 3 日到 5 日间的其中某日为立春。立春是二十四节气中的第一个节气，自秦代以来，我国就一直把立春作为春季的开始，立春是从天文上来划分的，立春之后，天气回暖，万物初生。在人们的心目中，春代表着温暖、生长。农谚提醒人们"立春雨水到，早起晚睡觉"，立春是耕耘播种的开始。立春是二十四节气里的第一个节气，民间又称"打春"，由于它标志着春天的开始，民间都把立春作为节日来过。按照传统的气象计算方法，一般在冬至后 46 天为立春，或在大寒后 15 天为立春，当日斗指东北维，此时日行黄经 315 度，气温开始回升，多风，民谣说"春来鹅毛起"，预示春天开始了。

在中国历史上，立春举行的迎春礼是一个重要的农业礼仪，从东汉到清末，延续了近两千年，无论是官方礼俗还是相关的民间习俗都十分丰富，在作为农业文明古国的古代中国产生过广泛影响。①《礼记·月令》里已有十二月出"土牛"以送寒气的说法,到汉朝逐渐演变为在立春时节堆造土牛庆祝春耕开始的习俗,唐朝时有地方由官府来组织这种活动,而明清时这就成为州县衙门一项制度化的政务,以此表示春耕开始,迎春气而兆丰年。

宁波立春的风俗与此大致相同。明清时,宁波地方知县会在立春前一天以彩仗迎春。当天,县官从县衙到社坛祭祀芒神(句芒,主管农事的春神)、土牛,然后下田扶耕犁,举行试耕仪式,表达朝廷对农事的重视,鼓励百姓积极耕种,并祈愿丰收。迎春仪式后,县衙还会雇一个叫花子,让他穿上官服,称之为"春官",叫花子手持青铜小牛,唱门报春,进屋后,以青铜小牛在米缸、谷仓左右各绕三圈,边绕边唱"黄龙盘谷仓,青龙盘米缸"的吉利话,并挨户送木版印刷的《春牛图》。所以有俗谚说:"叫花子做春官,也有这一天。"百姓会给报春者钱或年糕作为报酬。宁波奉化的地方文献《光绪奉化县志·风俗篇》载:立春前一日,"邑令同各官以彩仗迎春于东郊。次日祭芒神,鞭土牛;各家祀太岁,作春盘,饮春酒,谓之'接春'或'闹春'。"这寓意一年早耕种,将有好收成。

立春之所以又叫"打春",与岁事活动"鞭春牛"有直接关系。鞭春牛的意义,不仅仅限于送寒气、促春耕,还有一定的巫术意义。浙江境内迎春牛,在立春前一日,举行盛大的迎春仪式,先用黄泥做一头牛,如肥猪般大,身上披红挂绿,头上插金花,由四人抬着先行,后面跟着"春官"手持一把鞭子赶牛。将春牛抬至城郊指定地点,再按品级高低,依次向春牛叩头。拜毕,百姓一拥而上,将春牛弄碎,抢春牛泥回家,撒进牛栏内。由此看出,鞭春牛还是一种繁殖巫术,经过迎春的春牛土,撒在牛栏内可以促进牛的繁殖。② 古时的宁波地方官府,在每年"立春"时,也要举行迎春祭典。在祭典开始前,要用泥土做一头"土牛"。祭典开始

① 简涛:《立春风俗考》,上海文艺出版社1998年版。
② 苗叶茜:《源远流长的打春习俗——"鞭春牛"》,《文化月刊》2015年第1期。

后,由当地官员主礼,委派专人手执彩鞭抽打"土牛",人们将这种行为称之为"鞭春"。之后,农民会从"土牛"上挖一些土带回家,以此祈求五谷丰登、六畜兴旺。因为立春时要鞭打"土牛",所以人们又将"立春"称为"打春"。

立春当日还有"咬春"的传统,"咬春"的风俗早在唐代就已盛行,有"咬得草根断,则百事可做"的寓意。诗人杜甫在《立春》一诗中曾有"春日春盘细生菜""菜传纤手送青丝"的描述,说的就是立春日咬春的习俗。立春时节用于咬春的食物很有特色,比如五辛盘、春饼、春卷、萝卜等。古时候的五辛盘调味品,由葱、蒜、椒、姜、芥等五种辛辣食物调和而成。一则"辛"取"新"义,意为迎新;二则此五种食物,可以发散疏通五脏之气,杀菌驱寒。现代人对五辛盘的内容进行了改进,以一些美味佳肴为主。如今在宁波民众的生活中,"咬春"吃得最多的是春卷,品尝春卷中包裹的新鲜蔬菜,才符合其"咬春"之意。人们从菜市场买些春卷皮子、荠菜和香干回家,将荠菜和香干洗净剁碎,加点芝麻油、食盐,搅拌均匀,也有的人家会将切好的荠菜、香干等放进油锅里翻炒一下,这就是春卷的馅料。将馅料裹进事先买来的春卷皮子里,一个个裹好的春卷像小山一样堆在盘子里,然后放进油锅里炸,刚出锅的春卷金黄酥脆,荠菜香干馅料有滋有味,大人小孩都十分爱吃。宁波旧俗吃春卷要从头吃到尾,取其"有头有尾"的吉祥寓意。不管迎春还是咬春,其中都蕴含了保健元素,充分体现了人们顺应自然、与大自然合为一体的整体思想。这也体现了中医养生保健和中医诊疗的思维方式。①

立春这天宁波民间旧俗也有一些禁忌,如出嫁的闺女不能回娘家,即使在娘家,也要在打春的时辰到外面躲一躲。一年有两个立春日时忌结婚,据说"一年两个春,死了丈夫断了根"。由于立春这天寄托着人们的希望,宁波民间旧俗还有一些其他特殊的禁忌。如立春之日不能看病,寓意着一年四季都不会有好运;

---

① 邓玉霞:《立春迎春咬春》,《中医健康养生》2018 年第 4 期。

立春日不理发，因为立春日是四季之始，天气回暖，草木逐渐焕发生机，而头发就像是身体的草木，在生机焕发的立春日不能损害，如果立春日理发会违背生长之理。立春时辰不可以躺着，因为这一天是阳气开始起步、升起的时刻，所以人应该站立或者坐着来迎接这一美好时刻。立春之日不搬家，因为立春这一天是冬春交接之时，气息驳杂，如果搬迁，会使人一年都动荡不稳。另外，立春之日，人们不能有口舌之争，不口出污秽言语，和和气气，欢度节日。老宁波人也认为，立春当天天气晴朗，则来年丰收，如果当天阴天则来年歉收，诸事不吉。

不过，以上这些立春禁忌随着岁月的流转已逐渐消逝，至今都没有什么特别禁忌了。但有些禁忌在现在老宁波人眼里还是有的，在我们的访谈中，陈女士提到立春当天长辈都会强调不能吵架，不能摔破碗，因为立春是一年的开端，要顺风顺水。如果一年开头第一天就吵架或是摔碎碗，则会一年不顺。吴老先生则表示没有听说过不能看病、不能理发和不能搬家的习俗。但也许不能理发的传闻是因为立春开始万物复苏，新的枝叶和田里的庄稼都重新生长，而剪去头发则与立春万物生长的状况相悖。俞老先生则补充道，人们素来重视立春，因为一年之计在于春，人们对立春的重视仅次于正月初一。人们对于立春的重视和敬畏来自希望一年有一个好的开头，能够顺顺利利。总体而言，立春作为一年的第一个节气，意味着万物复苏，同时也承载着人们对一年的期望，所以这一天就要顺顺利利、平平安安地度过。①

春 节

春节是我国传统节日中最隆重盛大的节日，中国人过春节有着悠久的历史，春节期间普天同庆、合家团聚，欢喜而又热闹。《梦粱录》卷六"除夜"条目云："十

---

① 根据 2024 年 1 月 11 日宁波民俗文化访谈会整理，具体见附录。

二月尽,俗云月穷岁尽之日,谓之除夜。士庶家不论大小家,俱洒扫门闾,去尘秽,净庭户,换门神,挂钟馗,钉桃符,贴春牌,祭祀祖宗。遇夜则备迎神香花供物,以祈新岁之安。"可以大致认定,时至今日,浙江的春节行事传统,基本上在宋代便已定型。① 2006年,春节民俗经国务院批准列入第一批国家级非物质文化遗产名录。2024年12月4日,"春节——中国人庆祝传统新年的社会实践"正式列入人类非物质文化遗产代表作名录。

图1-1 宁波城隍庙春节民俗活动

狭义的春节指农历正月初一,广义的春节习俗可以分为年前习俗和节期习俗。年前习俗一般是从腊月二十三开始,一直到除夕,正如民谣中所说:"二十三,祭灶官;二十四,扫房子;二十五,拐豆腐;二十六,割块肉;二十七,杀年鸡;二十八,蒸枣花;二十九,蒸馒头;腊月三十,贴门齐。"除了民谣中提到的习俗,还包

---

① 徐爱华、张远满:《浙江省传统节日民俗传承人口述史研究》,浙江工商大学出版社2016年版。

括除尘、办年货、祭祖、吃年夜饭、守岁等习俗。节期习俗则是从正月初一到正月十五之间的习俗,如拜年、舞龙舞狮、拜神祭祖、放鞭炮、开市、庙会、赏花灯、吃元宵等习俗。除了围绕除旧迎新等传统习俗外,在新的社会环境中演化出许多新的习俗形式,如观看春晚、旅游过春节、微信视频拜年等。

春节期间人们会恪守诸多禁忌,这肇始于对"开始"的重视。古人认为春节这一天预兆着全年的吉凶祸福,因而禁忌很多,集中体现了人们趋吉避凶、祈求平安的心理。《清嘉录》记载:"元旦,俗忌扫地、乞火、汲水并针剪,又禁倾秽、瀽粪。"忌扫地倒垃圾,是防止走了财气;忌动刀剪针线,是怕遭凶祸。

正月初一的凌晨人们会被"开门炮"吵醒,因为"开门炮"是新年到来的第一个信号。这一习俗在农村尤为明显,旧时表示这家主人在新年的第一天依旧保持着披星戴月开门出工的勤劳习惯,因此第一声开门炮常常在子夜鸣响。鞭炮有驱邪贺瑞的意义,也暗示年景的"爆"发兴隆。

宁波人放"开门炮"也有惯例,男主人口念吉词先开门,把炮仗放于自家门口,先放小鞭炮一串,俗称"百子炮";再放双声大炮仗,只放三发,但要"带四放三",留一个作"备炮",宁波话"备炮"出典于此。"开门炮"放得越高越响越好,要求三发都响,声音洪亮清脆视为吉祥,也寓意着驱除过去一年的晦气与不顺。

新年里第一次见面的人们要拱手作揖,口诵吉词,这也就是传统礼仪"拜年"。这一天人人都要换上新衣裳,以示"万象更新"。对于宁波人,初一早餐必吃汤圆,取其"团团圆圆"或"恭贺元日"的暗喻,以图吉利。宁波汤圆远近闻名,是一种用水磨糯米粉做成的团子,以白糖、猪油、芝麻粉混合后作馅子,所以又称"猪油汤团"。宁波市区的"猪油汤团"是滚圆的,而宁波下属的余姚市"猪油汤团"是带小尾巴的,看起来十分可爱。当然,礼佛斋戒者也可用黄豆粉加红糖作"素馅",或改吃"浆板圆子"。"浆板"是酒酿的宁波方言,取其"浆"与"涨"的谐音,宁波人向来重商,暗喻"家业如潮涨","圆子"则是无馅小汤圆。这些糯米粉做的小点心,都用甜水汤煮,取其"甜蜜"之意。整个春节期间,汤圆为待客的主要点心。

早饭后是本族的晚辈正式向直系血亲长辈拜岁请安的时间。新婚三年之内的媳妇,就会端着朱漆的木茶盘向五服之内的长辈挨家奉茶,俗语称为"泻茶",奉茶多用红糖泡成,有的还泡上爆米花,暗示甜蜜与兴旺。新媳妇向公婆奉茶则在早饭前就已完毕。长辈受敬奉之后,回以用红纸包的茶钿,钱的数额无定。如遇小辈孩童,长辈们就会拿出早已预备的瓜子、核桃、柑橘、甘蔗及糖果之类招待,称"盘手果",吃后还会让带些走,同时向未成年的晚辈分发拜岁钱。

春节当天,宁波人讲究"休息"一天,这天不扫地、不动剪刀、不打骂孩子等,说话也要注意,尽量说吉利话,不能口无遮拦。这一天人们都是"图个吉利",希望"开个好头"。如若遇到不吉利的事情发生,人们也会立刻说一些"补偿语",如在放"开门炮"时,若有"嗤嗤嗤"的哑炮,则示为不吉,要马上说:"哦,嗤嗤响,今年会发财。"

大年初二至初七,这期间主要是亲戚互访,相互拜年,酒肴相庆,称为"走人客"或"做人客"。一般是女婿先去岳父岳母家拜年,先至亲后远亲;年少的拜年长的,尤以婿拜翁、甥拜舅、侄拜姑为重。邻里、同事之间也要相互走动,互邀宴饮,称之为"岁饭"或"岁酒"。清代时,又增加了"团拜"的形式,清人艺兰生在《侧帽余谭》中说:"京师于岁首,例行团拜,以联年谊,以敦乡情。"拜年是春节习俗中较为重要的习俗仪式,影响范围较广,人们利用拜年习俗表示祝福与庆贺,既增进了亲朋好友间的感情,又营造出热闹祥和的氛围。

初五接财神,对于商家来说意义重大。宁波人十分信奉"迎财神",尤其是经商人家,初四晚十二点一过,四处便响起"噼里啪啦"的鞭炮声,千家万户都争着抢着初五凌晨第一时间把财神"请"到自己家中。清晨要请过财神后,才能开门营业。在民间传说中,财神有文财神和武财神之分,文财神是比干和范蠡,武财神是关羽和赵公明。在宁波慈城的清道观里供奉着手持元宝的武财神赵公明塑像,在宁波东钱湖的陶公岛则有文财神范蠡的塑像。初七初八两日,宁波信佛之人有"走七桥""拜八寺"的习俗,即初七夜走七座桥,初八拜八座寺庙,以祈求人畜平安,年岁丰收。

此外,春节期间也有丰富多彩的民间文娱活动,包括舞龙、舞狮、跑马灯、踩高跷、佯扫地、大头和尚等,穿村走户,非常热闹。舞龙起源于汉代,历代不衰。舞龙最初是作为祭祀祖先、祈求甘雨的一种仪式,后来逐渐成为一种文娱活动。到了唐宋时期,舞龙已是逢年过节时常见的娱乐形式。关于舞龙的来历,民间有这样一个传说:一天,龙王腰痛难忍,龙宫中的所有药物都吃了,仍不见效。他只好变成老头来到人间求医。大夫摸脉后甚觉奇异,问道:"你不是人吧!"龙王看瞒不过去,只好说出实情。于是大夫让他变回原形,从腰间的鳞甲中捉出一条蜈蚣。经过拔毒、敷药,龙王完全康复了。为了答谢治疗之恩,龙王向大夫说:"只要照我的样子扎龙舞耍,就能风调雨顺,五谷丰登。"这件事传出后,人们便以为龙能兴国旺业,所以舞龙的习俗就一直流传下来了。①

舞龙比较有名的是"奉化布龙",《奉化市志》记载:"南宋时期奉化境内已有舞龙,俗称滚龙灯、盘龙灯,初为谷龙、稻草龙,后在草龙上盖上青色或黄色龙衣布,逐渐演变为竹篾扎龙头、龙角、龙尾,裹以色布的布龙。"它由敬神、请神、娱神逐步演变成为富有特色的民间舞蹈,迄今已有八百多年历史了。奉化布龙2006年被选入国家级非物质文化遗产代表作名录,以"舞得活、舞得圆、神态真、套路多、速度快"等特点著称。舞龙舞狮是我国民间历史悠久的传统民俗活动,在宁波的宁海县也拥有广泛的群众基础和浓厚氛围。其中尤以前童南狮、梅林北狮

① 王晴:《民俗宁波》,《宁波通讯》2012年第22期。

与强蛟、岔路舞龙为代表,龙狮运动因其喜庆和精彩的观赏性,成为宁海文化的重要代表,备受广大群众喜爱。

元 宵 节

正月十五为元宵节,亦称"灯节",因正月十五之夜是一年中第一个月圆之夜,故称元宵节。我国元宵节约始于汉代,在东晋南朝之时,浙江各地也开始形成闹元宵的风俗。按照我国传统,每年农历正月十五,人们就会逛花灯庙会、吃元宵。元宵节起源于汉朝,民间流传的一种说法:汉代周勃、陈平去除了吕氏势力,日子刚好为正月十五,汉文帝为纪念此日,往后每年都到民间与民同乐,并把此定为元宵节。宋时北方称元宵为牢丸、浮圆,南方则称为汤圆、团子。吃元宵取"月圆人团圆"的吉兆之意,有《上元竹枝词》曰:桂花香馅裹胡桃,江米如珠井水淘。见说马家滴粉好,试灯风里卖元宵。①

旧时宁波民间元宵节的全过程要从正月十三到正月十八前后。正月十三为"上灯夜",这天城乡各地张灯结彩,各祠庙街巷悬挂彩灯,陈器玩,以供神。彩灯有龙灯、马灯、船灯、车子灯、双狮灯、十二月连环灯,以及各种形状的飞禽走兽灯、花灯、鱼灯等,做工精巧,花样纷呈,大户更有琉璃、金银灯彩,但大多数都悬提兔灯,寓意"玉兔伴月宫",或以地上的兔灯与天上的"玉兔东升"相呼应。

十四夜里再次吃汤果或汤圆,称"灯圆"。原宁波镇海城关一带,还有合枣、栗、莲子、桂圆、桃仁等"丫头羹"。旧时宁波鄞县还有"赶蛇虫"活动。正月十四夜"照爬虫",民间赶在春气萌动之前,再次清除阴暗角落里的害虫,提灯照壁脚时视野反倒在夜间更为清晰。在宁波宁海地区,十四夜的晚饭后,各家各户会沿着自家道地边燃起樟树叶,称为"燀址界",以求把金银宝贝燀进来,把腌臜晦气

---

① 王晴:《民俗宁波》,《宁波通讯》2012年第18期。

图1-2　宁波城隍庙新春灯会

图1-3　宁波慈城古镇新春灯会

燂出去。樟树叶祛风、除湿、解毒、杀虫,燃樟叶能发出噼啪声响,散出浓烈樟香。宁波北仑柴桥一带则用火烧藤草,田野间飞腾起条条火龙,称为"燂火龙"。[①] 宁海县的前童镇历来有在正月十四举行"前童行会"的传统,起初它是童氏后人为了纪念祖先开渠凿佛、灌溉农田的功德而举行的。其主要的庆祝形式有:鸣群锣、抬鼓亭、舞狮子、放铳花。前童元宵行会这一古老的民俗游艺活动一直延续至今,2014年已被列入国家级非物质文化遗产名录。

正月十五元宵夜,城乡"闹花灯"。人人手提花灯,摩肩接踵。除了赏灯、猜灯谜等活动外,还会有街头表演活动,包括舞龙、舞狮子。吹吹打打的队伍浩浩荡荡而来,来围观的人群已经迫不及待,场面甚是热闹。晚上的元宵节更为壮观,热闹时还会放焰火,俗称"放盒子"。十五的夜晚,灯火辉煌,交相辉映。"十五的月亮圆又圆,十五的汤圆甜又甜,十五的鞭炮响响响,点着烟花把歌唱,十五的灯笼亮亮亮,拿着火烛把谜想。"这首流行于江南的《十五元宵》民谣,道出了元宵节欢乐的气氛。

元宵节期间,在镇海、奉化等地还请戏班演戏、唱书,谓之"灯头戏"。民间社庙宗祠有集中设醮、诵经、宣卷、祈福的活动,名为"雨水会",亦有问卜年岁丰歉,稻禾麦黍、瓜菜果实收成的。元宵节期间的活动仍延续了春节期间力求吉利的传统,因此在戏剧中如出现杀头等情节,也会临时改为进监牢等。总之,正月里一切要吉祥如意,不能出现凶象。

元宵节期间的饮食习俗在宁波各地同中有异。"猪油汤团"一定是必不可少的。此外,在镇海,"丫头羹"是元宵节的必备佳肴,类似现在的百果羹,邻里之间也要相互馈赠;在宁海,汤包、米筒、"糊了沸"(媳妇羹)等常常出现在元宵节期间的餐桌上。

---

① 周冠明:《宁波人怎样过年》,《宁波通讯》2001年第1期。

从中华元宵节的起源、发展和名称看,元宵节期间的民间习俗,都在表达中华民族追求吉祥、团圆、和谐的传统美德和人文精神,这就是元宵节的主元素和宗旨。① 总之,元宵节节日习俗有两个特点,形式上一个"闹"字,内容上一个"多"字。"闹"字表现出元宵节活动的喜庆热闹和欢乐;"多"字反映出元宵节活动的丰富多彩。2008 年 6 月,元宵节入选第二批国家级非物质文化遗产名录。这反映了我们中华民族追求"吉祥、团圆、和谐"的美好愿望,也体现了中华民族追求美德、自强不息、爱乡爱国、和谐共生的节日情怀。

清 明

清明节,时值仲春和暮春之交,其历史来源与上古时代的祖先崇拜和春祭礼俗有关,既是二十四节气中的自然节气,又是一个传统节日,兼具自然与人文两大内涵。清明节虽然有着久远的历史,但在全国盛行并设扫墓假期是在唐宋之后。

宁波老话说:"三月清明乌笋香,家家争说上坟忙。"老宁波人十分重视祭祀,其中清明祭祖,做清明羹饭在宁波旧俗中尤为重要,直到现在,海内外游子在清明时节都会尽量赶回故乡上坟祭祖。一般清明祭祖分为三种:墓祭、家祭和祠祭。宁波人扫墓还有一些特别的忌讳,如:家里亲人去世的前三年,扫墓时间一定要是清明节当天,三年过后,扫墓时间就相对自由,清明前后皆可;上坟时要注意不能折断或砍掉坟头的树枝,如果折断或砍掉树枝,就象征着破坏了祖上的荫庇,会对家族不利;再者,宁波民间讲究清明祭祖要在下午三点前完成,因为三点之后,阳气逐渐消退,阴气渐长,气运低的人容易招惹不干净的东西。

宁波人在清明时节还兴"戴柳"。门窗上要挂杨柳,妇女头发上簪柳梢,还要

---

① 艾君:《正月十五月儿圆 赏灯狂欢"闹元宵"——元宵节民间习俗文化综述》,《工会博览》2020 年第 5 期。

给小孩编个柳圈戴着。在宁波有句俗话:"清明戴杨柳,下世有娘舅。"这个说法的背后也有个故事。据说,古代有一年冬天,大雪纷飞、天寒地冻,一青年家里的柴火烧完了,他只好带着斧头上山砍柴。走了很远,看见有棵很大的枯败杨柳树,于是手起刀落,将这棵大杨柳树给砍倒了。谁知他的娘舅为避风雪正躲在这棵杨柳树洞内,树倒,他娘舅也被误杀了。悲痛欲绝的青年,在来年枯柳抽出嫩芽后便戴上柳条,以此悼念舅舅。从此宁波地区就有了清明戴柳条的习俗。

另外,柳条生命力很强,插土即活。由于柳树具有旺盛的生殖力和顽强的生命力,所以柳树的茂盛代表着家族的兴旺。《隋书·高颖传》:"初,孩孺时,家有柳树,高柏许尺,亭亭如盖。里中父老曰:'此家当出贵人。'"①过了清明节,人们还会把小孩子头上戴着的柳条插到小河边或门前屋外的地里去,寄托孩子健康成长的美好愿望。

中国人以清明节(公历4月5日左右)、中元节(农历七月十五)、寒衣节(农历十月初一)为三大鬼节。清明节的插柳习俗也是巫术崇拜的表现形式之一,据说是百鬼出没讨索之时,人们为防止鬼的侵扰迫害而插柳戴柳。受佛教的影响,人们认为柳可以吓鬼,而称之为"鬼怖木",就是说连鬼都害怕柳枝。观世音以柳枝普度众生,所以人们认为柳枝可以用来辟邪解厄。清明节正是柳条发芽之时,人们自然纷纷插柳戴柳。戴柳的原始动机是想运用"接触巫术"将柳树旺盛的生命力嫁接到自家门庭和自己身上,从而达到家庭人丁兴旺、个体身体健康的目的。有了旺盛的生命力,恶神也就只能退避三舍不敢接近了。②

除此之外,清明还有放风筝、踏青、斗草等习俗。因为清明时节,春回大地,自然界到处呈现出一派生机勃勃的景象,人们经过一个沉闷的冬天后急需调整精神,因此会在清明时节外出游玩,并举行一系列娱乐活动。宁波民谣"正月坐

---

① 张丑平:《上巳、寒食、清明节日民俗与文学研究》,南京师范大学,2006年。
② 付秋婷:《清明节的民俗文化研究》,哈尔滨师范大学,2013年。

坐过,二月芥菜大,三月拔茅针,四月拗乌笋"中三月拔茅针讲的就是清明时节小孩子们"斗草"游戏。茅针是田野山地上茅草的嫩草茎,它的茎韧性特别好,所以小孩子们常用它来作拉扯"斗草"游戏。每当春末夏初,宁波乡村的孩童们三五成群,聚于庭院场坪,或约会在田埂原野,每人采来一大把、一手绢这种"打官司草",各自拿出一根,彼此勾搭,花茎交错,使劲牵拉比斗,断者为输,不断者为赢。输的不服气,从旁边草地上再拔一根,接着"打官司",如此"持久战",直到周围"打官司草"扯光为止。

二、夏时民俗

雄黄细蘸高粱酒,苍术还须正午烧

立 夏

立夏是夏季的第一个节气,立夏的到来意味着我们将告别春天,迎来夏天。因此人们习惯上都把立夏当作炎暑将临、雷雨增多、农作物进入生长旺季的一个重要节气。立夏这天,民间也会通过各种具有节日特色的传统活动来迎接立夏节。

在宁波旧俗中,奉化、镇海等地区于立夏之日,各家以赤小豆和米煮饭,或以赤豆、黄豆、黑豆、青豆、绿豆等五色小豆拌白粳米煮饭,称"立夏饭",也称"五色米饭"。镇海一带称之为"五头",意为长辈、夫、妻、子、女俱全,宁海等地称此为"五彩瑞祥"。有的在立夏饭里加雷笋、豌豆、蚕豆、苋菜等佐料,含有"五谷丰登"的意思。立夏吃五色米饭,还有"一年到头身体健康"的寓意。在慈溪一带有吃露天米饭的习俗,这一天由一户人家临时在外面或田间架一口大锅,相邻各家从田里现摘来豌豆、蚕豆,还带来脚骨笋等时令蔬菜,与米饭一起煮熟,大家一起围坐田间吃,称之为"吃露天米饭"。

此外,立夏时宁波还有吃"脚骨笋"的习俗。制作脚骨笋的原料是乌笋,买来的乌笋去壳后,大都是油焖或盐烤,一般人家都是不切开整根煮,如若要切,笋的每段长度至少要在五厘米以上,切成细长,形同脚骨,寓意吃了后能"脚骨健"。立夏时节宁波很多人家也会吃软菜(莙达菜),莙达菜是养颜美食,对皮肤好且非常清火。立夏吃软菜是人们希望夏天不长痱子,皮肤和软菜一样保持嫩滑,而且皮肤还可以免除蚊虫的叮咬。

此外,宁波人过立夏节会用红茶或胡桃壳煮蛋,称"立夏蛋"。香喷喷的立夏蛋煮好后,再套上早已用彩线编织好的"蛋套",挂在孩子胸前,或挂在帐子上。孩子们便三五成群,进行斗蛋游戏,以蛋壳坚而不碎为赢。邻里之间也会相互馈送立夏蛋,以增进彼此感情。立夏这天吃蛋也称为"补夏"。[1] 常听宁波老人说:"立夏胸挂蛋,孩子不疰夏。""疰夏"是一个中医病症名,又被叫作"苦夏",是因为气候炎热,暑湿入侵导致脾失健运,从而引起的困倦、疲乏、纳差等表现的总称,是夏季人们常见的症候。[2] 小孩尤易疰夏,因此每户人家会给小孩带上疰夏绳。疰夏绳即长命缕,又称"立夏须",由五色丝线编织而成,系于小孩手腕等处,为其消灾祈福、消暑祛病,以防疰夏。在宁海,立夏又称"疰夏日",民众会准备茶叶蛋、青梅、鲜笋、鲜蚕豆等特色食品,寓意鲜笋拄脚骨、青梅能明目等,此习流传至今。在余姚、象山一带,也有立夏日尝青梅的习俗。

宁波还有立夏称人和母亲为女儿穿耳孔的习俗。立夏称重习俗由来已久,吃完立夏饭后,人们常会在横梁上挂一杆大秤,大人双手拉住秤钩、两足悬空称体重;孩童则坐在箩筐内或凳子上,吊在秤钩上称体重,寓意立夏过秤可免疰夏。若体重增,称"发福";体重减,谓"消肉"。为女儿穿耳孔则是在孩子吃立夏蛋的

---

① 王晴:《民俗宁波》,《宁波通讯》2012年第8期。
② 邓玉霞:《立夏是个"吃"节》,《中医健康养生》2018年第4期。

时候，一边哄孩子吃，当孩子张口咬蛋时即一针穿过。有的也会为家养猫儿穿耳朵，扎上红头绳。还有农户会在立夏日以米粥、老酒犒劳耕牛，并称为"牛节"。

宁波在立夏日也有禁忌。道光十年《太湖县志》中记载："立夏日，取笋苋为羹，相戒毋坐门槛，毋昼寝，谓愁夏多倦病也。"说是这天坐门槛，夏天里会疲倦多病。20世纪30年代《宁国县志》中记载："立夏，以秤称人体轻重，免除疾病，所谓不怯夏也。俗传立夏坐门槛，则一年精神不振。"这些立夏禁忌，在宁波也同样存在。旧时宁波人认为，立夏日，孩童忌坐石阶，如坐了则要坐"七根"，始可百病消散；忌坐门槛，谓这天坐门槛将招来夏天脚骨酸痛。所以立夏这天，儿童忌坐石阶和门槛，这样在夏天就能避免脚骨痛。立夏节后，饮食上也要重养心，宜清淡，忌贪凉，忌烦躁，多吃瓜果。所以立夏也是一个名副其实的与中医养生保健有关的"吃"节。

端　午　节

"五月端阳老虎描，艾旗蒲剑辟群妖。雄黄细蘸高粱酒，苍术还须正午烧。"张延章的《鄞城十二个月竹枝词》集中反映了宁波端午习俗的主要内容。

"五月端阳老虎描"说的是在端午这天，大人会白描或从店铺里购买各式姿态的黑白版画"端午老虎"纸，供孩童添上红、蓝等颜色戏玩，描好后贴在门或墙上；也有人家会给孩子穿虎纹的衣服，缝制布虎和老虎枕头，谓可辟邪。

"艾旗蒲剑辟群妖"是讲端午节要悬挂蒲剑或艾旗。"蒲剑斩千妖，艾旗招百福"，宁波人相信悬挂蒲剑、插艾旗能辟邪祛灾，因此每到此日，人们就会悬挂蒲剑或艾旗，有的还会在艾旗下面挂一个大蒜头，也有用葛蒲根削制成人形悬挂于床前的。

"雄黄细蘸高粱酒"是自古以来的传统，古人认为人是吃五谷杂粮生百病的，病从口入，多为邪杂之气，经口鼻吸入，而喝雄黄烧酒可以解百毒，故而端午饮雄黄酒的传统就一直传承了下来。小孩子不可以喝酒，但大人们也会把雄黄酒涂抹在孩子的头上、身上以达到辟邪的作用。

"苍术还须正午烧",正午是一天中最热的时候,蚊虫活动也较为频繁,宁波人在端午这天的正午会烧苍术、白芷、艾叶等草药以达到驱赶蚊虫的作用。除了烧苍术,端午这天的辟邪驱毒方法也是花样繁多,例如给小孩佩戴鸡心形、粽子形、小人形、球形、虎形等各式香袋;给小孩佩戴正面铸有"五月初五"字样,反面铸蛇、蝎、蜈蚣、壁虎、蜘蛛等"五毒"图形的"避毒钱"等。

此外,每年的端午节,东临大海的宁波民间也会有举办龙舟竞渡、家家户户包粽子、女婿上岳父母家送礼等习俗。因端午节的前身是春秋时期越民族的龙图腾崇拜活动,所以龙舟竞渡可以说是当今端午节的核心活动。宁波鄞州区的云龙镇是以龙舟竞渡为标志的端午民俗活动的发祥地,龙舟文化源远流长,著名的战国文物"羽人竞渡"纹铜钺就在云龙镇甲村石秃头山出土,这是两千多年前云龙先民已有龙舟竞渡的物证。

图1-4　宁波云龙端午龙舟竞渡

宁波民谣《十二月节气歌》中有"五月白糖揾粽子,六月桥头摇扇子",还有"酒入雄黄粽子香,要尝味道到端阳"的说法。① 宁波粽子一般是用竹箬壳包扎而成,叫"裹粽子"。粽子为四角锥形,不同于别处的三角形、五角形、六角形,有碱水粽、赤豆粽、红枣粽等品种。其代表品种是稠黏适口的碱水糯米粽,是在糯米中加入适量的碱水,用老黄箬叶裹扎。煮熟后糯米变成浅黄色,可蘸白糖吃,清香可口。端午节吃粽子的传统相传源于楚国诗人屈原投汨罗江,楚人热爱这位伟大的诗人,不忍让江中鱼吃其尸体,用粽子投江,同时也是为了祭祀。明代宁波就有包粽子风俗。除了粽子,宁波地区也有吃"五黄""六白"的风俗习惯,其中"五黄"是指黄鱼、黄瓜、咸蛋黄、黄鳝、黄蛤;"六白"是指豆腐、茭白、小白菜、白条鱼、白斩鸡、白切肉,有清凉解毒之功效。

宁波人的女婿在端午节这一天也要备"端午担"给岳父家送礼,"端午担"专指"毛脚女婿"(未"转正"的准女婿)端午节敬岳丈的礼担。"端午担"中要有鱼、肉、鹅、酒等,以幢篮盛之,少者四色,多者八色、十二色。鱼要成双,鹅颈须涂成红色,且鹅最好一路鸣叫,越叫越发,俗称"吭吭鹅",意喻越叫越喜庆。两篮成双挑着走,即成担,每年都要挑上门。婚前礼担的规格要求较高,婚后可相对简单些,也不一定要担,礼到即可。"端午担"中有几样东西是必须要准备的,粽子、鹅、鱼、肉、酒、烟等。② 粽子是端午必不可少的,鹅必须是公鹅,毛亮体壮,脖子涂上红颜色,嗓音嘹亮;鱼也有要求,得是大黄鱼才可以;肉得是蹄膀;烟、酒也得是时下流行的品种。除上述几样,其他礼品可视情况而定,可以适当添加水果、糕点、化妆品等。

端午节是中国的传统佳节。在采访的过程中,我们访谈了几位宁波人,关于旧时宁波端午特色的风俗,其中便提到了端午担。吴老先生从小便在宁波长大,

① 王晴:《民俗宁波》,《宁波通讯》2012 年第 14 期。
② 王晴:《民俗宁波》,《宁波通讯》2012 年第 1 期。

图 1-5 宁波传统端午担

证实了宁波有端午担的说法。端午担指的是女婿在端午节去岳丈家送礼,过去交通工具匮乏,需要女婿用担挑着端午节的礼品送到岳丈家,所以叫端午担。现在有了各种各样的交通工具,"端午担"的说法也渐渐少了,但是端午节女婿给岳丈家送礼的习俗还是保留了下来。吴老先生回忆道,以前会送公鹅,因为公鹅叫声大,街里街坊听到公鹅的叫声,便知道谁家的女婿上门来了。除了公鹅,还会送黄鱼、粽子、烟酒等,岳丈家则送方糕作为回礼,旧时条件好的人家则会送纺绸衫裤和西装,也有回礼时要回送礼一半的说法。俞老先生则补充了关于回礼的一个习俗。由于旧时街里街坊住得很近,关系也较为亲密,所以当他们看到有谁家的女婿上门来送端午担,都会来凑凑热闹,这时候岳丈家也会准备咸光饼来分给邻居。咸光饼的中间被镂空,可以用咸草穿成一串。一般都是由丈母娘准备好分给左邻右舍的。给女婿的回担也在随着时代的发展慢慢演变,从最开始的纺绸衣裤,变为的确良和西装。丁女士则从实用的角度探讨了关于端午担的意义,她认为端午担兴起的主要原因是由于大家过于在乎别人的目光,总想胜过别人一筹,所以也有种攀比的意味。①

总而言之,宁波端午担的习俗古已有之,虽然形式与内容发生了改变,但是其中蕴含的意义与礼仪传统并未改变,且会作为宁波的一种风俗特色被延续。

中 元 节

中元节是中国传统祭祀节日之一,带有祭祖和感恩的双重功能,孝文化是其精神内核。② 中元节作为中国传统四大祭祀节日之一,拥有源远流长的历史。此名源于道教,民间又称"鬼节""七月半",佛教称其为盂兰盆节。其节俗始于古代秋尝祭祀的古老习俗,发展到宋代,形成了一日三节的形态,即在每年农历七月十五,道教祭地官,祈求定人间善恶;民间祭祀祖先、孤魂野鬼;佛教受儒家影响,设盂兰盆会,以超度历代先祖。道教作为中国的本土宗教,又受到宗法制的影响,注重孝道,因此中元节祭祖节俗得以扎根民间。古代祖灵崇拜和宗法伦理的传统观念虽有一定的封建迷信成分,但其中的孝文化是中华儿女一脉相承、不可丢弃的优秀文化。

明嘉靖年间《宁波府志》记载:"'中元',各家以牲醴、羹饭祀其先,缁黄之流诵经供佛,谓之'兰盆会'。"七月十五,宁波民间称"鬼节",家家户户祭祖,做"七月半羹饭",或者"放焰口",为野鬼安魂。

盂兰盆会"放焰口"是宁波中元节的一种专有形式,按宁波民间的说法,"焰口"是饿鬼的名字,饿鬼其体枯瘦,咽细如针,口含焰火,表情痛苦万端。放焰口即为饿鬼诵经施食。

---

① 根据 2024 年 1 月 11 日宁波民俗文化访谈整理所得,详见附录"宁波民俗文化访谈录"。
② 张方颖,毛海莹:《中元节文化的传承与传播》,《文学教育(上)》2022 年第 9 期。

各地放焰口时,要在村口桥头"扯蜈蚣旗",即竖一面蜈帽,民间以为蜈蚣是克妖灵物;在焰口举办的祭坛堂前的门口升九莲灯,意为上照天堂、下照地狱,并出黄榜,黄榜是发向鬼世界的海报和邀请书。祭坛设醮有六道或七道供桌,并在供桌前席地摆二十四格素食。宁波鄞县姜山的"七月街焰口"最为热闹,除街中心设焰口台基外,街上所有商店都做"焰口羹饭",又称"助斋",在店堂门口设供桌,供素斋及米制牺牲和纸扎元宝,并有牛头马面、黑白无常沿街摆列。放焰口结束后,街上行人任取羹饭果食,以此结缘。

三、秋时民俗

立秋西瓜被被秋,八月十六度中秋

立 秋

立秋,是秋天的第一个节气,立秋节气预示着炎热的夏季即将过去,秋天就要来临。"秋"就是指暑去凉来。秋季是天气由热转凉,再由凉转寒的过渡性季节。宋人刘翰《立秋》诗中写:"乱鸦啼散玉屏空,一枕新凉一扇风。睡起秋声无觅处,满阶梧叶月明中。"

立秋是秋季的开端,虽然秋后暑气难消,仍有"秋老虎"的余威,但天气总体逐渐凉爽。古人把立秋当作夏秋之交的重要时刻,一直很重视这个节气。我国古代将立秋分为三候:一候凉风至;二候白露生;三候寒蝉鸣。

在宁波民间,立秋也被称为"高秋"。民间有句俗语:立秋吃六瓜,药方可不抓。这六种瓜分别为:黄瓜、苦瓜、丝瓜、南瓜、西瓜、冬瓜。清朝张焘的《津门杂记·岁时风俗》中就有这样的记载:"立秋之时食瓜,曰咬秋,可免腹泻。"清朝时人们在立秋前一天把瓜、蒸茄脯、香糯汤等放在院子里晾一晚,于立秋当日吃下,为的是清除暑气、避免痢疾。① 宁波方言中有"立秋西瓜被被秋，八月十六度中秋"一说，说明在这一天，宁波人最熟知、最普遍的习俗，便是吃西瓜，民间也称"啃秋"。在宁波民间，立秋吃"立秋西瓜"，寓意消除暑日积结的淤气，送走酷暑，迎接凉爽的秋季。为什么要吃西瓜呢？ 一是因为过了立秋，西瓜就要"落市"，再不吃就要等来年。宁波民谚有说"立秋种冬瓜，脑头剩朵花"，说明立秋后，冬瓜就只开花，不结瓜了，对于西瓜，也是一样的道理；二是因为有"咬秋"寓意，炎炎夏日难耐，忽逢立秋，赶紧将其咬住之意。

在镇海、奉化等地，每年立秋到来，大人们都会专门给孩子吃绿豆粥，叫"被秋"，寓意孩子吃了后能长得快、长得壮。旧时，由于自来水还未普及，在立秋当天，大人们会到河里或者井中取水，然后给小孩子喝下，叫"吃立秋水"。宁波民间认为，喝过立秋水的小孩，即便在秋冬时节不小心喝了生水，也不容易腹泻。在北仑春晓镇民丰村，还有"立秋节"一说，这一天，村民除了吃西瓜外，还会用酒肉款待割稻客等劳动者。民丰村嫁出去的女儿，在立秋时，要磨"炒磨粉"送到娘家来。此时早稻已经收割进仓，各家就用新收的早稻米，拌以黄糖、芝麻，放进锅里烘炒，再用石磨磨成细粉去孝敬娘家父母亲。

中国古老的养生之道最注重季节气候变化，四时不同，饮食起居随之变化。立秋以后气温由热转凉，人体的消耗也逐渐减少，食欲开始增加。这时候就要科学地摄取营养和调整饮食，以补充夏季的消耗，并为越冬作准备。② 宁波民间还流行贴秋膘，在立秋这天以悬秤称人，将体重与立夏时相比。因为人到夏天，本就没有什么胃口，饭食清淡简单，两三个月下来，通常就会出现体重减轻的现象。秋风一起，胃口大开，想吃点好的，增加营养以补偿夏天的损失，这就是"贴秋膘"。在立秋这天人们要吃各种各样的肉，如炖肉、烤肉、红烧肉等，以肉贴膘。

---

① 南方云:《立秋"贴秋膘"》,《文史博览》2013 年第 6 期。
② 魏世平:《节气与吃食》,《阅读》2023 年第 7 期。

立秋节日正值夏、秋交替之时,时令交替之间最易患病,民间以各种各样的方式来纪念,无论是吃西瓜"筱秋",还是"贴秋膘",都反映了民众希望身体健康、消痛祛病的美好生活愿望。

中 秋 节

八月十五"中秋节"。中秋之夜,月亮最亮最圆,是团圆的象征,故中秋节又称"团圆节"。中秋节的形成和古代帝王在秋分晚上拜月、祭月礼仪相关。月神崇拜是中秋节形成与发展的源泉与动力,月神崇拜经过千年的演变与发展,从官方的祭祀礼制发展为民间的节日习俗,最终推动了中秋节的产生。而中秋节俗则是月神崇拜传承及巩固的载体,中秋节的节日礼俗及文化内涵都是由月神崇拜延伸而来,作为月神崇拜的具体表现形式。①

与大部分地区不同,宁波在八月十六过中秋节,且这一习俗相沿至今。据南宋宝庆《四明志》等地方志乡俗人物篇记载和民间调查,宁波八月十六过中秋节的民俗始于南宋或元末。相传南宋宰相史浩,为明州(今宁波)人,每年八月十五中秋节在临安(今杭州)先过节,然后回家与民同庆中秋。宁波的老百姓要一直等他同乐,因故迟了一天。

宁波中秋节隆重而欢愉,其喜庆气氛超过端午和重阳,被视作农历年中仅次于春节的第二大节日。宁波的中秋节庆活动包括祭拜月神、游湖赏月、点放湖灯、湖畔唱晚(民间戏班唱堂会)、月饼寄情和吃芋艿鸭(芋艿炖鸭子)等程序和形式;也有妇女"照月"、小伙"偷瓜"的习俗。

宁波地区有静沐中秋之夜月光可使妇女怀孕的传说。于是每逢中秋月夜,有些久婚不孕的妇女便偷偷走出家门,沐浴月光,希望早生贵子。"偷瓜送子"的

---

① 贺紫君:《月神崇拜与中秋节的文化价值》,《文化软实力研究》2023 年第 8 期。

风俗是因"南瓜"谐音"男娃",有送子之兆。因此中秋夜里,一群交情好的小伙子,会偷偷爬进瓜田,摘一个南瓜送到无子人家,寓破瓜得子之意。

宁波镇海地区在中秋夜也有赏月、拾月华、吃水沓糕的习俗。因镇海地处甬江口,江海交融,"三面波光拥一城",视野开阔,一望无际,可以说是人们中秋赏月的最佳去处。而当地后海城塘、甬江长堤、望海楼和城东招宝山巅,尤其是人们热衷的观赏点。在那里,人们可以看到一轮硕大的圆月从海平面冉冉升起,还可以看到圆月升起时,美丽的橘红月面和月面里犹如洒落着些许金辉与银光的自然奇观。

拾月华的习俗来源于长期以来当地的传说,"月华"的字面意思即月亮的光辉及其祝福。民间传说认为,吴刚在月宫里砍桂花树砍不倒,就趁每月月亮最圆的时候,向下丢一片桂花树叶。这片叶子掉在地上,就叫"月华"。因为八月中秋的月亮在一年中最大最圆,所以月华也最大。月华被民间认为是神器、仙物、聚宝盆,谁得谁发财,故有"有福气的人才能拾到月华"之说。所以,当地中秋夜,许多人家会在月光下,边讲述"嫦娥奔月""唐明皇游月宫""吴刚伐桂""月老牵线为媒"等神话故事,边饮酒赏月品月,吃莲子、鲜藕、柿子和水红菱等,边等待夜空月华掉下。许多人尤其是好奇的孩子,在听完许多神话故事后产生幻想,为了得到好运,特意睡在屋外,想着月华能掉到自己身上,或看到它掉到什么地方去拾回来。

中秋节令食品是月饼,月饼在民间称为"团圆饼"。中秋时节正是收获季节,人们为了加强家族、社会成员之间的联系,互相馈赠礼物,月饼就成为人们相互交流的信物与吉祥的象征。月饼的形制在宋代可能就有了,苏东坡曾诗赞曰:"小饼如嚼月,中有酥与饴。"① 现代月饼生产形成了不同的地域风格,有京式月

① 萧放:《中秋节的历史流传、变化及当代意义》,《民间文化论坛》2004 年第 5 期。

饼、广式月饼、苏式月饼、甬式月饼等,它们在月饼内馅、月饼形制及加工方法上都有自己的特色。京式月饼,酥皮,冰糖馅;广式月饼以糖浆面皮为主,有酥皮、硬皮两种,有咸甜两味,馅有肉类与莲蓉、豆沙等;苏式月饼,也是酥皮,饼馅常用桃仁、瓜子、松子,配以桂花、玫瑰花等天然香料;而宁波的甬式月饼,以酥皮为主,多用苔菜为馅。传统月饼糖多油重,近年来多流行以果类为馅的低糖月饼,也满足了人们日益追求健康的心理。

图 1-6　甬式月饼

镇海人过中秋,除了吃月饼,还吃一种用新鲜早稻米做的水沓糕(又称"米糕""水溻糕"等)。"水沓糕"出锅时大如锅盖一寸厚,形如白色"满月",然后切成菱形小块,俗称为"碎月",食入口中香糯软滑,既可蘸糖甜食,亦可浸肉汁咸食。宁波老话"鸭肉骨头水溻糕,八月十六等勿到",它至今仍是当地人喜爱的米制美食之一。

除此之外,旧时宁波中秋节也有赛龙舟的活动。"鄞峰寿母易中秋,七百年中俗尚留。从此非时来竞渡，家家十六看龙舟。"清朝宁波诗人袁钧所著的《鄞北杂诗》描绘的就是旧时宁波人过中秋的场景。无独有偶，清代宁波学者万斯同在《鄞西竹枝词》中就曾用"南郭中秋斗画船"，近代宁波学者张延章在《鄞城十二月竹枝词》中也曾用"城东更比城西盛，鼓吹通宵闹画船"来描述宁波中秋赛龙舟这一旧俗的盛况。

中秋赛龙舟为宁波水乡的民间习俗，嘉靖《宁波府志》云："中秋各乡祠庙为会祀神，作龙舟竞渡，谓之报赛。"所谓"报赛"，即谢月神。宁波民间中秋祭祀的神为土地神，秋日庄稼收获，用新谷荐神。赛龙舟主要在江东（现鄞州区）张斌桥东的塘河中举行，鄞县（现鄞州区）东钱湖的龙舟最负盛名。聚大舟无数，舟分青龙、黄龙、白龙等，操舟者服饰与舟同色，一律古代武士装。舟上扎彩龙，龙首高昂，遍插旗幡，鼓乐喧闹，灯烛辉煌。一声炮响，龙舟齐发，儿童着彩衣奏丝竹，一人立于舟前，鸣锣指挥，锣鼓声与岸上观看的人群呼喊声不绝于耳，场面极为热烈，以先到终点者为胜，竞渡直至天亮。中秋赛龙舟和端午赛龙舟从内涵上说有很大区别，宁波的中秋赛龙舟习俗在全国并不多见。

四、冬时民俗

廿五廿六搡年糕，廿七三十拣黄道

腊 八 节

腊八节，即每年农历十二月初八，本为佛教纪念释迦牟尼佛成道之节日，后逐渐成为民间节日。

腊八粥是腊八节必吃的美食之一，又称"七宝五味粥""佛粥"等，是一种由多样食材熬制而成的粥。腊八粥的最早文字记载出现于宋代。南宋吴自牧《梦粱录》载："此月八日，寺院谓之腊八。大刹等寺，俱设五味粥，名曰腊八粥。"我国喝腊八粥的历史已有一千多年，每逢腊八，不论朝廷官府还是寺院、黎民百姓家都要做腊八粥。到了清朝，喝腊八粥的风俗更是盛行。

腊八粥作为腊八节独有的节令食品，具有特定的制作食材以及烹制做法。腊八粥又有"细腊八"和"粗腊八"之分。[①] 其中加入莲子、银杏、花生、红枣等调料煮成的腊八粥是"细腊八"，具有滋养身体的功效。腊八粥制作食材的种类因地域物产和年代的不同而各有差异。腊八粥的制作食料不仅丰富多样，同时也具有浓郁的民俗寓意，比如桂圆谐音"贵圆"，寓意富贵团圆；百合寓意百事和睦；核桃表示和和美美；莲子、红枣、花生则有吉祥如意、早生贵子之意。腊八粥含有吉祥喜庆、人寿年丰之意，民众借腊八节来表达对美好生活的向往。所以腊八节还是人们祈求平安幸福、表达内心愿望的一个节日。

宁波人过腊八节和全国其他地方一样要喝一碗热腾腾的腊八粥。据记载，旧时的米粮店一到腊月就会将芸豆、豌豆、豇豆、绿豆、小米、大米、高粱米等掺杂在一起出售，称之为"腊八米"。一般人家做腊八粥，就将"腊八米"加上小枣、栗子等干果；讲究的人家，还会在粥上铺些蜜饯果脯、荔枝肉、桂圆肉、桃仁、松子、瓜子仁等。老宁波人喝的海鲜腊八粥，需要连夜熬制：先把鱼肉和鱼骨分离，用新鲜的鱼骨熬煮鱼汤再加上粳米和鱼肉煮粥，这样煮出来的粥味道更是鲜香可口。从腊月初七晚上开始做，放在火盆里捂过夜，等到腊八早上开锅，撒上一把葱花，香气四溢。但这种喝海鲜腊八粥的习俗现在已渐渐淡出宁波人的生活。

腊八节除了本身是一个传统节日外，也预示着年的步伐越来越近了。宁波老话说："小顽小顽侬莫皮，过了腊八就是年""吃了腊八饭，就把年来办"。"腊

---

① 高志宏：《腊八节的历史变迁与现代转型》，中南民族大学，2013 年。

八"一过,年的气息越来越浓,甬城家家户户开始做准备,包括办年货、做年糕、掸尘、谢年、做年夜羹饭等,以崭新的面貌迎接"年"的到来。所以说广义上的过年,应该从喝腊八粥就开始了,一直要过到正月十五元宵节才算结束。

冬 至

冬至是二十四节气之一,也是中国的一大传统节日。自汉代开始庆贺,魏晋南北朝时称冬至为"亚岁"。这一天,媳妇给公婆进献鞋袜,给长辈祈寿。到了宋代,冬至已成为当时的三大节日之一,又被称为"亚岁""冬除""二除夜",有的甚至称"除夜"。官府要在冬至这天放假,如同过新年。明清时,在江南吴越地区,冬至仍然是民俗大节。

冬至又称"长至"。冬至这天,离开北回归线的太阳到达了最远点,由于照射角度的关系,冬至日北半球接受太阳照射的时间最短,因此,冬至这天成为一年中白昼最短、夜晚最长的一天。民间的"九九歌"也是从冬至开始数起。冬至是接受阳光最少的一天,但它还不是最冷的日子,由于地面热量发散的时间效应,冬至之后才迎来酷寒,民间数九习俗即从冬至开始,俗谚有:"算不算,数不数,过了冬至就进九。""进九"意味着严寒的到来,有民谚为证:"冬至前后,冻破石头。"为了挨过漫长的冬季,人们在漫长的生活积累中集体创作了"九九歌":"一九二九,不出手;三九四九,冰上走;五九六九,沿河看柳;七九河开;八九雁来;九九加一九,耕牛遍地走。"歌谣以民歌特有的集体创作方式体现了中华民族古老的生活智慧,从寒冬看到春日的希望。

冬至前一天,宁波人一般不出门,冬至节一早有全家人吃"大头菜烤年糕"的习俗。大头菜是宁波冬至节风味独特的乡间美食,让人食之难忘。冬至节前夜,家家户户烤大头菜,厨房大灶的火烧得旺旺的,将大头菜洗净,削皮切块,菜叶也不要浪费。削掉表面坑坑洼洼的东西,放入锅中,块要切得稍厚一点,否则容易煮烂导致筷夹不起。大头菜先放入，后放大块年糕，翻炒一下，放点酱油，然后把呼呼燃烧的柴爿盖上草灰，柴爿彻夜暗燃，用文火煮，大头菜在锅里焐一夜。第二天一早水将烧干时，放入糖和盐，再浇入一层菜油，起锅，香气四溢的大头菜烤年糕就大功告成了。冬至大头菜烤年糕的关键是冬至那晚灶火不灭，家家都要烧得"烘烘响"，寓意薪火不息、兴旺发达，日子红火是老百姓最实在的企盼，而年糕则寓意"年年高"。

图 1-7　冬至宁波大头菜烤年糕

　　冬至对于中国人来说十分重要，在我们的访谈中，吴老先生告诉我们宁波人不仅清明要上坟，冬至的时候也要上坟，有时候清明来不及迁坟，便要选择在冬至的时候迁坟，冬至还要做羹饭。陈女士补充道，除了羹饭，还要吃大头菜烤年糕和番薯汤馃。番薯与"翻"谐音，意为翻身、翻倍。吃烤大头菜的习俗是因为有话道"烤大头菜烘烘响","烘烘响"也是吉利的意思。①

　　宁波有句俗语说"冬至大如年",又称冬至为"小年夜",宁波人对冬至的重视可见一斑。冬至月在古代曾在较长时期内作为岁末之月或岁首之月,年终的祭祖典礼都是围绕着冬至这一时间点形成的。在阴阳交战的时日,人们为了顺利度过新旧交接的时间关口,需要有集体的信心与力量,因此他们求助于与自己关系至为密切的祖灵,在祭祀祖先的礼仪活动中返本归宗,对族群关系进行了再确认。这种年终祭祖习俗历代传承,东汉时人们在冬至节前数日就清洁斋戒,冬至之日,以黍米与羊羔祭祀玄冥六神(北方水神)和祖宗;宋人在冬至"祭享宗裎,加于常节"。明清以后,南北民间依然以冬至为祭祖日,"清明扫墓,冬至祭祖"成为通行的民间俗语。② 过去,宁波人在冬至日到宗祠祭祖的习俗世代相传,同姓同宗者纷纷相约参加盛典,经商在外的游子也不例外。冬至日,全族子孙齐集祠内,祠中摆起"全堂羹饭",点燃粗如手臂的蜡烛,烛为绿色,祭品中高包上面的方戳子,也用绿色。祭祀陈设忌用红色的原因是:冬至一到,天寒地冻,应加倍小心火烛,舍红取绿,意谓"压火"保平安。整个祭祖仪式庄严肃穆、隆重恭敬。

　　祭典之后,按常规,祭祀当值者要用祠堂公田的收入备办"冬至酒",招待所有前来祭祖的宗亲。大族的宗祠,还要请戏班子在宗祠戏台演戏一天。席散,按每户人口多寡分发麻饼或高包,故有"拜冬至馒头"之说,但女性一般不计入在内。之后,风气渐开,男女平等,女性也能享受同等待遇,分得麻饼或高包。

　　在宁波慈溪,旧时宗族定此日让亡故族人神主进祠堂,三五年一次,也有十年一次的,称"进主"。冬至这一天还要为亡故的亲人扫墓。今"进主"一俗已废,扫墓之俗尚存。也有选冬至动土做新坟的,或择此日将寺庙、宗祠的棺材入墓穴的,称为"冬至进穴"。冬至日,各家要以芦穄粉做"芦穄汤馃",后逐渐改为"浆板汤馃"和"番薯汤馃",邻里互赠,含团圆之意,也有祈求来年有个好收成的意思。慈溪一带做粳米饺子,称"冬至饺"。

宁波人尚有"嬉嬉夏至日,困困冬至夜"的说法,在上床入睡前还要洗脚,养成晚上热水洗脚的好习惯,天冷脚就不会开裂。镇海民俗中,冬至当日还要吃汤圆。冬至前几天,主妇们就将汤圆搓好,盛于盘中,以备第二天早晨烧煮。汤圆的馅儿不外乎是芝麻、豆沙类的,也有肉馅儿的。还有一种和青菜同煮的面食,名为"菜汤馃",清鲜可口,别有风味。

在宁波的宁海县,还有"跨灶王"之风,实际上就是古代驱逐散布瘟疫恶鬼的一种仪式。由当地的乞丐头儿来充当鬼判官,头戴乌纱尖翅帽,口挂红须,身穿齐膝大红袍,脚蹬乌靴,手拿宝剑,嘴里念念有词:"大的柯来剥了皮,小的柯来垫脚底,老的柯来高高吊。""鬼判"挨家挨户驱鬼,主人家则对着"鬼判"撒盐米,一直撒到门外,送走鬼判也算赶走疫鬼,讨得了吉祥。这种迷信的形式寄托了人们对平安健康的渴望。此外,冬至这一天大人不能打骂小孩,以求平安吉利;在冬至正时辰,将萝卜干抛到屋瓦上晒成干后,称"冬至萝卜干",据说可以治痢疾。

谢　年

又称送岁或送年,是宁波民众一年祀神典礼中最隆重的一次。宁波老话:"廿五廿六搡年糕,廿七三十拣黄道。"所谓"拣黄道",就是选择黄道吉日举行祭祀,祭祀时间多在午夜,以取其静。但宁海地区的"谢年"又称"还福",是在除夕接"灶神"回家后举行的。

谢年祀神前,人们必须先进行大扫除,俗称"掸尘"。祭器均须洗刷干净;主祭的男主人必须沐浴更衣,且剃好过年头。祭祀由男性操办,妇女仅做助手。

据老宁波人回忆,谢年仪式有一整套严格的规矩,每个细节极为讲究。如放置供品的祭盘,称"红盘",富裕些的人家用锡盘的,称为"银台面"。桌上陈列着谢年所用的祭品，一般是六色，因为六预示吉祥，代表着六六大顺：六杯酒，六杯茶，六碗饭，六样菜，六种甜点。

第一排摆酒水，中间供六杯茶，两旁各放六杯黄酒，共十二杯，酒杯代表十二司月之神，表示一年十二个月月月都有酒喝。第二排是六色糕点，主要有：金团、印花年糕、甩子糕、发糕、千层糕、糖果等，表示生活高高兴兴、甜甜蜜蜜。第三排是六盆水果，苹果寓意"平平安安"，甘蔗表示"节节高升""越老越甜"，金橘或橘子代表"黄金满屋"，香蕉象征"生活香甜"，寿桃表示"长命百岁"。第四排摆七牲大盆，有猪头、条肉、公鸡、鱼、鸭蛋、鹅、蟹等。猪头一般放置在中间，也叫"利市头"，表示好运、有头有尾；条肉象征生活"有条有理"；公鸡司报晓，表示"风调雨顺"；大黄鱼或者眼睛上贴有红纸的活鲤鱼一对，鱼头朝里摆放，表示"年年有余"，祭祀仪式结束后放生，表示"鲤鱼跃龙门"；鸭蛋寓意为"元宝蛋"。此外还有"四盘调和"，即调味品四碟：盐、黄糖、酒、葱。第五排是年糕、烤麸、豆腐、粉丝之类，豆腐谐音"头富"（首富），粉丝寓意"长寿"。

晚上祭祀开始时，点红烛一对，主祭人三跪九叩三上香，禁止妇孺偷视，要鸦雀无声地祈神降福，俗称"闷声大发财"。祭毕，焚化年神，恭送上天，燃放爆竹，而后全家合享谢年饭。整个谢年祭祀仪式隆重而庄严，主祭人跪拜默祷，谢当年也祈祷来年，虔诚严肃。

祭毕后，人们开始享用谢年饭。谢年饭在乡间以吃肉吃鱼为主，其他菜肴为辅，备酒不备饭，吃汁水青菜年糕汤，镇海地区称之为"叶露年糕汤"，以兆来年油水多，年年高，此外还要将之分送左邻右舍。城里人特别是商家谢年，必备烤麸和黄豆芽（如意菜），寓有"富""旺"之意。"谢年"发展到后来，只被认为是感谢值年太岁，到现在，谢年已经成为一种纯粹的祭祀神灵的仪式，以祈求来年风调雨顺，全家平安，表达了人们敬天礼地，感恩大自然风调雨顺，期盼来年幸福平安的美好情感。

图1-8 宁波谢年仪式(毛嘉明摄)

关于谢年,采访前我们在一个资料上看到"请瓦上将军"的习俗,就是将祭品丢到房屋上祭祀"瓦将军",但接受采访的几位老师并未听过这种说法。吴老先生说宁波的确有"瓦将军"的说法,一般是放在瓦片上,有镇邪、保平安的说法,有时会在造屋的时候放在瓦片中间。俞老先生则提出当时条件艰苦,贡品也相当珍贵,不太可能丢在屋顶上用于请"瓦将军"。

关于谢年,陈女士提到谢年的时候要请"素菩萨",祭品也比较简单,用麸(富)、蜜(黄糖)、桂圆、红枣、长面、年糕等选五色。一般麸、年糕都需要的,其中年糕必须放条状而不能放糯米粿,因为"粿(kuì)"在宁波话中与"亏"谐音。如果是用荤菜谢年的话则要准备一刀肉、鸡或者鹅、鲤鱼(穷的时候用木鱼替代)、大黄鱼等,一般是五色或者七色。

谢年是为了感谢当年好收成,祈求来年更加兴旺发达,平平安安。过去只有丈夫或者儿子可以祭拜,女子不行,现在女性也可以参与其中。①

除 夕

除夕是一年中的最后一天,也是春节的前一天,为"月穷岁尽之日",在年节中,除夕是辞旧迎新的时候。古代人尤其惧怕疫疬与恶鬼,在年终到来时,一边度佳节、庆丰收,一边驱疫疬、除恶鬼,故把这一夜称为除夕。

除夕在宁波民间被称为"过年",如果这一年的十二月只有二十九天,则被称为"廿九夜"。除夕过后就是春节,所以这一天可以说是节前准备的最后一天,也是最忙碌的一天。

宁波除夕这天的准备工作有:接灶神、贴吉福(对联、福字、门神、年画)、放吉物(将年糕做的元宝、如意等吉祥物放入米缸和柜子里,以象征"缸缸满")、备食材(准备好大年初一需要动刀的食物,切好)、扫屋室、水缸满、祭先人。

"除夕酒"将除夕夜推向了高潮。丰盛的年菜摆满一桌,阖家团聚,全家老小围坐桌旁,共吃团圆饭,人们既享受满桌的佳肴,也享受那快乐的气氛。虽然菜肴无定式,但红膏呛蟹肯定是少不了的,旧时过年一般还会炖老酒、生暖锅,杯箸交错之中感叹当年之辛苦,祈求来岁风调雨顺。吃饭时,父辈习惯给孩子们夹菜,共享天伦之乐,多说吉祥之词,讨新年之彩。盘中的全鱼一般不动筷,因为"鱼"与"余"谐音,所以民间都把鱼留到大年初一,以示年年有余。喝完酒,全家要吃汁水年糕汤或者油菜年糕汤,寓意新的一年油水多,年年高。

年夜饭后,长辈通常都会给晚辈分发压岁钱。家里的主妇还得将次日需动刀的食物切好,然后进行全年最后一次的扫地。这次扫地须从外往里扫,边扫边说:"元宝扫进来。"扫完的垃圾须倒在自家的火缸里,以免"漏财"。扫完地则洗

---

① 根据 2024 年 1 月 11 日宁波民俗文化访谈整理所得,详见附录"宁波民俗文化访谈录"。

净扫帚，柄上挂扎元宝年糕，以敬"扫帚公公"和"扫帚婆婆"。在卧室也要祭祀"床公床婆"，祈祷小孩终岁平安。

除夕酒在旧时是一年中最为丰盛的一餐，俗谓"年夜饭"，举家团坐，饮酒辞岁。此时，人们一般会吃一块鱼头或鱼尾，寓意"头尾都有余"。大多数地区吃鱼不能翻过鱼身来，唯恐新年出门会遭翻车、翻船之灾。席间有讨口彩的规矩，吃枣要叫"春来早"，柿饼要叫"事事顺"，杏仁叫"幸福来"，豆腐叫"全家福"，三鲜菜叫"三阳开泰"，花生果叫"长生果"，年糕叫"年年高"，甘蔗叫"节节高"。吃年夜饭之前有一项重要的内容"祭祖"，通过烧制丰盛的一桌饭菜，由一家之主烧纸钱、锡箔，放鞭炮、点香等，向祖先汇报一年全家人所取得的成绩，希望祖先在来年依旧护佑全家人能够获得平安福禄，最后通过祭祀牺牲的形式跟祖先共享。中国当代著名哲学家冯友兰先生曾说过："行祭礼并不是因为鬼神真正存在，只是祭祖先的人出于孝敬祖先的感情，所以礼的意义是诗的，不是宗教的。"[①]由此可见，祭祖活动实则是后辈对祖先的敬畏之情，慎终追远，并祈求祖先保佑家庭继续幸福圆满。

旧时农家还会在田头祭祀"地孔大王"，山区祭祀"山王虚空"，并祭祀牛栏、猪圈、鸡笼各神，以求"六畜兴旺"。传说灶神于是夜返回人间到各家点卯，故媳妇均须在夫家过年。此夜各家水缸都要挑满；米缸要盛满米，并置元宝年糕、如意年糕和鱼、肉、饭各一碗于米缸内，谓之"缸缸满，甏甏满"。在一切准备安排完毕后，燃放"关门炮"，由此这一年的日子在喜气洋洋的氛围中结束。

除夕守岁风习由来已久。据晋代周处《风土记》载："除夕达旦不眠，谓之守岁。"这天晚上全家欢聚一堂，围炉而坐，叙旧话新，畅谈美好的祝愿，通宵不眠。关于守岁之由来，浙东一带有这样一则传说：很久以前，太白山上住着一个恶魔，

---

① 刘晓春：《弘扬优秀传统文化视野下的春节习俗研究》，齐鲁工业大学，2021年。

发怒时常呼风唤雨造成水灾,高兴时催赶太阳,让烈日暴晒人间,使田地寸草不生,百姓因此痛苦万分。有一天,东海上来了一位清水法师,受尽折磨的人们纷纷向他求救。法师知道恶魔喜爱喝酒,就采集了九百九十九种仙草,八百八十八种泉水,炼了七七四十九天,终于制造出一种醇香四溢、浓烈无比的奇酒。谁知奇酒刚酿好,恶魔就来了。原来,异常芬芳的酒味直冲云霄,恶魔闻到这从来没有闻见过的酒香,垂涎三尺,急不可耐地找到炼酒处。清水法师哈哈大笑,恭恭敬敬将酿好的奇酒献给了恶魔。这酒鬼垂涎欲滴,张开血盆大口猛将一坛美酒全部倒下肚去。霎时间,它浑身发热,头晕目眩,筋骨酥软,天昏地暗,酒坛哗啦一声掉在地上跌得粉碎,恶魔从此也一醉不起。这天正好是年三十夜,人们庆祝恶魔酩醉昏迷,不能再兴风作浪危害凡间。为感谢酒的奇功,除夕夜人人都要饮酒作乐,就是从不喝酒的妇女儿童,这时也会喝几口以表示对酒的喜爱。同时百姓为怕恶魔醒来,个个都警惕得通宵不眠,守岁直到黎明。恶魔当然不会降临人间,可是守岁和人人饮"除夕酒"的风俗却一直流传至今。

　　这个故事告诉我们,守岁原本是为防恶魔作祟,因此还须遵守一些禁忌:守岁时,禁忌大声喧哗,以免惊醒恶魔;禁忌照镜子,以免看见恶魔;禁忌将灯油泼地,倘若油味冲淡了酒味,恶魔便会醒来。① 近些年来,守岁一般都是象征性的。此外除夕夜还有点灯的传统,殷富人家高烧明烛,从日落点至次日日出,谓之"接光"。如果是信佛妇女在此夜会坐待晓至,或径至寺庙守岁,谓之"坐夜",并于次日清晨"烧头香"。守岁的重要特征是点灯度夜,与恶魔禁忌已没有什么关系了。

　　如今,守岁的习俗已渐渐变成收看中央电视台春节联欢晚会节目了,等待零点钟声敲响后,人们尽情燃放烟花爆竹,以迎接新的一年的到来。

---

① 万建中:《春节的禁忌与习俗》,《群言》2024 年第 1 期。

··· 延伸阅读 ···

著作类：

1. 蔡敏华：《浙江旅游文化》，浙江大学出版社 2006 年版。

2. 简涛：《立春风俗考》，上海文艺出版社 1998 年版。

3. 滕占能：《宁波风俗传说》，光明日报出版社 2019 年版。

4. 王万盈：《宁波区域文化资源概览（宁波俗卷）》，浙江大学出版社 2019 年版。

5. 徐爱华，张远满：《浙江省传统节日民俗传承人口述史研究》，浙江工商大学出版社 2016 年版。

6. 周时奋：《宁波老俗》，宁波出版社 2008 年版。

期刊类：

1. 文君：《正月十五月儿圆　赏灯狂欢"闹元宵"——元宵节民间习俗文化综述》，《工会博览》2020 年第 5 期。

2. 邓玉霞：《立夏是个"吃"节》，《中医健康养生》2018 年第 4 期。

3. 贺紫君：《月神崇拜与中秋节的文化价值》，《文化软实力研究》2023 年第 8 期。

4. 苗叶茜：《源远流长的打春习俗——"鞭春牛"》，《文化月刊》2015 年第 1 期。

5. 南方云：《立秋"贴秋膘"》，《文史博览》2013 年第 6 期。

6. 上官云：《颇具仪式感的立秋习俗：啃秋、晒秋、贴秋膘》，《中国食品》2020 年第 16 期。

7. 万建中：《春节的禁忌与习俗》，《群言》2024 年第 1 期。

8. 王梦梦、杜珍珍、吴丹丹、王腾飞：《港湾利用与象山开洋节文化变迁》，《改革与开放》2016 年第 19 期。

9. 王晴：《民俗宁波》，《宁波通讯》2012 年第 14 期。

10. 王晴：《民俗宁波》，《宁波通讯》2012 年第 22 期。

11. 魏世平：《节气与吃食》，《阅读》2023 年第 7 期。

12. 萧放：《"冬至大如年"——冬至节俗的传统意义》，《中华活页文选（教师版）》2018 年第 12 期。

13. 萧放：《中秋节的历史流传、变化及当代意义》，《民间文化论坛》2004 年第 5 期。

14. 徐春林：《宁波节庆活动渐入佳境》，《国际商报》2008 年第 6 期。

15. 张方颖、毛海莹：《中元节文化的传承与传播》，《文学教育（上）》2022 年第 9 期。

16. 章勇涛：《象山举行渔民谢洋节》，《宁波通讯》2015 年第 12 期。

17. 赵春晖：《"宁海白"枇杷》，《中国林业产业》2015 年第 3 期。

18. 周冠明：《宁波人怎样过年》，《宁波通讯》2001 年第 1 期。

19. 朱海滨：《浙江节日习俗的区域特征及地域差异》，《节日研究》2010 年第 2 期。

硕博论文：

1. 付秋婷：《清明节的民俗文化研究》，哈尔滨师范大学，2013 年。

2. 高志宏：《腊八节的历史变迁与现代转型》，中南民族大学，2013 年。

3. 刘晓春：《弘扬优秀传统文化视野下的春节习俗研究》，齐鲁工业大学，2021 年。

4. 张丑平：《上巳、寒食、清明节日民俗与文学研究》，南京师范大学，2006 年。

第二章　人生礼俗

人生礼俗是人类文明的表现形式之一,是人类走向开化与文明的见证。人生礼俗包括了诞生礼俗、婚嫁礼俗、寿辰礼俗和丧葬礼俗四个部分,贯穿了人的一生。宁波人杰地灵,历史悠久,从古至今孕育了无数文人骚客,也孕育了具有宁波特色的人生礼俗。这些具有当地特色的人生礼俗不仅见证了数代宁波人的人生历程,也承载着宁波人对生命的独到见解。

一、诞生礼俗

怀抱婴儿撑纸伞,乌鼻头管望外婆

诞生礼俗是人生礼俗的重要组成部分,中国传统古语"不孝有三,无后为大",可见在中国人的传统生命观中,结婚生子是非常重要的。在这种传统生命观的影响下,中国人创造了许多富有特色的诞生礼俗。宁波人的诞生礼俗也丰富多样,同时也具有其浓厚的地方色彩。

求子习俗

旧时在宁波海岛,未孕者要求子,已孕者也要求子。渔民的生活环境险恶,朝不保夕,急需男子来支撑门户;同时传统观念对海岛妇女有严格的禁忌,妇女不能出海,所以家族里也需要男孩作为主要的劳动力;且与内陆传统宗族观念相似,认为生子才可以"繁衍子嗣,光宗耀祖",在这些原因的作用下,海岛"求男不求女"的生育观比内陆更为保守。① 海岛求子的方式主要分为两种,一是祈神求子,如去"送子娘娘"或者"送子观音"庙祈求神明的恩赐;另一种则是在正月十五闹龙灯的时候,钻龙门或者摸龙须,祈求海龙王送子。

宁波人传宗接代的观念也比较重,为了繁衍后代,一般去观音菩萨或送子娘娘庙求子。宁波人比较重视商业习俗,因此也都希望家里有个儿子能外出经商做生意,即使在农田干活也是儿子更加得力,因此,近现代宁波人"求子"更多的是求儿子。新时期以来,宁波人的"求子"观念也有了很大改变,求子求的是儿子和女儿,生男生女都一样,只要健康就好。有些家庭对女儿的诞生也十分欣喜,喜称女儿是"贴心小棉袄"。

怀孕禁忌

旧时,孕妇怀孕称之为"有喜",在这期间有许许多多祖辈相传的禁忌和习俗。传统的宁波生育习俗禁忌很多,细致到"衣、食、住、行"等方方面面。

孕妇怀孕期间,孕妇的住所是胎神常驻的主要场所,因此孕妇在室内行为要处处小心翼翼,不可大意。王充《论衡·命义篇》说:"《礼》有胎教之法:子在身时,席不正不坐,割不正不食,非正色目不视,非正声耳不听。"受气时母不谨慎,

---

① 毛海莹:《东海问俗——话说浙江海洋民俗文化》,浙江大学出版社,2018年。

心妄虑邪,则子长大狂悖不善,形体丑恶。所以对孕妇的行为有许多禁忌。民间认为,孕妇忌看别人砌灶,否则生下的小孩会缺唇;不能看死人,否则婴儿要生软骨病;不能看蛇,否则婴儿要伸舌头等;忌拿吊着的饭篮,否则胎儿将会脱落;尤忌跌跤,谓跌一跤,胎儿脐带要在头上缠一圈,缠多了胎儿会被缠死。

避鱼,在宁波,孕妇怀孕,嗅腥气会引起呕吐(妊娠反应)。娘家人会立即送金团、肉、鸡等食物至女婿家。凡孕妇想吃的东西,公婆也会设法采购,俗称"依耳朵"。饮食禁忌:孕妇忌食生姜,否则小孩生下来要叉手指;忌食兔子,防止兔唇;忌食鸭子,否则孩子要摇头;忌食螃蟹,据说孕妇吃了螃蟹,会使胎儿横生难产;临产前忌食桂圆,认为吃多要难产;忌食辛辣,认为胎儿胎垢多。产房俗称"红房",男子不可入。孕妇在坐月子期间,不能照镜子、动剪刀、晒太阳,不能出产房。

针对孕妇的禁忌如此之多,原因有两个:一是旧时医疗条件极差,孕妇难产的事件频发,常常出现"一尸两命"的惨状;二是旧时男尊女卑现象严重,与女性相关的生理现象都被认为是晦气的,沿海尤甚。近现代人们意识觉醒了,再加上医疗知识的普及,针对孕妇的禁忌也逐渐减少,但有些长辈依旧固守老一套的思想,导致家庭矛盾频发,这是不可取的。

催生礼俗

在临产前一个月左右,孕妇的娘家人要行"催生礼"。催生日期一般按照农历挑一个吉祥日子,由娘家派一人挑着"催生担"送到怀孕的女儿家。在宁波余姚,给孕妇送催生礼,一般皆由娘家女眷出面。一般催生礼主要有衣、食两项。送衣服又称为"送孩衣",即准备婴儿衣服鞋帽,一般为黄棉袄、黄夹衣、黄布衫、涎兜、大衲、横衲、夹衲、包被、尿布等。婴儿衣物以黄色为主,"黄"谐音"旺",寓意"旺子旺孙"。催生礼中备红枣、花生、桂圆、粽子、红糖、胡桃、长面、鸡蛋及黄

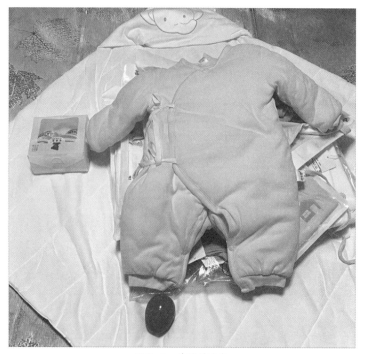

图 2-1　宁波催生包

鱼鲞等其他补品,取"早生贵子"之意。这些物品统称"催生担",被娘家人一并送至女儿家,意在"催生"。在余姚,还要将染红的鸡蛋拿到孕妇床前抖出,将蛋磕破,意谓"快生快养,擂落算账"。宁波有的地方在送催生担时,还以孕妇当时的状态占卜生产期。送担者至,若见孕妇站着,就说快要生了;见坐着,认为还不会生。并且,人们会把催生衣物扎成包袱,从窗口掷到孕妇床上,以包袱朝向来卜婴儿性别,如朝里朝下为男,朝外朝上为女,这也是旧时女儿被称为"朝外货"的由来,此俗20世纪五六十年代尚在宁波农村盛行,如今已不复存在。

在宁波北仑,催生担中送去的小孩的衣服都是用黄布做的,有的说黄布能做皇帝;有的说黄布能祛邪;还有的说黄布做衣,小孩子会像小黄狗一样贱,生出后容易养。在宁波宁海,有的地方娘家在送"催生担"时,还会准备生熟两色"过水面",熟的面条给孕妇吃,这种手工长面非常好吃,可以让女儿补补身子;生的面条则祝愿产妇生得更快。夫家收到后,将"过水面"煮熟,挨家挨户分送,以示自己家里要添丁进口。分的户数越多越好,讲排场的人家,会把面条分遍全村各户。宁波奉化的催生担中除了衣物之外还有桂圆、长面和红鸡蛋。丈母娘命人把催生担送进女儿家,来的人要先到女儿房内,将一件婴儿衣服内的两只鸡蛋顺手轻轻抖落在床铺上,希望女儿生产时像母鸡生蛋一样顺利。余姚则是准备送衣箱,衣箱基本由上等的樟木做成,里面放着小孩四季的衣服鞋帽各四套,尿布64 块。内衣用红黄布做成,用布带代替纽扣,外衣裤则用鲜艳的余姚土布做成。鞋帽则是虎头鞋和虎头帽。

随着经济发展,如今催生担的东西也越来越丰富。红糖和鸡蛋一直以来都是必备的,这些都是给产妇生产后吃的。除了吃的营养品外,外婆还要买齐小宝宝的衣服,一般四季的东西多少都要买点。除传统的服饰外,现在一般都还会买披风、睡袋等。传统的黄夹袄、黄棉袄一直还是必备品,以前都是自己缝制的,现在都是在商店购买。除以上衣物外,外婆还要买银器,一般是银锁和手镯、脚镯等,有些是催生时候买的,有些是满月时候买的。

现在大多数说"催生担",又称"催生包"的,主要是指待产包,包括产妇和婴儿的用品。而传统意义上的催生,有更多一层含义,就是希望能生得快、生得好,孕妇、婴儿两平安的意思。

做 生 姆

宁波人把坐月子叫"做生姆"。"做生姆"这一习俗,可追溯到史前时期,具体发展不可考。但为了母亲和子女的健康及对产妇保护的核心理念,这是保持不变的。近些年来,由于居住环境变化,城市里"送红蛋"的习俗也已经不多见,但产妇的饮食依然相当受重视。有些被认为不符合科学的禁忌也逐渐被破除。

宁波风俗中,产妇必须在产房养足一个月,产妇月里不能见风,一个月内不能外出,而且一月之内的茶饭都要送到床头,不能广开门窗,以防风寒侵染。丈夫在月内必须与产妇分房分床,民间以为可避免厄运。另外,产妇做生姆期间,即使夏天也必须穿长衬衣、长裤,以防风寒。如果产妇对做生姆月的不适十分敏感,常会因此遗下病根,俗称"生姆月做病"。

旧时产房门口挂红布条,既为辟邪,也是标志,暗示外人一律不得入房探视,尤其是男人。其风俗意义在于严格控制外人带菌入内感染产妇和婴儿。同时,外人入产房也不利于产妇休养恢复,外人也须回避。现在产妇坐月子期间,亲人朋友还是可以适当探望的。婴儿生下后一周内一般去医院探望,之后月子里可以去产妇的家里或月子中心探望,不过由于产妇身体还比较虚弱,一般探望停留的时间不宜过长。

婴儿出生后,大部分人家会请专门伺候产妇坐月子的女佣,称为"出窠娘",出窠娘一般都有这方面的丰富经验。窠,宁波方言中意为动物的窝,以此比喻孩子命贱、好养育。另外,宁波习俗讲究婴儿须穿叉襟衣衫,袖管和裤腿处须绑住,据说绑过后的孩子手脚不再好动,如果孩子很好动,一般宁波话会说"这小孩手脚没绑过啊"。另外,婴儿的第一件衣服要穿自家的,然后再穿外婆家带来的。婴儿出生,产妇坐月子期间,夫家一般会分送周围邻居煮熟的染了色的"红蛋",以示喜庆。现在城市里婴儿出生若要送"红蛋",很多是由喜蛋公司来包装了。

产妇主食一般为小米粥、鸡蛋、红糖长面,其中长面是具有宁波特色的产妇食品。长面是面粉经盐卤处理后拉制成形的特殊面条,细长而有韧性,食用时须用沸水先"白"过,去除咸卤,然后以红糖下成汤面,加生姜汁。长面的特点是下开后软韧不变形,口感好,又特别易于消化。产妇吃的小菜主要是以能给产妇滋补的母鸡、鲫鱼、猪蹄膀为主。宁波人还有送"生姆羹"习俗,亲朋好友家的产妇坐月子时,就会送上述提到的食品给产妇。如产妇缺奶,则一般用鲫鱼炖汤来催奶。

生育习俗是宁波人相当重视的一个习俗,尤其是对产妇饮食的注重。现在由于物质条件的改善和科学知识的普及,生育习俗中的饮食也越来越科学化,有些传统饮食中不良的因素被自然淘汰。有些被认为不符合科学的禁忌如不能洗澡、洗头也逐渐被破除,但月子里产妇不能"碰冷水"的习俗还是坚守着,有些比较讲究的人家替产妇擦洗身子时都要用温热水,这其实也是符合中医"防风寒"的道理的。

做 三 朝

婴儿出生第三天,要给婴儿洗澡。人们在产房摆上简单羹饭,并在米筛中点上香烛,放置12只"相谅盏",两碗"盖糖饭",祭祀床公床婆,意为把不好的东西从筛孔中漏出去,好的东西留下来,认为床公床婆能保佑婴儿茁壮成长。此番仪式,通称为"做三朝"。在北仑区,做三朝的这天,家人将一个米筛放在床上,供床公床婆,供的地方在小孩睡觉的床上。米筛上的供品有鱼、肉、烤花生三种菜肴,还有一棵根株和一片瓦,象征孩子长大后买田砌房。米筛上有两只"糖拌盏"。"糖拌盏"的做法是用两只酒杯各盛上米饭,将两只酒杯的饭合起来,取走在上的一只酒杯,形成满而圆的一杯米饭,用一块黄糖放在上面,称作"相谅盏",其形状好似母亲的乳房,寓意小孩能吸收到母亲充足的奶水。米筛上放着的还有麻饼、红蛋、花生、橘子等,以示吉利。做三朝时,人们须点上三炷香和蜡烛,祈祷床公床婆保护小孩吃好睡好、不吵不闹、不摔跌。有时候小孩在睡梦中笑,人们便认为这是床公床婆在睡梦中教导小孩。供奉床公床婆时,还要烧纸钱给床公床婆。

做三朝时,婴儿外婆家要送来纯色祭品,用来祭拜神灵,称"还落地福"。外婆也要赠送礼物,外婆送给小外甥的礼物有一年四季的衣裤、兜篷、尿布、摇篮、坐车等,富人家还送银项圈、手镯、长命锁之类的,还有麻饼、红蛋、花生、橘子等东西,以示吉利。宁海一带,在婴儿出生三日后要办酒席,称之为"落地轿";象山一带,办"三日羹饭",寓感谢祖宗送来子孙之意;余姚多在婴儿出生第七天请床公床婆。

分相谅盏

过去宁波老式墙门里住着很多人家,产妇大都在家生产,物质贫乏,为相谅盏的形成提供了客观条件。现在城市建筑都是单门独户,产妇又在医院里生产,延续这种风格的条件发生了变化,也只有少数老人知道分相谅盏的习俗。

婴儿出生后第三天,在红房也就是产房举行"做床"仪式,所谓的做床,就是要摆里羹饭。在床边放一条方凳,与床并排,再把米筛放在方凳上,点香烛于米筛内,米筛上放一盆糖、一块豆腐、一大碗饭,饭上放一块黄糖,放十二只酒杯,两只小碗,嘴里要不停地念:"像吭郎黄狗一样乖乖过,一夜困到大天亮。"意思就是希望小孩子像黄狗一样很乖,能够每天睡到天亮,寓意小孩子平安长大。

仪式做完后,把大碗中的饭盛到一个酒杯里,饭中再放一块黄糖,用另一个酒杯盖在这个盛饭的酒杯上面,这个就称"谅盏",以此方式祭床公、床婆,俗称"解魇"。最后把相谅盏一杯一杯地分送给邻居的孩子吃,目的是以后自己的孩子和其他孩子一起好好相处,以求得邻里和睦。如果盖糖饭送给久婚未育的妇女吃,相传妇女吃后能生育。吃盖糖饭的要回送麻油一碗,以示"有"孕。由于生活和居住方式的改变,这项习俗已经被时代淘汰。

如今,孩子做三朝时,分相谅盏的习俗已经渐废。旧时,在宁海一带,孩子第一次上学,家长备相谅盏,以小盏盛饭和糖果分送给其他新同学,作为见面礼,以示"结缘"。相谅,即商商量量,"相谅盏吃过,以后不要造孽",这是家长对孩子的一番期待。

满　月

　　媳妇生了小孩后要坐月子，满一个月后就叫满月。满月后主人家要给孩子办满月酒，旧时一般只有大户人家生了男孩才会办满月酒，现在几乎家家户户都要办，即使生了女孩子也要办。

　　满月当日，主人家要设祭享神祀祖，向近邻分送长面或红蛋，办酒席宴请亲友，称"满月酒"。此日要为婴儿剃满月头，因此亦称"剃头酒"。亲友送礼致贺，姨母、舅母、姑妈等以五色丝线编成彩带挂于婴儿项上，以期婴孩"长命百岁"。外婆家送"满月担"，满月担中有老虎头帽、老虎头鞋、抱裙、披风及鸡、鱼、肉等食物，富贵人家还送金锁片、银项圈、响铃和手镯等。旧时若产女婴，满月不办酒席。宴客后，产妇抱婴儿接受众人祝贺，宾客一般要说句"介难看"（宁波方言，即很难看），意谓小孩日后会越长越好看。待宾客散去后，在婴儿鼻间点一点墨，由"出窠娘"撑纸伞，抱婴儿去外婆家或邻家串门。婴儿满月要剃头，这是宁波人出生礼中的高潮之一，是较为重要的礼俗，男孩"整一个月"，女孩"整一个月缺一天"行剃头礼。一般后脑下边的头发，被认为是"孝顺发"而保留不剃；"囟门"被认为是"聪明孔"，因此这个位置上的头发也不剃。婴儿剃头时，由一位福寿双全的老太太抱着。旧时宁波北仑一带，有钱人家请人将剃下来的头发制成"脸毛笔"，以留作永远的纪念。在宁波余姚一带，由祖父抱着婴儿剃头，祖父脚下踩着用红纸包的葱、芸香和斧。剃毕，由婴儿父亲去栽葱和芸香，意为婴儿长大会聪明、好运、富贵。在宁波的宁海县，外孙初见外婆要备礼品，称"外婆担"。外婆送一只背染红色的羊羔，称"外甥羊"，以希望小孩如小羊般孝顺、活泼。给孩子剃胎发的时候还有一套吉祥话要说，称作"四言八句"："剃去胎发，越剃越发，人财两旺，金玉满堂。""麒麟送子到府庭，朝中有添新贵人。状元及第登皇榜，禄位高升喜满门。"①在宁波慈溪，满月这一天，主人家要请剃头婆婆为婴儿理发，俗称"剃头"，还要办酒席庆贺，邀请长辈亲友前来饮酒。宁波海岛的满月仪式则更具有海洋特色，婴儿在满月那天所戴的虎头帽四周会用银片或铜片做成的"八仙过海"立像作为装饰，肚兜上也会绣着"哪吒闹海"的图案，象征孩子长大后具有闹海弄潮的本领。

孩子满月当天早上8点，主人家要请满月菩萨、寿星菩萨保佑小孩活泼健康、长命百岁。人们要先放炮仗，接着摆放12盆供品，用面塑代替荤菜，在破锅中烧纸钱、佛帖。祭拜时按父母辈、祖父母辈依次轮流祭拜，先男后女。外公外婆、舅舅舅妈等亲戚也要来喝满月酒，凡来出席酒席的人都要送礼品，包括"金锁""长命富贵""毛衣毛线"等，祝福小孩健康富贵。在余姚，除了剃头和办满月酒外，新做父亲的还要抱小孩往村庄周围的溪边拜水神，在房前屋后走一圈，走时不论晴雨，都要随身带把伞。

在宁波，满月当日，除了要给小孩子"剃满月头"外，还要给小孩子"开荤"。"开荤"最好吃鹅头，寓意是希望宝宝在跌倒摔跤时，能像大鹅一样把头翘起来，避免受伤。也有的用鸭舌头，因鸭子嘴巴阔，寓意"嘴阔吃四方"。鸭舌头只在小孩子的嘴唇上擦几下就行，这样表示小孩子已开过荤了。当地人有讲究，千万不能用蟹的大脚钳给小孩子"开荤"，否则孩子长大了要咬人。在宁海，给婴儿开荤则用大龙虾，意为小孩儿今后跌跤时，头会像龙虾一样翘起来，不至于头颅损伤。此后小孩儿就可以进食五谷百物，不论荤素。满月后，小孩第一次到外婆家去时，如果是小男孩，要在其鼻子上用墨灰点一个小黑点，如果是女孩，在其鼻子上用红胭脂点上一个小红点以表示吉祥。农村经常说"乌鼻头管望外婆"，这样装扮后便不会被途中的野鬼看上，将魂魄摄走。去外婆家的路上要由"出窠娘"（宁

---

① 冯盈之：《宁波地区诞生礼俗中的服饰文化》，《浙江纺织服装职业技术学院学报》2010年第3期。

波对服侍产妇妇女的称呼)撑纸伞,产妇抱婴儿到外婆家。到了外婆家后,四周邻居都会来看望新生儿,送一些礼物。有的会挂一串长命线,有的还要用长命线吊上纸币,寓意小孩能够平安健康、长命百岁。

抓　周

婴儿出生周年,俗称"周岁"。婴儿出生满一周岁时,一般家庭都在这个日子办酒席,亲朋好友也都会前来祝贺。外婆家要送五只从小到大的金团,叫作"五代见面"。还要送老虎头鞋,老虎头鞋用黄布做成,也有用红布做的。老虎乃"百兽之王",人们认为小孩子穿上老虎头鞋,胆子会大,还可以祛邪。外婆还需送玩具和衣服等。在宁海,摆周岁酒席时要准备好"够周面",这一天主要是吃够周面,祝贺婴儿长命富贵、早日成才。祖父母往往会在这天给孙子、孙女戴上银项圈、银手镯或银脚镯,有的直到成年后才取下。

在宁波旧俗中,婴儿出生满周岁时还要举行"拿周"仪式,又称"试周""抓周",是想看看小孩子以后的爱好。小孩一周岁生日这天祭祖以后,则在一张或两张桌子上放满各种各样具有象征意义的物品,如书、画、笔、纸、砚、琴、棋、钱、胭脂、化妆品等,任其随意拿取,拿到的物品能预示孩子将来的志向与性情爱好。比如孩子抓到算盘,被认为日后可以当一个好商人,会精于核算;抓到一支笔,则被认为生性习文,将来可以"吃文饭",在文场上有出息,等等。而父母亲友都成为看客,等小孩抓到东西后,亲友们立即上前表示祝贺,尽量往好处说,让主人开心。"抓周"仪式完毕之后,主人家开筵宴客。但在象山一带,"拿周"时不办酒席,只做蒸团,分送亲友和近邻。有的地方也在此后的每个生日,给小孩吃蛋,直至其成人之前。蛋有"生"的含义,意为不忘养育之恩,宁波俗话说:"儿子生日,阿娘(母亲)难日",所以周岁纪念,既是给孩子第一次诞生日的庆贺,也是对母亲生育之功的表彰。抓周仪式并不是真正确定孩子之后从事的职业,很多时候人们并未认真看待这场仪式，所谓好兆头，无非是父母对于子女未来的一些希望。旧时希望男子科考中举、女子成为贤妻良母，所以摆上相应的物件让婴儿抓周。随着时代的变迁，人们对于子女的未来也有了更加多样化的展望，所以抓周摆放的物品也更加多元化。

做 童 帽

受河姆渡文化影响，宁波人对帽子情有独钟。宁波有句民间谚语"七月秋风转，八月戴帽碗"，道出了宁波人对于融实用与观赏于一体的帽子的特殊情感。宁波方言中"帽"和"冒"同音，意味着"冒尖"，小孩子戴帽子，就有"出头"的意思。帽子的款式也丰富多彩，最常见的便是虎头帽，其他还有带有各种吉祥意味的狮子帽、兔子帽、莲花帽、蝙蝠帽、三元帽，等等，也有饱含父辈希望的书生帽、秀才帽、福禄寿帽等。

做帽子的习俗还和岁时习俗有关。除夕和正月初一戴上新帽子，表示辞旧迎新；清明节有谚语"清明戴杨柳，下世有娘舅"，所以会给孩子戴上用杨柳枝条围成的帽圈，寓意"思亲（青）"；元宵节也要给孩子戴上兔头帽、提兔子花灯，和天上广寒宫的月兔相呼应；端午节则戴上虎头帽、穿上虎头鞋，甚至要用雄黄在孩子的额头上写上"王"字。这些戴不同帽子的习俗，归根结底还是由于母亲对自己子女的爱。旧时医疗资源匮乏，穷人家的孩子更是没有钱看病，于是母亲就把对孩子的祝福藏在一针一线缝成的帽子里，希望上苍能够保佑自己的孩子平安健康。

弃婴溺婴陋俗

弃婴溺婴都是残害婴儿的一种陋习。尤其是溺婴，更是一种故意将初生儿投置水中淹死、侵害初生儿生命的行为。溺婴风俗自唐宋已有，一直延续到明清,在民国渐渐消亡,其时主要见于南方地区,尤以福建为盛。旧时在浙江也存在溺婴的陋习。该陋习可以说在东南地区广泛存在,"衢、严、信、饶之民,生子多不举,子昼请禁绝之"。弃婴、溺婴之俗,是一种非人道的行为,不仅法律禁止,而且在道德上也一直受到谴责。

清代,在宁波余姚偏僻处有放生亭,官府设有养育堂,这些都是收容弃婴的地方。有的人家因为贫穷养不起婴儿,或者因为是私生子,往往将刚出生的婴儿丢弃。丢弃婴儿时,一般会在婴儿怀里放一张写有生辰八字的纸条,有的人家会放一块可识别的随身物,偷偷地将婴儿放置在放生亭,然后悄悄离去,等待即将抚养婴儿长大的养父母。运气好的,可能会碰到善良的人家,过着不错的生活;运气不好的婴儿,遇到贫穷双亲,整日饱受折磨;也有的婴儿会因为在放生亭等待时间过长,最后不幸死去。对于刚出生的生命来说,这是极其悲惨的事。

溺婴是指将新出生的婴儿冲入马桶、水瓮等器皿中,淹杀至毙的行为。早在战国时期,就有"产男则相贺,产女则杀之"的事情。宁波的宁海《潇汀葛氏宗谱·族规》告诫族人:"乾道成男,坤道成女,此自然之理也,无如世事日非,溺女风炽,或以贫而莫养,或以多而生厌,不知虎狼且爱其子,狼鹿且怜其儿,奈何禽兽之不若乎? 况杀人偿命例所不宽捄,以正条倍于故杀,原非寻常犯法事也。且我邑城有育婴堂,乡有育婴会,如嫌多可将女送去,如家贫将钱领来,皆能保全婴命,此亦何忍而不为也? 倘有故蹈恶习忍心溺女者,合族鸣官究治,且上高祖宗,顿令出族,不许入谱……"

在宁海其他的大族均有这样的规定。从这些大族的族规可以看出,宁波溺女婴的现象还是很普遍的,虽有官府法规、家族族规的严令禁止,但仍不乏违法违规者。溺婴现象的出现,对于贫困家庭而言,其原因主要是缺乏钱财,无法养活全家老小。此外,嫁女奁费高昂,遣嫁困难,所以女婴出生后只能选择将其杀死。而最重要的原因还是旧时传统的重男轻女的观念,男孩被认为能传宗接代,女孩则不受重视。随着时代发展,溺婴现象也随之根绝。

二、婚嫁礼俗

新娘花轿八人抬,十里红妆嫁过来

《礼记》曰:"婚礼者,礼之本也。"①结婚自古以来就是人生大事,它标志着新家庭的诞生以及血脉的延续,婚礼是个人身份的过渡仪式,也是人生的重大转折点,被称为"终身大事"并不为过。由于人们对于婚姻的重视,婚姻的仪式也愈发隆重,与婚姻有关的习俗也变得更为繁复多样。从《礼记》开始,中国人的传统婚礼仪式就基本被固定下来,《礼记·昏义》中规定了六礼,即为纳采、问名、纳吉、纳征、请期和亲迎。宁波的婚嫁礼俗也由这六礼展开,衍生出具有宁波特色的婚嫁礼俗。

婚前礼俗

纳采即男方家请媒人去女方家提亲,女方家答应议婚后,男方家备礼前去求婚。在这一环节中,男方家庭要考虑到双方的适配性,需要提前打听一下女方的年龄和生肖,联络男方和女方则需要媒人。

婚配宜忌 即男女方年龄适配的宜忌,主要是年龄与生肖两方面。宁波话"女大一,做煞呒铜钿",意思是女方比男方大一岁的话,男方家里不会发财。另外也有"只可男大七,不可女大一""女大三,屋顶翻""女大两,寿命长""男大二,米铺地""男大三,抱金山"等说法。生肖即属相,属相又对应五行,而五行相生相

---

① 杨天宇:《礼记译注》,上海古籍出版社,2007年。

克,因此属相五行也有相生相克的说法。属相五行喜相生,忌相克。"白马犯青牛,羊鼠一旦休,蛇虎如刀错,龙兔泪交流,金鸡怕玉犬,猪猴不到头。"这句民间流行的顺口溜形象地说明了生肖间婚配的宜忌。因此,旧时宁波地区在考虑男女方婚配时会着重打听年龄与生肖。虽然如今婚姻中"女长男"的现象愈发普遍,年龄方面的禁忌已不像之前那般严重,但人们有时谈起不幸的婚姻时仍会从年龄或者生肖上找原因。

谢媒　古语曰:"父母之命,媒妁之言。""媒妁"指的是介绍婚姻的人。《说文》:"媒,谋也,谋合二姓。"俗谚:"天上无云不下雨,人间无媒不成亲。"这些都足以说明媒人的重要性。旧时有媒人首次上门不能喝茶的习俗,谓"媒不饮茶",说喝了茶要冲淡婚事、姻缘不成。媒人在男方和女方间奔波,在纳采、问名、纳吉、纳征、请期和亲迎等"六礼"中发挥着重要的作用。

"纳采"就是提亲,如果男方觉得某家有女可做议婚对象,便请媒人带着大雁作拜见之礼进行说合。"问名"即男方家请媒人问女方的名字和出生年月日,看看双方八字是相合还是相冲。下一个仪式则是"纳吉",即男方将女子的名字、八字取回后,排算八字。八字相配,男方要向女方送聘礼。"纳征"亦称纳币,即男方家以聘礼送给女方家。旧时双方把庚帖压于祖堂或灶君前香炉之下,三日内如家中无碗盏敲碎之类事发生,始正式订婚。男方会让媒人送婚书以及金银首饰、衣料、聘礼、酒、饼等到女方家下定,双方均宴请亲朋好友,办下定酒。婚期由男方选定,请媒人告知女方,叫"送日子书"。

定亲的庚帖上写着男女生辰八字,男方必须用描龙图案的红纸,女方则用凤凰图案的红纸,表示男女龙凤双配之意。在宁波,男女定亲必须送几条大黄鱼。送鱼的时候要成双成对,象征双龙戏珠。同时鱼头要朝着被送的一方,意味着鱼游进去后就不再出来;若方向错了,则意味着婚姻不顺或者有婚变的可能。

　　媒人发挥作用促使男女成婚后,男方酬以猪肉(多为猪蹄),女方则酬以被单、衣料等礼物,俗称"谢媒"。如今虽然盛行自由恋爱,但仍有不少男女通过相亲组建家庭,因此"谢媒"的现象依旧存在,只不过形式发生了改变,不再送那么多猪蹄,只送一个表达谢意,其余则用红包或其他谢礼代替。

　　聘礼　在这一仪式中聘礼是一个重要的内容。女方派人问明男方公婆叔伯姑婶之鞋样及婿之鞋帽尺寸,预为制作。男方于吉日向女方馈送鹅、鱼、肉、蛋、酒及金团 120 只、麻饼 120 只,桂圆、黑枣、莲子、白糖等四色包头 4 只,其他糕点包头 44 只,金耳朵、金戒指各一对,绸缎衣料 6 件或 8 件。另送聘金,并请媒人送去婚帖。聘金 36 枚银元为小礼,120 枚银元为大礼。女方以酒席款待。宴毕,附回帖,请媒人转送男方,并回送礼物,谓之"发送"。礼物有自制之鞋帽及缎质绣袋 5 件或 7 件,袋上绣有鸳鸯、松鹤、荷花、白莲等吉祥图样,分别用红丝线钉上带有"百年好合""五世其昌"等字样之圆形金属饰片。男方设酒席宴请媒人,婚事遂定。鄞西余姚一带,订婚后,男方要向女家馈送龙凤喜饼和喜酒,俗称"大饼老酒",故有生女是生"老酒甏"之语。

　　此后,男方逢年过节向女方送礼,礼品有立夏蛋、端午粽、中秋月饼及鸡、鱼、肉等,直至迎娶成婚。慈溪一带从订婚至结婚要送礼四次,分别称为"压帖""头盘""二盘""执杠"。

　　"纳吉"和"纳征",这两项礼目往往并在一起进行。这是订婚的主要手续,宁波人对此称作"文定",宁海人称"下定",也就是男女方议定彩礼。

　　现在,部分是由媒人出面沟通双方家长意见,大多数还是父母双方约定饭店,一起吃饭联络感情并探讨结婚事宜。

　　回礼　旧时的婚姻是在两家之间,尤其是男方向女方一次次地赠送礼物中促成的。但中国素来提倡礼尚往来,所以当女方家收到聘礼的时候都必须有回礼。女方回的基本都是女红手作一类的物品,如绸缎衣物或是女子为男子缝制的手帕或者鞋袜。近现代的宁海女方习惯送肚兜和子孙袋,意思是为男方生儿育女,还要为男人准备一双自己做的布鞋,表现女方针线活水平。其余地方也会有女方事先派人来要走男方家女性长辈以及未婚夫的鞋样和帽样,有的自制鞋帽及缎质绣袋五件或七件,袋上绣有鸳鸯、松鹤等图样,并缀有"百年好合""五世其昌"等字样的圆形金属饰片,于换庚帖当日请媒人转送男方。

三请女婿　请期即男家择定婚期,备礼告知女方家,求其同意。在宁波,婚前三日,女方家会"三请女婿"。女方用大红帖请女婿,女婿先是敬谢;再请则答应以"谨遵台命";三请之后,女婿才坐蓝呢轿,在四盏书有堂名的高灯引导下前往。到达女方家,先于堂上拜见岳父,茶送三道后到岳母房拜见岳母,稍坐,出拜太公等尊长,再会见账房等执事。酒席上,岳父向女婿斟酒送菜,女婿致谢。礼毕,岳父退席,由阿舅陪席,新娘避不见面。

搬嫁妆　在宁波,嫁妆称为"嫁资",婚期前三五天,男方派人去女方家搬嫁资。女方预先摆列嫁资于庭院内让人参观。发送嫁资时,第一杠必须置花烛台一对、铜镜一面。余姚一带有"掏箱"之俗,嫁资搬到男家,送嫂(即送娘子)把钥匙交给婆婆,由婆婆开箱,让众人看嫁妆。宁波人非常重视女儿出嫁,认为嫁资越多,新娘在夫家亲戚中的地位就会越高。因此,大户人家在女儿的嫁妆上无不倾尽所能,极尽奢华。

而在十里红妆婚俗中,嫁妆是跟随新娘同到新家的,是新娘的陪嫁品。因此搬嫁妆也是在迎亲当天,红色的花轿、红色的嫁妆绵延一路,故称十里红妆。当十里红妆全部搬进新房之后,就要进行非常讲究的铺床仪式。新床上的被褥都是从新娘家嫁过来的喜被,喜被缝制时,引线不能打结,意思是新娘嫁过去后凡事顺顺当当①。

---

① 刘尚才:《十里红妆婚嫁传说》,宁波出版社,2010 年。

图 2-2　结婚新房铺床

伴夜　正式成亲前一夜,新郎要在新房里过夜,由一位"全福"(指爹娘、公婆都健在的人)的妇女,取 24 双筷子系扎红线,放在新郎席下,暗示人丁兴旺,亲友络绎。这些筷子在新婚满月内要一直放在床上。此夜由一父母双全的小男孩伴新郎同睡,俗称"伴夜"。晚上要给小男孩吃包子、花生、鸡蛋等,寓意"包生儿子"。次日清晨小男孩离开时,新郎要给其发红包,同时小男孩要贡献一泡童子尿,俗称"挈出尿瓶"。

婚时礼俗

亲迎为六礼最后一道程序,即男方去女方家迎娶新娘,也是最为隆重和热闹的仪式。

坐花轿　宁波闺女出嫁均坐花轿。传说南宋康王(宋高宗)逃难至明州(今宁波),金兵追击,赖一女子相救得脱,后找恩女不得,诏明州女子出嫁可享半副銮驾待遇,凤冠霞帔,并坐花轿。花轿,俗称"大红花轿",有四人抬、八人抬之分。1920年代宁波美球针织厂赵姓厂主的儿子成亲,特约贳器店制作一顶上等花轿,精工细镂吉庆故事人物三百余个,名"美球轿"。贳器店制作大红花轿花本钱5000元,赵家第一次租赁付费500元。这顶八人抬花轿,抬轿者穿一色特制的缎子褂,炫耀一时。坐花轿尚有明媒正娶、原配夫人之意,女子一生只能坐一次。故夫妻吵嘴,妻子挂在嘴边一句话:"我是大红花轿抬进门的,又不是走上门的",以此来炫耀自己地位的高贵。迎亲日,花轿出门,以净茶、四色糕点供"轿神"。放铳、放炮仗,大红灯笼开路,沿途吹吹打打。新郎不到岳父家迎新,以喜娘(送娘)为使者,持名帖前往。

宁波流传着这样一句老话:"良田千亩十里红妆",代表新媳妇出嫁的时候,要有千亩田地和可绵延十里的嫁妆,在嫁妆中最为出彩的就是用朱金漆木雕制作而成的花轿以及用金银彩绣做成的凤冠霞帔。传说南宋开国皇帝、小康王赵构被金国元帅金兀术追至浙东农村,一位村姑用箩筐把小康王罩了起来,骗过了金兵。康王出来后,向村姑道明了真实身份,承诺待安定后,派人把村姑接到皇宫去,以报答救命之恩,并约定:让村姑把肚兜挂在门口为凭。第二年,康王来寻救命恩人,结果发现整个村子有姑娘的人家都挂起了肚兜,实在无法判断哪个才是真正的救命恩人,也无法实现自己的承诺,日夜难安。最后下了一道圣旨:"浙东女子尽封王。"女子出嫁时,可以享受公主般待遇,半副銮驾,凤冠霞帔。[1] 宁波有这样一首儿歌,歌词这样写道:"新娘花轿八人抬,十里红妆嫁过来。红漆箱笼十八只,大厨小桶放光彩。"花轿是十里红妆婚嫁场面的主题,最能体现新娘的身份和地位,坐花轿也是旧时女性一生中最为风光的时候,是她们日后得以骄傲炫

---

[1] 何晓道:《十里红妆女儿梦》,中华书局,2008年。

耀的谈资。花轿一路从新娘的婆家抬到她的夫家,前呼后拥,耀眼的红妆绵延十里。这些出嫁用的花轿里,最精致繁复的便是现存于浙江省博物馆的朱金漆木雕宁波花轿,也就是"万工轿"。

万工轿制成于明末清初,轿身共七层楼阁,五座主亭,被称为"五岳朝天"。整个轿子用朱金雕刻、层层点缀,光是制造这顶轿子所耗费的金箔便有百两黄金,整个轿子金碧辉煌、光彩夺目。轿上共有百余人物,组成天官赐福、魁星点状、八仙过海、和合神仙、榴开百子、喜上眉梢等戏曲故事和吉祥主题,前后左右的舞台还"上演"着《荆钗记》《拾玉镯》《西游记》等戏文。万工轿需要由八个人才能抬着前行,随着轿子前行,轿上的戏曲人物便迎着风开始转动,仿佛真的在演戏似的,轿子上的玻璃风铃还会发出悦耳的声响。

花轿的豪华程度最能彰显主人家的身份,万工轿自然属于头等轿。浙江省博物馆所收藏的花轿是当时宁波知名人物虞洽卿家中要办喜事时所用的,由"聚成号"制作,在虞家办完喜事之后,这顶轿子就留在了"聚成号",供其他要办喜事的家庭租赁使用。

宁波的花轿有时候会在木架桥身上穿一件金银彩绣的轿衣,就变成了别致的金银彩绣花轿。轿衣上绣的内容多是"百年好合""鸾凤和鸣"等祝福夫妻的吉祥图案。

从朱金漆木雕花轿到金银彩绣的轿衣与嫁妆,不难看出过去人们对于出嫁仪式感的重视。旧时女性的女红是传统妇德中"妇功"的一部分,在男尊女卑的社会环境之下,刺绣既是她们消磨时光的一门手艺,也与她们的婚姻紧密相联。她们既是创作的主体,也是享用绣品的对象。这绵延十里、流光溢彩的嫁妆,我们不仅能从中看到旧时女子人生中最璀璨风光的场面,也能看到无奈的闺阁幽怨以及她们一眼能望到头的枯涩命运。

20世纪五六十年代,移风易俗,把传统的迎娶新娘子的大红花轿取消了,但新娘子必须脚不沾地到夫家的习俗仍然存在。宁波人发明出了花轿的替代品元宝篮。所谓"元宝篮"，就是用竹篾编成的长约 4 尺、宽约 2 尺的元宝状竹篮。

上轿　新娘上轿前，由兄弟一手持红烛，一手执镜子向轿内细细搜照，说是驱逐匿居轿内的凶神恶鬼，即为搜轿仪式。在慈溪一带是由舅父或叔伯用镜子借烛光在轿内照，还有"撒白米"的习俗。搜轿后，男方喜娘三次催妆，新娘才身穿霞帔，头戴凤冠，上盖大红方巾。新娘上轿前，须由母亲喂吃"上轿饭"，寓意不要忘记哺育之恩。宁波新娘上轿时还有以下习俗：

其一，"哭上轿"。女儿上轿，母亲哭送，哭词多为祝颂、叮嘱话，有："囡啊囡，侬抬得去呵，烘烘响啊！侬独自去呵，领一潮来啊！""侬敬重公婆敬重福，敬重丈夫有饭吃"等，新娘动了感情含泪惜别。花轿出门前，其母亲与姐妹于中堂哭诉、唱吉祥词以送轿，新娘也须哭着上轿。

其二，"抱上轿"。新娘由兄长抱上轿，进轿坐定后，臀部不可随便移动，寓意平安稳当。宁波城乡习惯由新娘的兄弟抱上轿，以免新娘双脚着地带走娘家"风水"。如果步行上轿，地上须铺红毯，亦有不铺地毯而新娘在新鞋上套一双旧鞋，待上轿后由送嫂把旧鞋脱回。

其三，"倒火熜灰"。新娘座下放一只焚着炭火、香料的火熜，花轿的后轿杠上搁系一条席子，俗称"轿内火熜，轿后席子"。起轿时，女家放炮仗，并用茶叶、米粒撒轿顶。新娘兄弟随轿行，谓之"送轿"。城区抬花轿要绕至千岁坊或三法卿（地名）等处，以讨"千岁""三发"彩头。兄弟送至中途即回，且要包点火熜灰回来，并从火种中点燃香或香烟，返家置于火缸，俗称"倒火熜"，亦称"接火种"。

宁波慈溪庵东盐场一带风俗，花轿要在日落时出门，黎明时至婿家，因盐民习惯于日间晒盐，夜晚处理家务，迎娶亦不例外。余姚一带，新娘上轿后，轿转数圈，由"堕民"撒把米，泼碗水，俗称"嫁出了囡，泼出了水"。

图2-3　宁波新娘出嫁时用的火熄

亲迎　在大婚当日,新娘要开面,新郎则要剃头。开面即送嫂用棉线绞去新娘脸上汗毛。头天办还福酒,男方以全猪、全羊、全鱼、果品等,于礼厅祭祀神与祖,名曰"享先",也叫请太公。这表示结婚红日,不忘祭祖,祝愿新郎新娘早生贵子,全家幸福。享先后,剃头师傅为新郎剃头,剃头椅两旁各置茶几一张,一张放银元两枚,另一张放五色果包一只,新毛巾包一只,内裹银元两枚,为剃头师傅之报酬。

男方发花轿,以堕民为使者,手捧名帖,引导花轿出发。轿前有仪仗队,普通人家雇吹手一班、"罗帽"(中式吹鼓手)一堂,富家则加西乐队一队、龙凤吹手一队。沿途,乐队在前吹奏乐曲,陪轿人员燃放爆竹。花轿临门,女方虚掩大门,待男方使者从门缝里塞入红包,始大开中门迎人。花轿进门,轿门朝外,歇于堂前。

宁波是沿海城市,多海岛,因此海岛接亲也是一个特殊的风俗。所以经常会出现新郎和新娘不住在一个岛上的情况。住在一个岛上是用花轿迎亲,若是不住在一个岛上,新郎需要派船去迎接新娘。海上接亲要预测天气风向和潮流,并提前一两天到达女方所在的岛屿,以免耽误婚期。开船之前,新郎要亲自到船头用贡品祭祀船神,保佑一路顺风。接亲的喜船也根据距离的不同,近的用描着炯炯船眼的带角船改装而成,船头要悬挂着大红球带,船身则插着龙凤彩旗,船上敲锣打鼓,鞭炮鸣响。距离远的则要用上漂漂亮亮的绿眉毛船或者花雕船代替,迎娶的喜船离开海岛的时候要放三声开船鞭炮,船靠码头也要放三声喜庆鞭炮,新娘由兄长背下船时也要放鞭炮,这种放鞭炮的习俗和花轿迎娶基本类似。以船代轿,也是沿海城市的一大特色。

拜堂 花轿临门,男方用五个麻袋铺在地上,让新娘脚踩着麻袋走到拜堂的厅堂,谓之"传袋"。麻袋得轮番替换,即有人把新娘踩过的麻袋迅速传递到前面让她继续踩,直到走进拜堂的地方。传袋音同"传代",意为"传宗接代",有祝福新婚人家子孙繁衍、家族遗传万代、兴旺发达的美好之意。

花轿进门,男家奏乐放炮仗迎轿。停轿后卸轿门,由一名五六岁盛妆幼女(俗称"出轿小娘")迎新娘出轿,用手微拉新娘衣袖三下,始出轿。新娘出轿门先跨过一只朱红漆的木制"马鞍子",踏上红毡,由喜娘相扶站在喜堂右侧位置。这时,新郎闻轿进门,立即假装躲到别处,由捧花烛小倌(小男孩)找回,站在左侧。喜堂布置与各地相同,拜堂仪式则稍有区别,有主香公公,多由新郎祖父或祖伯叔担任。主香者和新郎、新娘皆遵赞礼声动作。赞礼者喊:"行庙见礼,奏乐!(乐起)主祝者诣香案前跪,皆跪!上香,二上香,三上香!叩首,再叩首,三叩首!"过程中由一个十三四岁小倌(小男孩)跪在右侧拜佛凳上读祝章。整个过程为"三跪,九叩首,六升拜"。最后赞礼者唱:"礼毕,退班,送入洞房!"新郎、新娘在拜堂时,有抢前头跪习俗,谓谁跪在前面,以后就可管住后者。

宁波以及东南沿海地区有一种十分特殊的婚礼拜堂仪式。当渔村的新郎出海遇到海浪无法及时返航,而旧时婚期也不能随意改变,所以只能由新郎的妹妹代替兄长拜堂。这种特殊的婚礼要由小姑抱着或者手提一只公鸡,按着鸡头和新娘拜天地。拜堂结束后,则在鸡脖子上悬挂一条红布,并将鸡笼养在婚房内饲养。等到新郎出海归来之后,再将公鸡放出,所以民间有"抱鸡入洞房,阿姑代拜堂"的说法。

唱新袄 新郎新娘拜过天地,拜过高堂,见过大小,接下去就是拜堂"唱新袄"。女傧相将新娘的龙箱(即衣箱)一只只抬到中堂,请来村上有名望、有福分、儿孙满堂的老太,依次打开新衣箱,在开箱时老太还要说上几句好话:"开龙箱,八字开,新郎新娘福气来。"然后,婚礼主持人站到高处,将衣箱中新衣裳一件件亮出来,当众唱出新衣裳的料子、样式、花色、做工。"唱完新娘八字袄,新娘过门八字好,吃勿愁来着勿愁,夫妻恩爱同到老。"这首民谣在宁海长街农村时常听到。也有"拜堂没有八字袄,今生今世苦到老"之说。

婚宴排座位 当日,办拜堂酒,叫正餐酒席,所有亲朋好友都来吃喜酒。婚宴就餐,排座位是一个很重要的环节。八仙桌一般可坐八人,礼宾陪同新郎邀请长辈就位,其中舅公是最重要的长辈,当日喜酒要让舅公感到称心满意。第二天请舅爷。在宁波,男方发帖发轿去请阿舅,阿舅来到后受茶三道,便退至阿妹新房歇息。中午,宴请阿舅,阿舅坐首席,酒席中忌用"毛蟹"。第三天是谢厨酒。平常,厨师吃饭在厨房,不讲究座位,到谢厨这餐酒席,请厨师坐"上横头"(正中第一个位置上),行堂帮忙的人也陪同就座。主人一家都向厨师敬酒、道谢,厨师心里乐滋滋的。

婚后礼俗

回门 婚后三天,新娘偕新郎回门,岳父母家也要设宴款待女婿,称之为"请新姐丈"。"回门"习俗在慈溪当地已经有一百多年的历史,至今仍然流行,该地

图 2-4　宁波婚宴喜礼

区新婚夫妇在结婚当天或三天、七天后要回娘家,新郎要带礼品,以备丈人家亲戚、朋友欢乐吵闹("敲竹杠")时用。在传统婚嫁习俗中,"回门"这一礼节也有禁忌。在浙江地区,忌新妇在冬至节回门,否则以为将克死其夫家家长,俗谚云:"娘屋住个冬,夫家去个公。"

三日呒大小　宁波俗话:"三日呒大小。"从成婚之日起,三日内,新娘与家族成员间可以不论辈分,不分长幼,互相可以开玩笑或随便相处,新娘叫错族人的称谓也不会被见怪。新婚三日内,不许打扫,不然有财气扫失之嫌。此俗的意义在于,新娘到达夫家之后,有必要和家里、邻里、族人进一步熟悉、融洽,而新娘一下进入一个全新的人事环境,满目生人,容易认错人,有"三日呒大小"之俗后,环境顿时宽松,也可使新人对新家庭的融洽树立信心。

成婚第三日,新娘要亲自煮糖面,分送四邻,俗谚有"三日下厨房,洗手做羹汤"。在宁波北仑,第三天早晨,新娘由兄嫂陪同去河埠头洗一条鱼、一块肉,讨一个"富足有余,有头有尾"的口彩,然后下厨烹煮,称"出厨"。

宁波有的地方在此三日中,女家亲戚各送礼贺新娘,称"望担"。在第三日后,新娘要到河埠头洗涤,尽管是象征性地洗几件衣物或厨内用具,但这一仪式的意义在于表示婚期已经结束,日常生活正式开始。在宁波地区,河埠头正是妇女的社交场所,所谓"河埠头讲阿婆,念佛堂讲新妇",到河埠头表示新娘融入同乡生活,正常交际生活开始。

婚后,新娘第一次做针线活,先为新郎做一条裤子、一双袜子。有俚语:"若要富,先做裤;若要发,先做袜。"结婚满一个月,女方父母要给女婿挑"满月担",又称"满月盘",又送礼金若干,供女婿家酬谢襄办婚礼人员,称"花笑票"。满月担有四盆菜肴和寓意"早生贵子"的红枣、花生、桂圆、莲子及"龙凤金团"48 只,还有藤编针筐、剪刀、尺、针等,此后女儿方可在娘家过夜。"满月担"的意义在于,女方娘家对婚礼和婿家表示满意,并象征继续尽长辈的义务,关心新婚夫妇。满月担习俗现今已消失。

三、寿辰礼俗

请吃酒揿拜生,做九不做十

寿辰礼俗是人类企盼长寿永生的一种仪礼。旧时医疗水平低下,所以人们对于长寿有着天然的向往。《尚书》中讲到人生五福,曰"五福:一曰寿,二曰富,三曰康宁,四曰修好德,五曰考终命"。其中,寿在五福中是排在第一位的,这样的观念延续至今,成为一种非常普遍的社会心理,所以也由此诞生了许多与祝寿庆生相关的礼俗。祝寿的习俗由来已久,起初祝寿习俗的文化意义在于生命意识,祈求神灵可以保佑长寿长生,成为中国古代一种普遍的信仰习俗①。宋代起,以程朱理学为代表的儒学兴起,受儒学思想的影响,人们尤为重视孝道。同时宁波海边的人们生活朝不保夕,更加重视生命节点,由此也产生了许多具有宁波特色的寿辰礼俗。

成 年 礼

成年礼是一种古老的习俗,是承认年轻人拥有进入社会的能力与资格的仪式,同时也是拥有组建新家庭的能力与资格的仪式,具有重要的意义。

男子成年要行加冠礼。据《忠义乡志》记载,奉化"冠礼多不讲行,惟婚期吉旦父命之冠,房长率以拜祖先,此礼有行之者"。而乾隆年间的《象山县志》则记载"冠礼,士大夫家间一行之,民间绝无"。可见宁波各地的冠礼习俗都不尽相同。女子成年则要行及笄礼,到了十五岁左右,择吉日,将头发挽在头顶,盘成发髻,用簪子插住,表示已经长大成人。

旧时宁波民间的成年礼往往和婚礼结合起来进行,即在结婚前一日或者亲迎前,男子要穿上新衣服,披上十字红绸,胸戴红花,在族人的簇拥下到宗庙或是中堂前向祖先和尊长叩礼,由尊长赐予成人之名。女子的及笄礼则是在出嫁前由同辈的嫂子或者伯母为其绞面——用棉线清除脸上的汗毛,同时要将头发挽起。如今社会,男女法定结婚年龄均推迟,因此成年礼多在十八周岁举行,由高中学校为青年男女举办集体成人仪式,发表成人感言并感恩父母,这也是颇有意义的。

做 生

中国人过生日的习俗,大约是从南北朝时开始的。据北齐文学家颜之推的

---

① 徐可:《明代中后期的祝寿文化》,东北师范大学,2023 年。

《颜氏家训·风操篇》说,"江南风俗,儿生一期,为制新衣……自兹已后,二亲若在,每至此日,尝有酒食之事耳。无教之徒,虽已孤露,其日皆为供顿,酣畅声乐,不知有所感伤。"这是说在魏晋南北朝时期的江南地区,人们已经流行在生日这天大吃一顿,就算是父母已经亡故了也照吃不误,没有感伤。由此可见,生日习俗大约起源于南北朝时江南吴越等地,并在民间长期流行,成为全国性的家庭或个人的重要纪念活动。

在浙江杭州等地区,五十岁以下过生日的称为"做生",五十岁以上过生日的称作"做寿"。原来习俗规定"有钱不做三十,无钱要做四十",但民国以后,二十、三十都有人做生日,表明传统习俗有所改变。民间特别重视所谓大生日,即逢十的生日,尤其是五十周岁之后,只要其经济条件许可,寿诞规模一般都比较大。

宁波男子三十岁就要"做生"(过生日),含"三十而立"之意,民间有"三十不做,四十不富"之说。到男子生日这天,丈人丈母要为女婿送生日礼物,多由丈母娘家为其庆祝生日。此时,只能称"做生",不能叫"做寿"。五十岁开始,凡岁数逢十的生日,才称"做寿"。鄞县、宁海等地有"做九不做十"习俗,据传起因于四十岁,因"四"与"死"谐音,故提早一年做生,以后推而广之,相沿成习,如人们五十九岁就做寿,预祝六十岁来临。做生当天,主人家请亲友赴宴,受请者送些生日礼品。有些人家做生当天还要请菩萨,在涨潮时把方桌放在堂屋正中央,供上鸡、鸭、鱼、肉、水果、长寿面、蛋糕等十二盆。请完菩萨后要宴请亲戚朋友吃一餐,分送蛋糕、糖果等。

做　寿

旧时宁波富裕家庭成员从五十岁开始,由其子女为其庆生,逢十做寿,称"做寿"。六十、七十、八十岁以上老人的寿辰,称"做大寿"。做寿一般从五十岁开始,有些地方有"做九不做十"的习惯,由于"十"在宁波的习俗中有到头的意思,做寿如逢十便意味着寿满,有不吉利的含义。而"九"又有"久"之意,表示生命的长久。所以宁波人做生一般做"九"不做"十",如六十大寿在五十九岁做,是为避"十全为满,满则招损"之讳,体现对长者的尊重与祝福。宁海习俗中,人们大多以五十九做寿,俗称"做六秩",以此类推,六十九岁"做七秩",七十九岁"做八秩"。

图 2-5 宁波老人做寿时的寿面

　　宁波传统除逢十祝寿外,还有几个关键岁数有一些讲究,如六十三、六十六岁等。"六十三,鲤鱼跳沙滩",六十三岁这一年被认为是凶兆之年。为挨过这关,会有人特地上街买条活鲤鱼,然后将其放生,以求渡过难关,延年益寿。笔者在宁波调研民俗时还专门走访了老一辈的宁波本地人,他们谈到这些特殊岁数时,还提到了二十三岁和三十三岁两个"坎",在宁波有"二十三罗成关"以及"三十三乱刀斩"的说法,表示当人活到这两个岁数时便要当心,不然可能会招致灾祸。

　　宁波旧俗中,做寿时讲排场比阔绰。寿期临近,做寿者的儿孙向亲友发请帖。在镇海,主人家一般不发帖,由亲友主动来贺,俗语称"请吃酒,搋拜生"。寿诞先日称"暖寿",主人家设寿堂于中堂,寿堂挂灯结彩,设香案,迎面挂金色"寿"字、"寿星像"或"福禄寿"三星图,旁边挂寿屏,上书"福如东海水长流,寿比南山不老松"等字样,点寿烛。富家六十寿庆点寿烛7双,以后递增。祝寿时,亲朋好友一般送"寿星"寿幛、寿烛、寿桃、寿面等,面条取绵长之意,也有送烛票或送银钱的。

　　贺礼上,一般放置金色的"寿"字。旧时寿筵食品须向有名气的南货店定购,定要有"玉(猪肉)堂(白糖)富(烤麸)贵(桂圆)"和寿桃,寓意"玉堂富贵",人们将之置于5只大蜡盘中,叠成5层宝塔状,谓之"五代富"。寿筵上,寿酒必不可少,"酒"与"久"谐音,"祝酒"也就是"祝久",有祝人长久之意。席上老酒用花雕,点心用"寿桃",菜肴多全鸡全鱼等。

图2-6　给宁波老人的祝寿蛋糕

在寿宴中往往还要请戏班来演戏唱曲,上演有吉庆意义的剧目。常演的戏曲有《五女拜寿》等。旧时,一般人家没有条件请戏班,往往都是有钱的富贵人家做寿请戏班。主人家向四邻分送馒头、金团,称"结缘馒头"。宁波的长寿面一般以炒面为主,并且寿筵上每人都应吃面。寿筵结束后,"寿星"将做生所用的寿包、金团等分给邻居,邻居纷纷接受,意为"接寿",有平安吉祥之意。在宁海,在寿宴和堂会结束后,"寿星"及其眷属亲友们还要齐聚寿堂,祭祀福、禄、寿三星或麻姑。

六十六岁寿

民间认为人活到六十六岁,是第三关,要吃六十六块肉。"六十六,阎罗大王请吃肉",六十六岁在宁波当地被认为是凶年,民间认为老人吃了由女儿烧的六十六块肉,便能化凶为吉,所以旧时宁波民间相当重视。如今,虽然生活条件改善了,人的寿命也延长了,但这个习俗在宁波依旧流行。

逢父母六十六岁生日这天,由女儿或媳妇将猪腿肉切成六十六块,形如豆瓣,俗称"豆瓣肉"。肉里还要放上一根带根的葱,同时煮好一碗糯米饭,在糯米饭上放一颗红枣和两根"龙头烤",以示长命百岁。连同一双筷子一起放到食篮里,用红布遮盖。女儿提着肉与饭要走过七座桥,送到父母处,以祝愿生育和养育自己的父母"六六大顺"。女儿送肉和饭时不进屋,将肉和饭从窗口递进。盛饭盛肉的碗盏拣"缺牙"碗,说吃过"缺牙"碗,日后无缺陷,吃了六十六块肉能平安度过六十六岁这一年,得以长寿。

有的地方在寿辰之日,将做好的红烧肉敬天一块,敬地一块,其余的肉块送给父亲或母亲吃,认为吃了可以长寿。煮肉方式可根据寿主口味灵活变化,若不用红烧,则改用其他烹饪方法,但都必须是六十六块。

图2-7 六十六块肉

做三不做四

旧时民间寿庆习俗中,有"做三不做四"习俗。俗语云"贺三不贺四,贺四要淘气""活人不拜四十,死人不拜四七",这当然是因为"四"与"死"谐音,是一个不吉利的数字,所以四十岁寿辰是不应该大肆渲染庆贺的。

另有一种说法,"三"和"散"、"四"和"死"谐音,不吉利,不做是为了回避。那么,女做三十,男做四十,就不怕"散"和"死"吗?有一种解说,即旧时妇女没有地位,就怕"散",做了"三"就不怕"散"了;男做了"四",就破了法,该死的也不会死了。这种左右逢源的自圆其说,自然也是为了图吉利、求长寿罢了。

宁波余姚民间有"十岁外婆家,廿岁丈母家"之说,意思就是外婆家和岳父母家届时都要给外孙或女婿送袍褂、文房四宝、馒头等礼物,都要敬神,为他们祝福和庆贺一番。过去宁波民间十岁和二十岁青少年虽无寿庆资格,但也符合老百姓遇"十"举行纪念和庆祝活动的传统习俗,民间叫"做生日"。

做九不做十

我国民间在举行祝寿活动时,往往有做"九"不做"十",做虚(岁)不做实(岁)的习俗。古人一般都是以虚岁来计算年龄的。一般过了五十岁再过生日才叫做寿(半百寿),特别是满"九"之年,如五十九周岁时虚上一岁即做六十大寿(花甲寿),六十九周岁时虚上一岁即做七十大寿(古稀寿),这些"花甲寿"和"古稀寿"格外受到重视。另外,还有较少见的杖朝寿(八十岁,旧时指八十岁的老人可挂杖上朝)、米寿(八十八岁)、冻梨寿(九十岁)、期颐寿(百岁)、茶寿(一百零八岁)和双甲子寿(一百二十岁)等。

在宁波甚至整个江南一带都流行做寿庆"九"不庆"十"的风俗。所谓"做九不做十"是说做寿不逢十,要提前一年逢九做。宁海旧俗中,父母的寿宴一般由出嫁的女儿和女婿承担,亲翁也要送馒头等寿礼。宁波人之所以非常讲究"做九不做十"寿庆习俗,是因为受中国传统文化影响,认为"满招损",而"十"则为"满"之意,意味着"寿终"。而"九"在国人心目中属于一个非常吉利的数字,九是阳数,并且"九"与"久"谐音,寓有生命长久、时日持久之意。因此逢"九"也十分适合庆寿一类的活动。

做 寿 域

生死是自然而然的事情,方生方死,人们要为自己的死亡做好准备,因此要"做坟域"。做寿域,又称"做寿坟"。旧时,富裕人家之人到了老年时即做寿域。晋代郭璞的《葬书》有云:"葬者采生气也。经曰,气乘则风散,界水则止。古人聚集使不散,运行使有止,因此称为风水。"[①]这是"风水"一词最初的出处。该书也

---

① [东晋]郭璞:《葬书》,新文丰出版社,1987 年。

提出了风水理论的核心观点"生气说"。《葬书》以"葬乘生气"为总纲,阐述五行之气的行止与生者之间的福祸关系,所以做坟在民间看来是一件大事,坟址、方位、日期、时辰的好坏都会影响子孙后代的吉凶祸福。做坟时,人们要先请风水先生看风水,一般以左边有水、右边有山者为吉地,叫"左青龙、右白虎";再选墓穴方位和朝向,择吉日破土修建。建好后,在域内放"寿砖"两块、茶壶两把、油瓶(称"寿油")两瓶。所刻墓碑一般习惯将"寿域"二字用红漆涂上,以表示此为空穴,直至进棺后才改涂黑色。

在宁波余姚一带,传统的做坟特别是做寿坟很有讲究:自己要先看好一块地或一处山,然后请风水先生踏看。坟的后背要有靠山,左青龙,右白虎,坟前面最好有热水明堂(即有个水塘)。坟要坐北朝南,前面望去要开阔,最好能有村子烟火朝着,远处要对峰脊。经过风水先生反复细致的考察,再择日开工。开工前还得起土,供上三牲福礼拜过,三牲包括生鱼、生蛋、生豆腐,福礼包括一刀三斤重的猪条肉加上两杯酒、两双筷子。人们通过祭拜告诉土地公公、土地婆婆不要惊吓,表示要开工动土了,请土地公公、土地婆婆多多帮助,帮助顺顺利利、平平安安完工。

做寿域选择双日,以初十为吉日,本人不能在场。在宁波慈溪,因贫寒而做不起坟墓的人家,将棺材用稻草裹住或用砖块围砌,浮厝于地面。在宁波鄞州一带,祭祀完土地后,用锄头在坟基四周翻动几下泥土,然后回家请菩萨。若寿坟是双穴的,人们则请泥水师傅砌坟穴,石匠师傅刻墓碑。碑是横的,上刻主人的姓名、夫人的姓氏、寿域等字,但字要用红色,两侧的别头柱上刻"不求风水好,但愿子孙贤"之类的对联。

做寿坟要请先生拣日子动工,此日不可和寿坟主人生辰八字相冲。届时,主人家要举办酒席,儿女都要送来长面和寿桃、馒头,寓意长命百岁,亲朋好友也要来贺礼。席间必须用一碗长面,象征长寿,主人还要把馒头分给周围邻居。随着火化的实行,这一套做寿坟礼俗也慢慢消失,但"买寿坟"的做法还是有不少宁波人相信的。

宁波人自古便重视孝道,因为重孝道,所以才会更加重视祝寿。从祝寿文化的变迁中,我们也可以看出一个地方人们的生活习惯和意识形态的变化。通过重视和传承寿辰文化,也可以唤醒我们国家优良的孝道传统,使"孝"文化在全国范围内绽放新的生机。

四、丧葬礼俗

金木水火土,三升三斗足

葬礼是人生走向归宿的最后一个通过仪式,但这个仪式与其他人生仪式截然不同。因为葬礼是唯一一个不能亲历的、完全他历的礼俗,同时也和人们的信仰习俗密切相关。这让葬礼呈现出双重含义,既是人生的最终归宿,同时也是人生另一段旅程的开始。

宋代是宁波人生活方式和意识形态转变的一个分水岭,就丧葬习俗而言,宋代宁波人受三教的影响尤为深刻,也是在此时基本奠定了宁波人的生死丧葬观念,呈现出厚葬、重灵魂、多火化等特点。

送终在宁波民间是一件大事。老人去世后,即使远在万里之外的子女也要不惜一切代价赶回来,表明子女尽了最后的孝心。未能为老人送终常常成为人们一生中的一大憾事。有没有子女,是不是所有子女都来送终,又是老人是否有福的一个判断标准。在宁海,如果病者在村外,必须在弥留之际设法运回家,否则族人不许遗体入村,只能送入宗祠内安置,甚至要在野外搭棚停尸。当老人弥留之际,子女等直系亲属需守护在其身边,听取遗言,在老人床前目送直至亲人去世。

入 殓 前

宁波谚语有"晓得死,爬起坐"之说,认为死时必须坐起来,灵魂方可升天。临终时,外人一律回避。此谓"坐化"老人断气,此时,亲属嚎哭,焚香燃烛,烧化锡箔纸钱。有的地方,人一断气,若挂有蚊帐就要赶快取下来,使亡者不再受罗网之苦。有的还要把房屋上头的瓦揭去一片,是草房就捅一个洞,这样死者的灵魂就可以从缝隙升天而去,叫"出煞"。

买水浴尸 宁波民间,买水浴尸也是在老人去世后不久进行。由孝子身穿素服,撑着伞,拿着桶,到水边烧化纸钱,然后汲取井水或河水,返回家中。浴尸时,用新毛巾擦抹死者,整个程序称为"买水浴尸"。浴尸是有讲究的,一般都是子浴父尸,媳浴婆尸,浴尸除了擦抹身体外,还要为死者梳发整容、修剪指甲等。浴尸完毕,要为死者换衣,称为"穿寿衣"。在宁海,由儿媳给死者沐浴更衣,儿子要给死者换上孝衣,同时丧家请人布置孝堂,对死者进行梳妆整容后,最后将死者放在旧门板上,在他嘴里含一块玉器或碎银,以供冥间所用。

移尸 移尸在鄞县一带称"移板头",慈溪叫"歇床",宁海称之为"晾板头",余姚谓"摊板头"。移尸的主要目的都是将死者移到灵堂,受亲人香烛祭拜,也是亲属最后的告别。在宁波,移尸过程中,由长子捧头,幼子抬脚,移尸于中堂木板床上仰卧,尸体一般直摆,头在外,脚在里。余姚有的地方,死者已婚的横摆,未婚的直摆。移尸途经屋外时,则须撑伞,谓"尸不见日"。移尸中眷属跪送而不能哭,防泪水滴尸。移妥后,人们在死者脸上覆一块白布,称"盖面白",也有白布上压一条红线,两头各串一个铜钱。民间这样做表示死者一生未实现父母更高期望,"无颜见爹娘",而两枚铜钱则为贿赂门神小鬼进入地府的"入门钱"。人们一般还要在死者脚后跟点一盏清油灯,且要昼夜不息,直至大殓,俗称"脚后灯"或"长明灯"。

在宁波江北区洪塘一带还在死者脚后放一磨盘,在磨孔内插上一杆大秤,秤钩吊麻袋,袋内装五谷,因为该地区多出门谋生之人,这样的做法称之为"带路粮"。人们在灵床前放上供桌,设灵位、香案、果品、净茶,请道士画符,做羹饭。这时中堂遂成灵堂。客死他乡者,遗体勿入堂,家人于门外搭篷办丧事。等尸体停好后,眷属才可哭泣。此时,终老的床上用品收拾一空,亲属们将死者睡过的席子及其他杂物焚烧于户外的三岔路口或河埠头,俗称"燃荐包"。

报丧　在宁波,移尸后,家属派人向亲戚朋友报丧。报丧人倒夹一把雨伞,伞柄朝前,路上低头急行,不与其他人打招呼。到达目的地后,伞柄朝下放置门口以示凶信,报丧人一般不进门,简要告知情况及入殓日子即走。报丧人走后,亲朋须打碎一碗碟或瓦片之类,以表示"百病消散"或"岁岁平安"。

在外地的亲人如果收到一封"焦头信"(信封的一角被烧焦),就可以知道这是报丧信。在宁海,旧时报丧主要是向嫁出去的女儿"报讯"。报讯者把纸伞放在桌前上横头的椅子上,表示亡灵也同时到达。亲属点香烛致意朝拜,请死者受用点心,报讯者相陪,俗称"收脚趾",待说明下葬日期等事宜后,报讯者即取伞出门,仍旧倒持之,不能回头。亲属则放声大哭和鸣放鞭炮,送别亡灵。一般家里来不及备鞭炮,就用砂锅代替。

得讯后,家属要立即奔丧。女儿、女婿要穿上孝服,到村口放声大哭,直哭到孝堂,在灵前跪叩,哭悼,哭得越悲伤,表示越孝顺,直到有人劝慰才停止。在民间,报丧不仅是一种仪式,也是一种和亲属家人一起分担悲痛的做法,人们借此互相抚慰失去亲人的痛苦。

守灵　旧时宁波,死者必须从死亡当天算起,停尸享祭三天,以示慎重。旧时,大户人家也有祭五日和七日的,称为"五日排场""七日排场"。同时,丧家设灵堂,于灵堂床前悬巨幅孝幔,设祭桌。祭桌由三张八仙桌并成,上首悬五色帐沿,桌上供各色糕点,中间一张供鸡、肉、鱼等,下面一张摆香炉、烛台,香、烛昼夜不灭。子女披麻戴孝,轮流日夜守护灵堂,直至出殡,称为"守灵"。早晚有"灵前羹饭"。期间,有请道士或僧众做法事以超度亡灵的,俗称"做道场"。还有诵经仪式,俗称"拜忏",为亡灵进入极乐世界或早日超生赎罪积德。在宁海,通常会请鼓乐队彻夜欢唱,剧目有宁海平调、越剧、京剧等折子戏,谓之"闹丧",让亡灵赴黄泉路上不会寂寞。

守灵期间,孝眷要裁制孝服,谓之"破孝",并给前来吊唁的亲友戴白帽,称"散白"。孝子、孝孙身穿麻衣,脚着蒲鞋,腰束草绳,头戴三梁草冠。方顶男帽表示远亲,圆顶男帽表示嫡亲。女戴孝兜,状如披风,有长有短,女儿媳妇所戴最长。一般女眷戴"白包头",族内本家晚辈着麻衣,同辈则穿白衣。此外,孝子要寝卧于尸侧草垫之上,谓之"陪尸"。

守灵期间,亲朋好友闻讯陆续前来吊唁。男子在灵前跪拜,女亲则行哭祭礼,家有丧事,总有亲朋好友、邻里同事前往吊丧,其中免不了礼节性的往来,这些看似平常事情,却体现了亲情友谊和传统礼仪,是中国民俗文化的重要组成部分。

入　殓

一般死者离世三日即行入殓,宁波俗称"落殓"。在民间,人们认为入殓也就是死者起身由一个世界走向另一个世界。也有的认为,这个仪式的核心是为死者在"启程"时准备一切于冥间所需的物质享用。在停尸三天后,丧家选吉时入棺。在宁波习俗中,"入殓"一般要选在涨潮时,有"看潮水落材"之说。该仪式从初涨潮开始,到高潮涨平必须结束,据说这样可以保证死者来世兴旺。人们在棺木内提前铺上草木灰(富户铺石灰包)、灯芯碎末,摊上材席,放置头枕、脚搁,称"元宝枕"。

在宁海,棺底部先铺一层木炭;再依次用量具——斗或升量入米、麦、豆等,其数量是象征性的,几斗几升只是一点点,俗话说"粒米如山,粒豆如担";再放草席、钱币——常用"天下太平"铜钱,或碎银,或银币,排成北斗七星状;然后放入枕头(上贴剪纸公鸡、荷花等),上面放灰粽、桃枝担。入棺时,尸体由孝子捧头扛足,其他亲属扶身。尸脚须碰着棺材板,并且人们要说一句"脚踏实地"。而后,人们将浴尸时所剪的指甲包好,与死者生前所爱的器物一并放入棺内。亲属所送"重被"(又叫"情被")依次叠盖于上,并一一报明送者,由一人拿升执斗,佯装向棺内倒"黄金""白银",各量三次,称此为"量斗",俗谚有"金木水火土,三升三斗足"。棺材的缝隙处放死者所喜爱的食品、物件等,在宁海还有放云月鞋、云月衣等的习俗。

宁波地区,人们盖棺前须让亲属看最后一眼,然后合棺钉钉,合棺上的钉子称为"元宝钉"。从宣布合棺起,亲属即可嚎啕大哭。在棺钉钉入棺木时,儿女须手扶棺盖并用力抚摸、按摩。民间认为钉棺时死者会感到疼痛,抚摸、按摩可以减少痛苦感。子女应尽情痛哭,以示孝顺之心和难舍之情。

合棺毕,子嗣在棺木边围成圈,倒顺绕行各三圈,以作最后的告别。在宁海,合棺仪式在道士主持下完成。在道士的指令下,家中大小及近亲,按辈分亲疏依次跪叩。此时,鸣放鞭炮,亲眷放声大哭,与亡灵诀别。棺材盖轻轻地合在棺口,表示死者入殓完毕。

大殓后,丧家即在廊柱上贴素对,门窗上贴斗方,大门外张贴孝榜讣告。

入 殓 后

"点主"仪式 "点主"仪式,即设立一个木制的神主牌位,题主者故意将"主"字写成"王"字,请贵人用朱笔点成"主"字,再用墨笔涂盖。点完后,人们在神主牌上饰以红绸"魂帛"。孝子披麻戴冠,在布幔之后,向题主大宾四叩首。布幔面向大宾的一面为红色,面向孝子的一面为白色。

醮杠词 之后起棺,抬柩出门,门外孝子跪着敬酒三杯,执事者高呼"醮——杠!"哭声骤止,醮杠者念醮杠词。杠词内容有对死者的悼念或赞评,或对死者儿孙的祝愿等。鄞县白岳乡昔日醮杠词有"日出东方一点红,棺木放入大路中;四亲八眷叫带拢,亲男亲女送侬终""生也空来死也空,生死如同一梦中;生是百花逢春发,死是黄叶落秋风",等等。随后,执事者高呼:"开肩,升炮!"百子炮、炮仗齐放,鼓钹大作。

燃香烛、引灵幡,孝子孝孙手持二尺长的哭丧棒扶棺躬身而行,其余亲友随后。吹打哀乐,锣声继之,先击十响,再击两响为一番,轮番击锣。沿途放爆竹,谓"引路炮";散发纸钱,谓"买路钱"。依次有童子执"行路幡",其余亲朋随后。遇到过桥时,孝子都要从灵柩下面鱼贯穿过,意为背负先人涉水;途中歇灵,"烂孝子"须号哭,以示孝动天地。农村中有专善于哭丧的妇女,可请来加入哭丧队伍,领哭或大声号啕,以壮气氛。丧事完毕之后,主人会以酬金或者赠物酬谢这些妇女。

仪式完毕,亲友吊客分批赴灵前上香叩拜,以示告别,孝子答礼。在北仑一带,还有"剃孝子头"的习俗,出丧前孝子应剃头,谓"剃孝子头"。直到"满七"孝子方可再剃头。

暖圹 宁波丧葬习俗中,灵柩入墓前,人们先要拜过土地菩萨和山神,请求准许安葬。孝子率送灵者先左后右绕墓穴各三圈后,开启墓门,用芝麻秆点火烘墓穴,称"暖圹"。燃芝麻秆的另一用意是燃烧时会发出爆裂的响声,且"芝"与"子"谐音,暗喻"子孙发达"。人们再以青毛竹一株对剖为二,将之并列覆置穴底,然后将棺材头朝里,滑推入穴。

宁海风俗中,棺材在墓穴里定位要正中,左右不能有一丝偏斜,俗信以为祖宗福泽会有偏心,引起后辈纠纷。棺木放妥后,执事掬起一把土,放在棺顶上,表示入土为安。最后人们封闭墓门,立墓碑,铺铭旌,藏志石,覆土于墓顶,罗拜于墓前,倚丧棒于墓侧,卸丧服,冠、草带、纸扎仆婢等皆焚之。

回程时,要求送丧者原路返回,不可绕近路。道士已在家备好"净水",送丧家用竹枝叶蘸水洒几滴在自己身上,表示去除一切晦气。有的地方会在山脚、桥边燃草堆,送殡者均须从火上跨过,有跨过"阴阳界"之说。

斋饭 殡葬完,主人家办羹饭,又称"斋饭",一方面是行祭奠之礼,另一方面主要是对吊客、执事、帮杂及族亲邻里的酬谢和回礼。宁波风俗认为,斋饭办得越热闹越有面子,对死者也是尊重。菜肴中必有一道豆腐,俗称"豆腐羹饭",其用意在于防止吊客中有高龄而牙口不好者,嚼不下硬食而咽食。吃完斋饭,吊客们均可返回。余姚吃羹饭的亲友带点羹饭回家,分送家人和邻居吃,据说吃了老年羹饭可以"解晦",沾长寿者之福。

殡葬后,丧家每日要在死者牌位前供一碗饭,三色菜,一双筷,一对白烛,焚香上酒菜,俗称"上饭",一日三餐如常,到"七七"结束。

做七 为何要规定"七"为忌日?《瑜伽论》记载:"人生有六道流转,在一个人死此生彼之间,有一个'中阴身'阶段,如童子形,在阴间寻求生缘,以七日为一期;若七日终,仍未寻到生缘,则可以更续七日,到第七个七日终,必生一处。"所以在这七七四十九天中,人们必须逢七举行超度、祭奠仪式。这种由佛教"生缘说"催生的做七习俗在南北朝时形成,应视作是佛教盛行的产物。

宁波地区做七也从死者亡日算起,每隔七天做祭奠羹饭,丧家在家中祭祀,祭魂一次,称"做七"。其中"头七""五七""断七(七七)"为大七,也有逢单做大七的。在慈溪一带,"头七"前后,丧家请道士择日,在晚间请僧道诵经、唱戏与"解结"。解结,即由丧家以黄线穿铜钱,打成若干死结。僧道边诵经,边解结,意在为死者化解生前与他人所结冤仇。解出之钱币,归僧道所有或分赠亲人。同时,丧家"陈设亡者卧室如生时",列筵款待察看,故亲属均应先期回避。夜半过后,道士吹打乐器,并以秤杆敲打公鸡,使其作声,借以驱逐煞神,此举俗称"转煞"。

宁海地区,做七的祭品要荤素搭配12碗或16碗,每行4碗,习俗叫"神三鬼四"。做七仪式包括招魂、开吊礼鬼、焚香接灵、供羹饭、焚纸、送出等。宁波地区的做七习俗中,以"五七"为重。如宁波有的地方认为五七为死者在"望乡台",回头眺望乡关,心中悲恸,有不吃家乡饭之说,因此五七要出嫁的女儿携女婿来祭奠。余姚一带,"五七"时众亲友到场,并做道场,吃"五七酒"。"七七"为断,称"断七"。

放海灯民俗　在浙江沿海,为祭祀遭遇海难的亲人,每年农历七月半,海岛上的人们都会用水果和点心祭奠亲人。其中最具代表性的便是宁波象山农历十五的放海灯民俗活动,在石浦渔港东门尤为盛行。海灯又被称作为"水灯",海上的渔民在七月十五当天夜里抬着各式各样的海灯船来海滩上放海灯。海灯船的款式各有不同,富裕人家会用精致的木板,其余则用浆糊把布糊成硬壳作船,穷人家则只能用硬一点的纸折成船的样子。她们在海灯船上放点燃的蜡烛。并将船推入大海,祈祷逝去的家人能顺着海灯船回来看一看自己的家人。这些招魂的灯船带着人们的思念,慢慢漂远,直到消失。

招魂仪式　招魂仪式是海岛地区特有的丧葬习俗。旧时海上捕鱼的渔民靠海而生,出海几乎是"一只脚踏在棺材里,一只脚踏在棺材外"。有时遭遇狂风巨浪,丧身海中,甚至无法找回尸体。于是家中的亲人为了让死者的亡魂能够返回故土,便会在出殡前举行招魂仪式。象山石浦渔民在出殡前一天下午,会由道士到海边、港边或者码头边向海神发文,告知海神要找回亡魂。发文的内容是死者的姓名、出生年月、死亡时间、死亡地点和招魂的时间。在出殡当天上午涨潮时分在海边近水的地方摆放两张八仙桌,一张桌子放贡品,一张桌子上放羹饭祭祀亡灵。还要在靠海边桌子的脚上绑上有竹叶的竹子,再在竹子上吊上穿着死者生前衣服鞋袜、写上死者姓名和出生年月的稻草人;在竹子顶端放一只喝醉酒的鸡,鸡的公母由死者的性别决定;接着由道士上香做道场招魂,一直到鸡醒来啼叫之后,再由入殓人把草人放入棺材中入殓、出殡。如此才算完成整个丧葬流程。招魂仪式实质上是对于生者的一种慰藉,生者希望通过这种仪式来使自己相信死者的灵魂得到了安息。

旧时宁波人若是非正常死亡,也有一些特殊的丧葬仪式。如新生儿夭折叫"七日疯",要用蒲包、草席包裹后偷偷送出,丢弃于荒坟或者挂在树上,放"百子炮",还要在家中前后门各砍三刀,表示与"讨债鬼"隔断关系。此外,若是死者死于水、火、刀、木、土、石或者中毒,则被称作为"五伤",尸体不能进屋,需要在屋外搭棚停尸,被称作"天外落材"①。

在所有人生仪礼中,丧葬习俗通常都是最为烦琐冗长的,同时整个丧葬的过程几乎都被迷信成分所裹挟。"事死如事生"是中国传统的孝道思想,而丧葬礼俗又是诸多仪礼中最重要的礼节。自古以来,汉族都有"厚葬"的习惯,子孙都会竭尽所能进行筹办,表达孝道。若谁家老人去世,子女却没有大肆举办丧礼,便会被议论纷纷。同时,经济发达地区丰富的物质基础为其丧事的奢华提供了必要的条件。宋代起商品经济发展,这使得江浙地区经济空前发达,当地人的生活水平也日益提高,这些也让江浙一带葬礼习俗更为多元和复杂。

图 2-8 出殡时送葬队伍

① 潘莉:《宁波民俗与宁波人》,浙江大学出版社,2013年。

　　人生礼俗是贯穿个体生命所有重要人生节点的一系列礼仪活动和风俗习惯，是生命礼仪进程的基本遵循。随着时代的不断发展与科技的不断进步，如今的人生礼俗摒弃了繁复的仪式和迷信的氛围，向简单化和科学化转变。如原本上坟需要燃烧纸金元宝，现在则提倡用鲜花代替。但这些人生礼俗背后所蕴含的对生命的珍惜与尊重的历史底蕴并未改变。

　　人的一生伴随着多种多样的仪式，从诞生礼俗、婚嫁礼俗、寿辰礼俗到丧葬礼俗，折射出一个地方独特的风土人情。宁波地区人生礼俗的演变，既反映出当地颇有特色的民风民俗，也有利于进一步深入研究宁波地域文化。

··· 延伸阅读 ···

著作类：

 1. 陈高华、徐吉军：《中国风俗通史》，学林出版社 2004 年版。
 2. 慈溪地方志编纂委员会编：《慈溪县志》，浙江人民出版社 1992 年版。
 3. 顾希佳：《浙江民俗大典》，浙江大学出版社 2018 年版。
 4. 何晓道：《十里红妆女儿梦》，中华书局 2008 年版。
 5. 刘尚才：《十里红妆婚嫁传说》，宁波出版社 2010 年版。
 6. 毛海莹：《东海问俗——话说浙江海洋民俗文化》，浙江大学出版社 2018 年版。
 7. 宁波市地方志编纂委员会编：《宁波市志》，中华书局 1995 年版。
 8. 潘莉：《宁波民俗与宁波人》，浙江大学出版社 2013 年版。
 9. 杨天宇：《礼记译注》，上海：上海古籍出版社 2007 年版。
10. 赵福莲：《"十里红妆"初探》，社会科学文献出版社 2013 年版。
11. 周时奋：《宁波老俗》，宁波出版社 2008 年版。

期刊类：

 1. 敖运梅：《"十里红妆"的婚俗文化向度》，《宁波大学学报》（人文科学版）2012 年第 6 期。
 2. 冯盈之：《宁波地区诞生礼俗中的服饰文化》，《浙江纺织服装职业技术学院学报》2010 年第 3 期。
 3. 李采姣：《服饰上的心意民俗——论宁波童帽的特色》，《宁波大学学报》（人文科学版）2007 年第 3 期。
 4. 李媛媛：《"十里红妆"中蕴含的"礼"与"仁"》，《中国民族博览》2021 年第 12 期。
 5. 毛海莹：《文化生态学视角下的海洋民俗传承与保护——以浙江宁波象山县石浦渔港为例》，《文化遗产》2011 年第 2 期。
 6. 滕延振：《宁海婚俗》，《神州民俗》2009 年第 2 期。

7. 吴敏:《宁波朱金漆木雕装饰艺术的形式与意蕴》,《文艺争鸣》2011 年第 10 期。

8. 虞盛儿、张冰钰:《宁波金银彩绣的视觉元素及其文化内涵研究》,《创意设计源》2022 年第 3 期。

9. 张如安:《三教影响下的宋代宁波人的生死、丧葬观》,《中共宁波市委党校学报》2007 年第 3 期。

硕博论文:

1. 陈希赟:《江南婚嫁女红艺术研究》,浙江工业大学,2014 年。

2. 徐可:《明代中后期的祝寿文化》,东北师范大学,2023 年。

3. 赵帆:《十里红妆物件与习俗的相关性研究》,中国美术学院,2013 年。

4. 钟俏:《十里红妆——清代宁绍地区漆艺嫁妆研究》,中国美术学院,2011 年。

第三章 饮食民俗

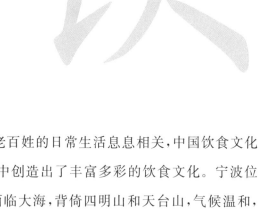

常言道"民以食为天",饮食与老百姓的日常生活息息相关,中国饮食文化博大精深,人们在历史文明的进程中创造出了丰富多彩的饮食文化。宁波位于东海之滨,长江三角洲东南翼,面临大海,背倚四明山和天台山,气候温和,物产丰富,古有"四明三千里,物产甲东南"之称。七千年的河姆渡稻作文化以及八千年的井头山海洋文化,充分显示出宁波是中国饮食文化的重要发祥地之一。

宁波菜简称"甬菜",是浙菜中最具特色的地方菜之一。宁波菜有几个鲜明的特点:首先,宁波菜历史悠久,积淀丰厚。宁波菜最早的历史记载,可以追溯到西汉。司马迁在《史记》中称宁波饮食"饭稻羹鱼"。两晋时期,南齐大臣虞悰撰《食珍录》说:"会稽(包括今绍兴、宁波地区)海味,无不毕致。"其次,宁波菜注重原汁原味,鲜咸合一。宁波菜在制作过程中,注重原料本味,朴实无华,味鲜重咸,常尝其味,不觉厌腻,故有"下饭"之昵称。第三,宁波菜烹饪技法独特,地方风味浓郁。宁波菜擅长烹制海鲜,选料注重细、特、鲜、嫩,常用的烹调方法有三十多种,其中最擅长的是炒、炸、烩、熘、蒸、烧、腌、爆这八种。而其中"爆"更是由宁波人首创并富有特色的一种烹调方法,如"爆菜""爆笋"等,意即依靠文火较长时间焖烧的烹调方法。宁波菜因料施技,方法多样,讲究鲜嫩软滑、原汁原味,特别注重突出原料本味,使菜肴产生一种独特的复合味。

图3-1 宁波人日常家庭聚餐

宁波菜由风味菜肴与海鲜菜肴组成,有以十大名菜"冰糖甲鱼""锅烧河鳗""腐皮包黄鱼"等为代表的传统菜肴,也有闻名遐迩的"雪菜大汤黄鱼""红膏呛蟹"等特色菜肴。除此之外,宁波也有"猪油汤圆""龙凤金团""水晶油包"等传统名点。

一、日常食俗

红膏呛蟹咸咪咪，大汤黄鱼放咸齑

最能体现浙东海鲜独特风味的还数腌制和剖晒的海货，许多徙居他乡的宁波人总会念念不忘小时候的呛蟹、糟鱼、鱼鲞、龙头烤等。传统的宁波日常饮食以腌咸制法和各种海鲜为特点，如呛蟹、蟹糊、泥螺、鱼鲞、龙头烤、抱盐海鱼等。旧时，这样的做法能使食物长时间保存，这样也形成了传统宁波人口味偏咸的特点。现在由于技术的进步，一般市场上都能见到新鲜的海产，因此日常烹饪也逐渐趋向于清淡，保持海鲜的原味。加上腌咸制品对健康不利，传统腌制食法的比重正在逐渐下降。

呛　蟹

呛蟹，也叫咸蟹，在宁波一带是响当当的招牌海鲜菜。旧时，由于夏天没有制冷设备，冰厂出售的冰又很贵，渔民出海捕捞鱼蟹时都要带上足够的食盐。渔船上捕获的梭子蟹数量多，就倒入船舱并灌入海水，再撒上盐，这样就把梭子蟹活活呛死了。大约一周后渔船返程，呛蟹就可和其他渔货一起出售。人们都觉得这种被盐呛死的梭子蟹好吃美味，这种方法不仅可以使梭子蟹保持新鲜，而且被盐浸泡过的梭子蟹还带有一种独特的风味。于是，这种保存和调味方法就一直被传承下来，逐渐演变成了呛蟹的独特制作方式。宁波有"红膏呛蟹咸咪咪，大汤黄鱼放咸齑"的童谣，呛蟹是宁波味道"透骨鲜"的代表，这味道构成了宁波人伴随一生的印记。

图 3-2　宁波呛蟹

　　梭子蟹的捕获时间和腌制方法都极为重要。捕捞时间对于蟹膏的品质有着决定性的影响。宁波渔民认为,霜降后的第一波红膏蟹是最佳的,因为只有经历过霜冻的梭子蟹才会开始凝膏,其色泽红润而嫩滑,并且完美地覆盖整个蟹壳。这时的梭子蟹膏质肥厚,堪称精品中的精品。宁波人腌制呛蟹的方法,每家都不尽相同,但原料的挑选和盐水配比至为关键。梭子蟹必须要是新鲜的,而且必须要有红膏,挑梭子蟹关键是要看肚脐,如果肚脐红,两头尖尖的都有膏,这类梭子蟹做呛蟹最好。活蟹买来后用刷子刷干净,然后调制盐水,这是关键一步,按水与盐 2∶1 的比例彻底溶化,把活蟹壳朝下分层叠装进瓷坛,最后倒进盐水,浸没螃蟹即可,可放些料酒,过夜即能食用。也有取出后用保鲜袋分别包装直接放入速冻箱,只要冰不化就不会发黑,放一年都没问题。类似的做法也可用于制作蟹糊、蟹酱等。

食用宁波呛蟹的过程也是一种享受。当螃蟹被蘸上由姜蒜和红醋调制而成的调味料后，每一口蟹肉都爆发出红膏的醇香，令人回味无穷。无论是逢年过节、婚庆嫁娶、寿诞祝福，还是亲朋好友的聚会宴席，鲜咸滑嫩的红膏呛蟹一直稳坐首席冷盘的交椅。夹起一块鲜美醇厚的呛蟹送入口中，那种鲜中带咸、咸中带甜的滋味，瞬间在颊齿间渗透、融化开来，释放出美味而独特的味道。

糟　鱼

糟鱼，也叫醋鱼，其他地方也有，但是浙东渔民们会将糟鱼做得更有味道。历经岁月洗礼，用酒糟或酒来制作糟醉海鲜的美食，成为了一项久负盛名的传统饮食文化。居住在海边的人家家户户都热衷且擅长制作这道美味的醉糟海鲜，其中最常见且备受欢迎的有糟带鱼、糟鲳鱼、糟鳓鱼、糟马鲛鱼，还有受欢迎的醉虾、醉蟹和醉螺等。糟鱼和醉鱼虽然是相近口味的海鲜美食，但在香醇度上略有不同。糟鱼的香气更为浓郁醇厚，每一口都能体味到酒糟的香甜。

制作糟鱼的方法有两种，一是鲜糟，二是干糟，干糟比鲜糟贮藏更久，风味也更独特。宁波人往往会挑那种肉肥少刺的鱼类，如鳗鱼、青占鱼、米鱼等，先将鱼肉切成薄片。接下来，需要准备糟料，包括大米、糯米、酒曲、盐和腌制酱等。大米和糯米要事先浸泡，以保证糟料的黏稠度和味道的醇厚。制作糟料时，将浸泡过的米和酒曲一起磨成粉末状，加入适量的盐搅拌均匀。然后，在鱼的表面均匀涂抹一层糟料，使其融入到鱼肉中，增添香气和风味。接着，将腌制好的鱼块放入容器中，腌制一段时间，让鱼肉充分吸收糟的味道。腌制的时间一般为数小时到数天，取决于个人口味的偏好。腌制完成后，需要进行蒸煮。将腌制好的鱼放入蒸锅中，用旺火蒸煮。蒸煮的时间要根据鱼块的大小和鱼肉的鲜嫩程度而定，一般需要半小时到一小时左右。蒸煮后取出鱼块，让其自然冷却。这一过程使鱼肉更加嫩滑，并且保留了糟料的香味。最后将鱼片密封于罋,放置月余或两三个月即可食之。糟鱼开封时,醅香扑鼻,是出海渔民钟爱的下饭菜。

鱼 鲞

鱼鲞,剖晒鱼鲞的习俗可以追溯到春秋时期。《吴地记》载:"吴王归,思海中所食鱼,问所余,所司云,'并曝干'。王索之,其味美,因书美下着鱼,是为鲞字。"当时吴王在海上作战时曾令士兵大量捕捉石首鱼(即黄鱼)充当军食,吃剩剖晒后带回。如今,在宁波常见的有黄鱼鲞、鳗鲞、乌郎鲞、乌贼鲞、鱿鱼鲞等。若要在鱼鲞大家族里推出最名贵的鱼鲞,非黄鱼鲞莫属。用大黄鱼加工制成的白鲞,味鲜美、肉结实,是浙东最负盛名的名贵海产品。黄鱼鲞别名为郎君鲞,是因浙东沿海地区女婿逢年过节上丈母娘家要送黄鱼的风俗而得名,它被历代视为珍品重礼。

对于晒鲞的黄鱼和新鲜食用的黄鱼,处理方式是不同的。新鲜食用的黄鱼需剖肚,而晒鲞的黄鱼则需剖背。后者的处理方法旨在使鱼更容易脱水,为了保持鱼体的新鲜,剖背前后一般不使用清水冲洗,也无需刮鳞。黄鱼鲞有淡鲞和咸鲞之分。在阳光充足的冬日,晒制的黄鱼属于淡鲞,冷天气有利于保持鱼肉的新鲜,而充足的阳光则有助于鱼肉迅速脱水变干。而咸鲞则是在天气不佳的情况下晒制,盐的腌制可以有效防止腐败和变质。

家常少量晒制自吃的咸鲞,一般剖杀后取出内脏,拭去血污,再抹上盐,用竹片撑开就可直接吊晒或摊晒。若大批晒制,通常要腌上数天,方法是将剖好的黄鱼装入木桶里,一层层地叠放,鱼身肉面朝上,鱼头朝桶壁,再一层层地撒上盐。因盐分会自然向下渗透,下层撒盐最少,逐层渐增,最上层最多,再用石块压住。三天左右查看黄鱼剖面,如肉呈淡黄色,就可以出桶。出桶后,可以用清水漂洗鱼体了,同时也冲淡盐分。当黄鱼鳞片能在水中漂动,即可摊晒。摊晒过程中还要注意适时翻动和整形。①

鱼鲞可以和许多食材搭配食用,但最合适的是猪肉,两者合称鲞烤肉。作家汪曾祺曾祺也说过:"宁波人爱吃黄鱼鲞烧肉,广东人爱吃咸鱼烧肉,这都是外地人所不能理解的口味,其实这种搭配是很有道理的。"黄鱼鲞烤肉海味中带着肉香,肉香中渗透着海味,鲜美无比。但近几年因为违法乱捕,黄鱼产量锐减,价格最高时已经破万,连新鲜黄鱼都很难吃到,还有谁舍得再把它风干做鲞。

除了黄鱼鲞,还有鳗鱼鲞、带鱼鲞、鲻鱼鲞、鲳鱼鲞,及各类杂鱼鲞。就像宋代人罗愿在《尔雅翼》里所说"诸鱼薧干(风干)皆为鲞"。冬至前后,正是鳗鱼最为肥美时。有经验的人们都知道,好的鳗鲞,不是靠日晒晒出来的,而是靠风干的。"新风鳗鲞味胜鸡",最好吃的是刚捕上来就晒、刚晒好就蒸、刚蒸熟就端上桌的鳗鲞,微咸,再蘸点酱油和醋即可。比起大部分鱼类,带鱼鲞干起来比较快,也不容易臭。带鱼干有两种晒制方法:一种是淡的,直接风干(最好不要太阳直晒,否则易变红或者变质),吃的时候清蒸或者红烧,味道都很不错;还有一种是把带鱼剖开,用盐水腌制 20 分钟左右,再风干,之后可以炸着吃,很受小孩子喜爱。

随着科技和制造工艺的发展,现代鱼鲞制作工艺也出现了一些创新和改进。如利用真空包装技术将鱼鲞密封,从而延长其保质期,避免了细菌和霉菌的生长;将腌制好的鱼块进行速冻,可以更好地保留其鲜美的口感和营养成分;在传统的腌制料中添加新的调味品,例如辣椒粉、五香粉等,使得鱼鲞的口味更加多样化。

龙 头 烤

烤头,是宁波一带渔民对小鱼类剖晒成干后的一种统称,主要有龙头烤、梅

---

① 沈潇潇:《品味宁波湾》,宁波出版社,2021 年。

童烤、带鱼丝烤,尤以龙头烤最为闻名,是宁波土特产之一。龙头烤,是属于宁波人的"长下饭"。所谓"长下饭",就是能长期储存的菜肴,以臭、腌、干类为主,而龙头烤属于腌干类,是宁波"长下饭"里的主力军,是由龙头鱼腌晒而成的鱼干。"咸辣辣龙头烤,过饭交关煞",这种龙头鱼的干制品,因腌制时用盐较多,所以特别咸,嗜咸的宁波人也会吃勿消。① 龙头烤的制作方法是将挑选肉质鲜嫩的龙头鱼,将其油炸之后撒上些许白糖,从而来中和它的咸度。宁波老话"年纪六十六,阎罗大王要吃肉",也就是说老人活到六十六岁时,已经进入了后半生的一个关口,要想长寿,必须要让小辈为自己烧制 66 块猪肉、一碗糯米饭、两根龙头烤来吃。用来盛饭、盛肉的碗还要特意是两个"缺牙"的碗,寓意吃过"缺牙"碗盛的饭菜之后就不会再有缺陷,老人吃了 66 块肉之后,就能够长寿。此外,女儿或者儿媳送肉时,不可以进屋,而是要从窗口将肉递进去,嘴里要说着:"阿爸(阿姆)哎,吃肉哩!"渔家人常年都备有这些烤头、蟹酱、咸泥螺等极易下饭的食物,尤其是早餐,泡饭就着咸咸的烤头蟹酱,简便又美味。

"一日三餐,两干一稀,农忙季节,三餐均干",这是宁波人的典型餐谱。宁波人的早餐以泡饭或粥为主,然而一到农忙季节,稀饭类的早餐就不能满足他们高强度的生产劳动需求了。午餐和晚餐以大米为主,有些地方如象山一带,曾主食番薯干,尤其在青黄不接的年代。清明至中秋期间,由于白昼较长,家人会在下午三四点钟给百工、客人及家里小孩加餐,加餐以点心为主,辅以一些简单的菜肴。浙东渔民的餐桌上,除了当地农家特有的腌菜,如咸菜、苋菜股、臭冬瓜等菜之外,还有渔家特色的菜,如咸蟹、泥螺、糟鱼、咸鳓鱼等。另外,渔民们还有家庭制酱的习惯。渔民们平时吃得较为简单,时蔬类有瓜茄豆菜以及刚捕上来的小海鲜,若碰上渔船返岸时,为庆祝家人团圆,就会有满桌的各种做法的海鲜菜肴

---

① 柴隆:《宁波老味道》,宁波出版社,2016 年。

改善伙食；招待客人时，一般都会倾囊设宴，有鱼有虾，有鸡有猪，加上冷菜，满满一桌，并且一定要喝酒助兴；喜庆宴席时，更要杀鸡宰鸭，一般为"九大碗"，丰盛的有"十大碗""十二大碗"。随着时代的变化和渔民生活水平的提高，桌上碗数渐有增加，到 20 世纪 90 年代渔民餐桌上常常多至二三十碗，鸡鸭鱼虾、牛羊猪肉必备。

点 心

浙东沿海盛行风味小吃，品种繁多，主要以糯米粉或掺籼米粉制成，有年糕、米团、发糕、馒头、汤团、麻糍、麦饼筒等。宁波地区得天独厚的丰饶物产和悠久的传统技艺，赋予了年糕独特的风味和香气。每年秋季收割的晚熟粳米和糯米，经过细水掺糯、水磨搅拌成型，制成的年糕色白如玉，质地软滑可口，很有嚼劲。宁波人吃年糕，花头多，样式也常常翻新。烹饪年糕的方式多种多样，煎、炒、蒸、煮、烤等，时令蔬菜、海鲜皆可搭配，吃法屡见新奇与创新。如"咸齑冬笋年糕汤""大头菜烤年糕""梭子蟹炒年糕""火缸煨年糕"等都是老底子宁波风味。[①] 在江南温润的空气里，年糕仿佛是天生的宁波风物。外乡人难以理解，从小吃年糕长大的宁波人，何以讲得一口"石骨铁硬"的宁波话，或许是于软糯之中，渐渐地吃出了一股坚韧和大度，成就了宁波人的性格和脾气。

米团按馅料不同，可分笋团、菜团、萝卜团、红豆团。麻糍则用纯糯米掺蓬蒿或将糯米用乌叶汁浸泡制成，这是宁波清明祭祀的主祭品。宁波老话说："清明麻糍立夏团"。麻糍，谐音"呒事"，寓意平安无事。麻糍中的艾叶、松花粉，都是春天的应景之物，象征着长青，也蕴含了自然轮回和人伦亲情。麻糍无馅，而艾青团嵌有馅子。宁波人包艾青团，有咸甜两味，咸味馅料有雪里蕻炒笋片肉丝、

---

① 柴隆：《宁波老味道》，宁波出版社，2016 年。

马兰头或荠菜炒香干等,富有咸香的风味;甜味馅料有猪油芝麻馅和豆沙馅,让人回味无穷。制作精良的麻糍,趁热包上适量馅料,便成了美味的艾青团。麻糍皮揉制细腻,馅料的分量恰到好处,包裹得光滑,散发着令人陶醉的芬芳清润香气。无论是香甜如沐的甜味艾青团,还是口感丰满的咸味艾青团,都使人沉醉其中,流连忘返。

图 3-3 宁波灰汁团

灰汁团、灰汁麦果,多在早稻登场时制食。清光绪《鄞县志》中曾记载:"新谷既登,先荐祖先,然后食,谓之尝新。"农户喜获早稻之后,先荐祖先,之后将早稻米磨成粉,把晒干的稻草烧成灰。待水烧开后,把稻草灰舀出,用开水淋灰,取其汁水,经沉淀过滤后即成"灰汁"。[1] 春季是早稻生长的季节,而江南水汽的滋润

----

[1] 柴隆:《宁波老味道》,宁波出版社,2016 年。

使得早稻苗壮成长，只有这样才能蒸煮出粒粒分明的一锅早稻米。当早稻收割完毕，正好是农历的"七月半"时节，人们在制备"七月半"羹饭时，会适当加入一些灰汁团，一则为了祭祀祖先，二则可品尝新鲜的美食。这道美食源于民间传统的土地文化。早稻灰中富含碱性物质，对人体健康有益。再加上早稻米本身的清香和天然绿色，因此灰汁团逐渐成为了宁波人钟爱的传统点心之一。这道点心不仅富有营养，还传递着宁波人对土地和传统文化的敬意。

夹沙糕，俗称"状元糕"，多用于喜庆场合；和气团、麻团，多用于婚嫁；寿桃（馒头）则用于寿辰；金团多用于婴儿周岁时馈送亲友。最有特色的当属红圆和红龟，它们是寄托意愿、祈福求祥的象征物。其用途和用意在各个不同的场合不尽相同，例如，孩子满月、周年，用 12 只红圆垒成一盘，先在祖宗牌位前奉祀，然后到相关庙里去供奉，祈求孩子一年到头无灾无病、身体强壮。再如，新房落成后，在上梁这一天，要制作很多红圆。在浙东沿海渔村，其他点心还有鱼糍面、米豆腐、汤果、百宝饭等。旧时由于百工劳作强度较大，一般会在两餐间准备点心。点心往往是成批预制，不易变质，携带也方便，要吃的时候拿出来蒸一下或煮一下即可。渔民出海作业，少则十天，多则一个月，风餐露宿，辛苦自不用说，于是，体贴的家人就会给他们准备各种好吃的点心带到船上去，渔民无论饿了还是想家了随时都可以拿出来吃。点心在主餐期间和其他菜一起上，已经成为浙东渔民宴席上必不可少的一道程序，点心文化也因此成为浙东沿海一带食俗的重要特色。

二、节令食俗

立夏鸡蛋松花团，倭豆米饭脚骨笋

从古至今中国人就十分注重饮食，一年四季，每个季节吃什么都是有讲究的。早在春秋时期,孔子就提出了"不时不食"的说法,主张人们应当遵循自然之道,按时令、季节进食。宁波有句老话:"吃要吃上市货。"这是对孔子"不时不食"的最通俗的表达。历史上逐渐丰富起来的风味食品,往往都与岁时节令紧密相关。饮食与节令之间,本来就有一条紧密相连的纽带。而宁波人则笃信"依时而食"的信条,春夏秋冬各具特色。

春令食品

宁波古人在立春日祭祀主管农事的神,民间有吃春卷的传统,称之为"咬春"。春卷要从头吃到尾,吃完整个,取其"有头有尾"的吉祥寓意。宁波的春卷与别处不太相同,馅料基本是全素,以荠菜、香干丝、焯过水的冬笋丝为主,极少搁肉糜,其中荠菜春卷是老宁波人的首选。油炸后的荠菜春卷外脆里嫩,入口虽有点油,嚼后却并不腻,功在荠菜的清口。吃荠菜春卷,配一碟宁波本地产的玫瑰米醋才算入味,它能配合油炸春卷独特的香气,口味跌宕,又可吊鲜。旧时宁波立春饮食还以"升补"为主,常食芽菜,以食豆芽、香椿芽等植物的嫩芽最具去陈发散之效。

春笋在惊蛰之时崭露头角,宁波人会将春笋按照不同部位制作成各色菜肴。嫩头和笋衣一般做小炒配料;中段切成笋片炒菜;根部煲汤或煮鸡鸭。除了吃新鲜的春笋外,当地人还会将春笋晒干后制成笋脯。笋脯也有很多吃法,如与宁波咸齑做成咸齑笋脯,与黄豆一起做成黄豆笋脯,与花生一起做成花生笋脯,与大黄鱼、咸齑一起做成黄鱼笋脯,等等。宁波地处江南水乡,气候湿润,四周多山,适宜春笋的生长,因此春笋成了宁波饮食文化的重要代表之一。春笋不仅在宁波人的饮食中占据重要地位,更寓意着新生和希望,象征着万物复苏和生机勃发。因此,在惊蛰这个时节享用春笋美食,不仅满足了口腹之欲,更代表了对新生活、新气象的期盼和希冀。

图 3-4　宁波各色点心

春分吃春菜,春菜本指野苋菜,后指所有应春而生的野菜,像香椿、蕨菜、马兰头等都可以跻身春菜行列。清代美食家袁枚在马兰头的吃法上主张:"马兰头,摘取嫩者,醋合笋拌食。油腻后食之,可以醒脾。"这是一种比较流行的吃法。春分时节也是东海小黄鱼开始上市的季节。小黄鱼无论用清蒸、酱油还是雪菜汁烹饪,都无比鲜美,令人赞叹。

青团、麻糍、象山的白鹅、东钱湖的螺蛳都是清明时节的老宁波吃食。每到清明,宁波百姓都会做"清明羹饭"。该节气是春笋破土生长的季节,溪头的白鹅、蛏子、青壳螺蛳也正值一年最肥美的时候。此外,还有洄游到象山港的"川乌"(马鲛鱼),据说象山墙头一带吃马鲛鱼还吃出门道来,一年中在清明前后七天时间里,马鲛鱼的肉质最为鲜嫩。因此,在这些日子里的马鲛鱼价格也特别昂贵。① 人们将这些时令食材做好拿来祭祖。此外还有两道重要的点心,那就是麻糍、艾青团。宁波各个宗族都有清明分麻糍的习俗。一些宗族大多拥有几十亩的祭田,租给佃农耕种,规定清明要提供麻糍祭祖,还要向族内男丁分麻糍若干,麻糍的大小和厚薄都有严格的规定,不合乎标准者,就要收回租田。为此,对有些势单力薄的佃农来说,清明又像是第二个年关,全家老小不得不起早贪黑,从早搡到半夜,连搡几天后方能凑齐数目。② 《本草纲目》记载:艾叶性温味苦,无

---

① 周婵华、周达章:《宁波饮食文化》,宁波出版社,2021年。

② 柴隆:《宁波老味道》,宁波出版社,2016年。

毒,通十二经,具有回阳、理气血、逐湿寒、止血安胎等功效,亦常用于针灸。田埂、山坡、溪头都可以见到人们在采摘艾青的身影。将添了艾青的麻糍捣匀后,白色的米团便变成了青色。揉好的糯米团被放到面板上,撒上松花,用面杖擀成薄饼状,半干后切成一块块,即成麻糍。这糯米的甜味、松花与艾草的清香,勾起了久违的、熟悉的清明记忆,在脑海里一点点地弥漫开来。青麻糍最纯正的吃法,就是将其置于平底锅上,不必添油,两面烙成焦黄,再蘸上糖吃。清明麻糍与艾青团,吃的不仅是一种美味,更是一种时令之美,是岁岁年年对大自然的情怀。烙一盘青绿麻糍,裹一屉艾青团,嚼下去的是春天的滋味,感受到的是自然的温情。有了这些美味的陪伴,人们平淡的生活变得更有色彩和韵味。

春水明净,洗净了大地,也明澈了江河。此时,野菜在田野上蓬勃地生长着。在过去,你会看到妇女们成群结队拿着竹篮和沙尖刀去割荠菜,此时的荠菜无论叶子还是茎都是最嫩的。在浙东地区,人们发明了多种荠菜的吃法。荠菜最简单的吃法是将荠菜的根部剪掉,留下茎叶。将其清洗后,放入沸水中略微焯水,捞起后待冷却,挤去略有涩味的水分,然后切成细段,最后拌上适量的盐,就可以食用了,满口生香,鲜味无比。这种简单的烹饪方法保留了荠菜的原汁原味,让人在品尝时更能感受到纯正的食材美味。荠菜还可以用来做荠菜春卷,这种春卷的馅料是由荠菜炒肉丝制成。除了荠菜和肉丝外,也可以加入木耳、香菇、冬笋等多种配料。在炒制荠菜和配料后,要加入一勺热猪油。待凉后,猪油会凝固荠菜馅,包起春卷会更容易。当春卷在油锅中炸制时,猪油会融化并浸润到荠菜馅中,让春卷变得香脆酥口。这种烹饪方法充分利用了荠菜和其他食材的特色,为人们带来了美味佳肴。荠菜不仅可以用来做冷菜,宁波人还喜欢用荠菜做配料,如荠菜肉丝炒年糕等。

谷雨季节,甬城春茶香弥漫。宁波作为绿茶的重要产区,茶树长到谷雨时节,无论是茶叶大小,还是老嫩程度都是刚刚好。宁波境内横亘四明山脉、天台山余脉,崇山峻岭,溪流环绕,云遮雾障,自古以来就是茶叶产区。宁波种茶历史可以上溯到 7000 年前的河姆渡时期,从河姆渡遗址出土的文物可见,当时已有人将野生茶树引植为家种茶树。唐代"茶圣"陆羽的《茶经》和英国出版的《茶叶全书》也有关于宁波种茶的记载。如今,宁波地区出产的茶叶主要有宁海望海茶、弥勒禅茶、余姚瀑布仙茗、四明龙尖、奉化曲毫茶、北仑三山玉叶、春晓玉叶、象山天池翠、东钱湖东海龙舌等。

夏令食品

孟夏之日,天地始交。立夏气候愈加暖热,各种甘甜的蔬菜瓜果相继成熟。宁波人会品尝草莓、黄瓜和西瓜等清凉水果,以及酿制桂花酒等传统饮品。宁波俚语:"立夏鸡蛋松花团,倭豆米饭脚骨笋。"五月蚕豆上市,此时宁波家家户户都会做一碗咸肉倭豆饭,吃新鲜豌豆是为了祈祷眼睛像豌豆那样清澈,无病无灾。一直以来,宁波人都习惯将蚕豆称为"倭豆",这个独特的称呼源自于明朝并沿袭至今。据传,这个称呼与戚继光抗击倭寇有关。当时,戚家军在镇海甬江口(戚家山)英勇抗击倭寇,士兵们每杀一个倭寇就会在附近摘一粒蚕豆,用线串起来挂在自己的胸前,象征着荣誉与胜利。当地人为纪念这段历史,便将蚕豆改称为"倭豆"。至今,宁波的立夏习俗中仍保留"称人"和食用"倭豆咸肉糯米饭"的传统。在这一天,家家户户都会焖一锅"倭豆饭",和家人共同享用。制作这道美食并不复杂,主要食材包括大米、糯米、倭豆、咸肉,有时还会加入时令食材罗汉豆。首先将咸肉切丁后煸炒出香味,然后将所有食材倒入锅中,加入预先浸泡好的大米和糯米,炒匀后加入适量的水,小火焖煮至熟。倭豆的香甜气息与米香混合,从锅中飘出,再稍加盐搅拌均匀即可。如果用柴火大灶炖制,倭豆饭会更加香气扑鼻。煮好的倭豆饭香气四溢,香糯的倭豆与软绵的米饭交融,口感醇厚,回味无穷。宁波的立夏倭豆饭,不仅美味宜人,符合时令气息,堪称是立夏时节的美味佳肴。立夏家家户户还要吃"脚骨笋",为的是"脚骨健"(身体康健)。立夏吃蛋也是老宁波过节的重头戏,有说法"立夏吃只蛋,气力大一方;立夏不吃蛋,上坎跌下坎"。

在宁海等地,小满要吃一种叫"乌饭"的食物,做乌饭的一般是上好的白米,混合一种叫做"乌饭草"的树叶,混合黄豆、小野果等蒸煮而成。《本草纲目》载称:"摘取南烛树叶捣碎,浸水取汁,蒸煮粳米或糯米,成乌色之饭,久服能轻身明目,黑发驻颜,益气力而延年不衰。"现代医学证明,乌饭树叶具有益精气、强筋骨、明目、止泻等功能,具有相当的药用和保健价值,是一种很有前途的抗衰老药物。乌饭作为宁波地区的传统美食,不仅在小满时节是人们餐桌上的必备食品,还经常出现在婚礼、寿宴等场合,寓意着吉祥和团圆。乌饭的制作工艺需要经验和技巧,当地人对于乌饭的制作非常擅长,他们注重选材,精心烹制,使得乌饭的口感更加独特,风味更为浓郁。

芒种前后,梅子黄熟,宁波阴雨连绵,进入梅雨时节。芒种时常遇端午,除了挂菖蒲和艾蒿外,最重头戏的就是吃粽子了。宁波有古谚云:"四月种田下秧籽,五月白糖揾粽子。"这里说的粽子就是用箬壳包碱水粽。赶在端午节前,众多宁波老婆婆们会前往市集,带回糯米、豇豆,也不忘带一捆干笋壳,准备包制端午粽子。宁波传统的碱水粽,一般分为白粽和豇豆粽两种。而用毛笋壳包裹粽子,是地道的宁波特色。毛竹生长过程中脱落的壳层,内表光滑洁白,外表则带有些许绒毛的黄褐色,民间俗称为"箬壳"。买回的箬壳经过处理后,泡软并将平即可使用。精选的糯米清洗干净后,浸泡一夜并沥干备用。在制作碱水粽的过程中,碱水起着重要作用。清人童岳荐在《调鼎集》中有记载:"凡煮粽,锅内入稻草灰或石灰少许,易熟……"浙东一带也遵循这一古法,后来逐渐演变为用稻草灰水浸泡糯米,即将稻草清洗晾干后烧成灰烬,倒在纱布上,用滚烫的热水冲洗,沥出的汁水即为最原始的"碱水"。而如今通常是直接将食用碱掺入糯米中,调配多少全凭制作人的经验,多则粽子颜色呈褐色如同冻结一般,味道带着腥涩;少则颜色淡淡,味道单薄无味。只有适量恰到好处,碱水粽才能呈现晶莹剔透、琥珀金黄、口感绵韧的特点。靠近一闻,便能闻到淡淡的幽香,令人心旷神怡。

图 3-5　宁波传统碱水粽

夏至季节,江南珍贵果品杨梅上市的季节也到了。宁波是全国杨梅种植最早、种植面最广、品种最丰富的地区,出产的杨梅颗大、色艳、汁多、味美,自古便名扬海外。杨梅不单是宁波人喜爱的时令水果,也是大厨们喜爱的烹饪菜肴,杨梅加海鲜是绝配,有杨梅酒炝活皮虾等名菜。把杨梅浸白酒,还能做成"杨梅烧酒"。杨梅栽培历史悠久,其在中国真正被培育栽种应该是从南北朝开始。隋炀帝时期,杨梅树被引入洛阳宫廷种植,但杨梅也并不是一种受大家欢迎的水果,因为宫中的妃嫔喜欢吃甜的李子,却不喜欢吃酸的杨梅。宋朝是杨梅种植史上的重要时期,因为南宋迁都到杭州,而浙江是杨梅最为丰富的一个地方。杨梅成熟时节,送到帝都,成为贡品,往往成为一个地方的荣耀。另一个重要因素是苏轼,苏东坡在尝过杨梅后,写下了"西凉葡萄、闽广荔枝,未若吴越杨梅"的评说。雍正年间《浙江通志》中载:"慈溪产之荸荠种,果形大,刺尖密,色赤,核微扁,味极甜美,为我国赤色之优良品种。"如今宁波杨梅以慈溪、余姚为最,每年六月宁波本地人和外地游客趋之若鹜,为的是能亲自摘下那一颗颗又紫又甜的杨梅,送入口中细细品味。

小暑是农历六月节,是黄鳝肉质最鲜美的时候,民间有"小暑黄鳝赛人参"的说法。"宁式鳝丝"这个地道的宁波菜,在鳝丝中加入了姜丝和胡椒粉,应和了中医温寒互补的道理。在早春二月,黄鳝刚刚离开洞穴,而韭芽也是此时最嫩的佳肴,这两样食材都是时令食物。黄鳝水汆,划骨取鳝丝,需油多、火候旺,要爆炒。韭芽切段,添新鲜蚕豆瓣,炒过起浆,撒白胡椒粉,上面浇一勺热猪油,就是响当当的"宁式鳝丝",鳝丝油润嫩滑,直吃得你口齿留香。[1] 宁波谚语"小暑黄鳝赛人参"指的是在小暑前后、六七月之间的黄鳝最为肥美嫩滑,此时正是享用"宁式鳝丝"最佳的时节。经过去骨处理的黄鳝,在高油烹饪后应尽快食用,兼具嫩滑鲜香和肥美油润的特点,充分展现了宁波当地独特的风味。

大暑到,苋菜梗也上市了。苋菜梗是宁波菜里非常有名气的一道菜,是明州"三臭"之一。清代范宣在《越谚》中记载有"苋菜梗":"苋见《易夬卦》,其梗如蔗段,腌之气臭味佳,最下饭。"腌苋菜梗分生腌和熟腌,比较传统的做法是生腌,将切成段的苋菜梗放到坛子里,每摆 2—3 层,就撒上一层盐。压实,用荷叶密封,

---

[1] 柴隆:《宁波老味道》,宁波出版社,2016 年。

腌制到年底才能吃。臭苋菜梗臭中带鲜,虽臭不可闻,吃起来却是十分鲜美。另一种是熟腌,存放时间短,味道清香。老底子味道的臭苋菜梗存放时间比较长,味道偏咸。

宁波的三伏天,闷热而漫长,这时宁波人喜欢做一碗"木莲冻"来降暑。鲁迅的《从百草园到三味书屋》写道:"何首乌藤和木莲藤缠络着,木莲有莲房一般的果实,何首乌有臃肿的根……"木莲冻就是由木莲这种植物制成的。木莲在宁绍平原很常见,它是一种藤本植物,俗称"鬼馒头"。常匍匐生长于矮墙,或攀缘在高坡及树枝上,夏季开花,雌雄同株,结卵形的复花果。籽料细小,富含果胶,可制食用凉粉,有祛风除湿、消肿解毒作用。宁波的木莲冻通常是用木莲籽制作的,制作方法并不复杂。首先,将摘下的木莲果用清水洗净,对半剖开后挖出中间的木莲籽,装入清洁的布袋并紧扎袋口。然后,将木莲籽放入桶内的冰凉井水中,用双手不断地绞搓,搓出黏稠的乳白色胶状液体,随后将木桶放到阴凉处静置凝固。为了增添口感,有人还会加入一小段牙膏。几个小时后,木莲果汁与井水的混合物就会凝固成冻,但它本身无色无味,因此需要加入黄糖水、薄荷水和糖桂花才能制成美味的木莲冻。这碗清凉美味的木莲冻成为宁波人夏日时令的美食之一,不仅解渴解暑而且回味悠长。

秋令食品

立秋,阳气渐收,阴气渐长。宁波民间在立秋这天有全家一起吃西瓜的习俗,称之为"啃秋"。除西瓜外,宁波人还会在这天吃一些清凉的饮品,像绿豆汤、薄荷汤来拔走人身上的暑气,这就是宁波人说的"拔高秋"。秋分时节吃桂花是老宁波人的习惯,最常见的就是糖桂花,此外还有作为辅料入馔,如猪油汤团和酒酿圆子。

在白露时节,宁波本地的鲜藕大量上市,"九孔碧藕秋日鲜,生熟咸甜总相宜",清脆爽口的鲜藕经常出现在宁波百姓的餐桌上。许多老宁波人在祭祖时,桌上也会供奉一碗藕,吃藕的象征意义在于"路路通",藕断丝连,九孔通达,血脉相承。宁波人讲究时令与食材的搭配,莲藕、桂花、新收的糯米,正是该季节大自然所赋予的馈赠。桂花糯米藕集藕香、桂香、糯米香于一体,入口饱满糯软,清香扑鼻。宁波的"下饭"美食一般都注重"鲜咸合一",但这款"桂花糯米藕"却偏向甜食。宁波人制作"桂花糯米藕"时会选用晚秋的新糯米、糖藕和糖桂花,虽然制作过程有些烦琐,但需要充分的耐心。从浸泡糯米、填充藕孔到缓慢地煮熟,都需要细心慢工,不能急躁。糯米需要浸泡半天,选择稍粗的莲藕方便填充米,藕孔两端最好有节,这样藕孔内就不会留有淤泥。在煮糖藕时,先去皮并清洗藕,从两端切下小节,分别填充米,最后用牙签重新封口。将藕放入冷水中,大火煮开后加入冰糖小火焖煮两三个小时,然后加入糖桂花和红糖以大火收汁。最终呈现出色泽酱红、口感甜糯、清香扑鼻的桂花糯米藕。待稍凉后切块,淋上煮藕的甜汁,一盆色香味俱佳的"桂花糯米藕"上桌,必定能勾起食客的胃口。糯米的黏稠搭配莲藕的细腻,再加上一点蜂蜜,将糯米藕夹起时,糯米和藕会拉出一道长长的细丝,让人回味无穷。

冬令食品

冬天季节,阳退阴生,生气闭蓄,万物开始收藏。立冬时节是冬酿的好时节,挑选白糯米蒸熟,加入酒曲发酵,便能制成香气四溢的米酒。在宁波很多地方,鄞州、奉化、余姚、宁海等地的农村有着年节自酿米酒的习俗,新鲜糯米先浸泡两天,然后洗净沥干,上土灶蒸熟,雪白饱满的糯米变成油润透亮的糯米饭,再用清澈的山泉水一遍一遍淘洗冷却,达到适宜温度后拌入酒曲,保温发酵一个月左右。宁波米酒以其独特的醇香和饱满的口感而闻名,它不仅是冬日里的暖身佳酿,更是宁波人家庭团聚和节庆喜庆的必备饮品。在立冬时节,人们把新酿好的米酒端上桌，与家人朋友共饮一杯，传递着温馨和团圆的美好祝福。每一口醇香的米酒都承载着宁波人对家乡土地和传统文化的热爱，也传承着酒文化的久远历史和精湛工艺。

小雪节气到来，也意味着各式腊制品和腌制品登场。宁波用来腌制的东西很多，蔬菜有雪里蕻、大白菜、萝卜；肉类有腊猪肉、腊鸭、香肠；腌海货更多，除了米鱼外，还有咸鳓鱼、鳗鲞等。

宁波民间冬至要吃赤豆粥、番薯汤果，以此来抵御冬天的寒气。冬至前夜，还要来上一碗大头菜烤年糕，年糕本身就有年年高的意思，而大头菜追求的是烘烘香的热闹劲。此外，在宁波的传统习俗中，汤果是冬至必吃的美食之一。在冬至早晨，每个家庭都会早起煮上一锅"番薯汤果"，先舀出一碗供奉给"灶君菩萨"，然后全家围在一起享受这碗美食。吃上甜甜糯糯的番薯汤果，微醺的酒酿气息让人沉醉在宁波冬日暖阳里。汤果又被宁波人称为圆子，但它的大小比正常的汤圆要小，没有馅，它象征着团圆和圆满。宁波常见的汤果有酒酿圆子和豆沙圆子。根据民俗专家考证，宁波人从前将汤果视为一种珍贵的美食。糯米香糯而滑润，由于产量有限，过去汤果尤为珍贵，所以一般家庭只能在正月、元宵和中秋等佳节，全家团聚时才会磨一些糯米，享受共同分享汤果的喜悦。勤劳节俭的巧妇们会用杂粮来代替糯米，尽量少用糯米，并加入番薯块，制作出独特的"番薯汤果"。有些地方还会将糯米粉与高粱混合，制作成芦稷汤果，味道独特，别具一番风味。

小寒则是荸荠糖分最高的时候，荸荠取的是年货都"备齐"的谐音。大寒过完便是春节，宁波人在春节要以果饼祭祀神祇和祖先，并且吃汤团、圆子、年糕。大年初二开始，携糖果、白鲞拜岁。元宵则吃汤团、圆子。

三、仪礼食俗

跑过三关六码头，吃过奉化芋艿头

　　仪礼食俗，是指在各种礼仪活动中所遵循的饮食习俗。仪礼食俗承载着丰富的文化内涵，深深地扎根于历史土壤，宛如一条无形的纽带，将不同时代、不同地域的人们紧密相连。

　　从历史溯源来看，仪礼食俗源远流长。早在先秦时期，饮食礼仪就已初步形成体系。《礼记》中对饮食有诸多规范记载，体现了当时饮食的长幼有序、宾主有别。在祭祀活动里，祭品的选择与摆放都有严格的要求，以表达对天地神灵、祖先的敬畏之情，这是仪礼食俗在宗教祭祀层面的早期呈现。随着历史的推进，不同朝代在继承传统的基础上，又不断丰富和发展仪礼食俗。特别是唐朝国力强盛，文化繁荣，宴会食俗格外讲究，从餐具的精致程度到菜品的丰富多样，都彰显了大国风范。

　　在文化层面，仪礼食俗蕴含着深厚的价值观念。它是社交文化的重要载体，通过菜品的安排、座位的排序，能传递出主人对宾客的尊重与情谊，促进人际交往的和谐融洽。在婚丧嫁娶等人生大事中，仪礼食俗更是不可或缺。婚礼上的合卺酒，寓意着夫妻二人从此合为一体，同甘共苦，承载着新人对婚姻美满的美好期许；丧礼中的羹饭等习俗，则表达了后人对逝者的缅怀与追思，体现了孝道文化的传承。同时，仪礼食俗也反映了地域文化的差异，北方的饺子在春节等重要节日的饮食礼俗中占据重要地位，一家人围坐在一起包饺子、吃饺子，象征着团圆和对来年的美好祈愿；而南方部分地区在特定仪礼中，汤圆、年糕等食物有着独特的寓意，展现出当地独特的饮食文化特色。宁波人在不同的仪礼场合中也有着各具特色的仪礼食俗。

婚嫁食俗

宁波人在婚嫁时以龙凤金团、糖面分赠四邻,婚礼时新娘需喝红糖圆子汤、要吃上轿饭,一般是米饭一碗,红烧肉一碗,鱼一条。新郎进门要喝"三道茶":第一道绿茶,是为新郎接风的,为他一路接亲辛苦;第二道糖茶,祝他婚后甜蜜;第三道桂圆茶,如果丈母娘喜欢这个女婿,就要特别斟杯"桂圆茶"。新娘和新郎会吃包子、蚶子、肘子、栗子、莲子以讨"五子登科"的彩头。结婚当天,附近的小孩可以向新娘要糖果,俗称"讨冬瓜"。宁波地区的婚宴上还会有一道渔岛特有的佳肴,那就是一盘带皮烤熟的芋艿,"跑过三关六码头,吃过奉化芋艿头",可见当

左上图 3-6　龙凤金团
左下图 3-7　宁波新娘上轿饭
右上图 3-8　奉化芋艿头

地人对芋艿头的重视。婚后的第二天,新娘必须早起,给公公婆婆端上银耳汤或者糖茶,然后由小姑陪同给岛上的亲戚敬茶,俗称"认亲"。

生育食俗

在宁波,生育时以红蛋分赠四邻,坐月子的女性则要吃河鲫鱼、鸡等补充营养。孩子出生后,娘家人要准备鸡蛋长面、桂圆等营养食物给产妇吃。孕妇产下孩子后,娘家还要送去黄糖和擀面,俗称"挈糖面",用来给产妇滋补身体,这个习俗称为"送生母羹"。

寿庆食俗

宁波人的寿庆从 50 岁开始,逢十做寿。寿诞食品有玉(猪肉)堂(白糖)富(烤麸)贵(桂圆)和寿桃,置于 5 只大蜡盘中,叠成 5 层宝塔状,谓之"五代富"。寿星要在客堂里放置四盆剥果、四盆水果、四盆糖果、四盆点心招待客人,"四"即"舒",寓意着寿星舒舒服服度过晚年。按照旧俗,老人寿辰礼仪由出嫁的女儿和女婿发动筹办。已出嫁的女儿要挑寿担,寿礼有"四色"和"八色"。"四色"为高(糕点)、桃(寿桃馒头)、祝(大红寿烛)、寿(长寿面),"八色"另加玉(猪肉)、堂(红糖)、富(烤麸)、贵(桂圆)。

丧葬食俗

丧葬的丧家每隔 7 天作祭奠羹饭,谓之"做七",共做 7 次,一般要 49 天时间。死者亡后 3 年内,每逢忌日也要做羹饭。羹饭一般有九碗,常为豆腐、绿豆芽、小黄鱼、蛏子、蟹、鸡、虾、藕、豌豆等。在宁波海岛,人们还会举办独特的招魂仪式,在出殡的前一天下午,由道士到海边向海神告知,找回死者亡灵。第二天(出殡当天)上午涨潮之时,在海边进水的地方放两张八仙桌,一张八仙桌上放祭神的供品,一般是五盘,有肉、蛋、鱼、豆腐、面等,一张八仙桌上放羹饭(祭祖的小菜)祭祀亡灵。

喝酒习俗

此外,宁波沿海渔民还有一种特殊的喝酒习俗。酒为旧时祭祀、宴请所必需。酒在渔民的日常生活和传统节日中都扮演着十分重要的角色。据传,周朝时,冬至日是新年元旦,是个很热闹的日子。今天的浙东一带仍有"吃了冬至夜饭长一岁"的说法,俗称"添岁"。渔家主妇们把做冬至羹饭作为一桩重要的大事,需配齐各色祭品、菜肴和酒水,一点也不逊于年夜饭和清明羹饭。冬至阴极阳生,初生之阳不很强壮而需人"扶",故又有喝"扶阳酒"之说。也有一说是,冬至后捕带鱼的渔船就要上南洋,渔民要离家外出,因此渔家人精心准备酒肴为即将离乡出远洋的亲人饯行,寄托平安、丰收之愿。

年节酒也颇为重要。渔民长期身居海上孤舟,出没于波涛海浪间,回家时间无法固定,唯有过年一定要回家团圆。他们把过年看得最重,因而也以饮酒相庆。渔民们常年劳作海上,难得与家人团聚、与亲友相会,在漫长的使用木帆船的年代,渔民们在春节前后半个月是不出海的,许多渔村、渔家就相互请吃年饭,欢聚喝酒。有的从农历十二月二十起就开始互请,大多数则是从正月初三四开始互请,直到正月初十后出海捕鱼。吃年饭喝酒,是渔民过年时最为热闹和开心的事。有的船老大喝酒兴致高时,酒量惊人,久喝不醉,干脆脱了鞋袜,光脚踏地,浑身酒热透过脚心,通体散发。

按东海渔乡习俗,正月初六就要开始做春汛生产的准备,如张网渔户要打桁缉,扎网窗;拖虾捕春鱼的,就要补网修船。因此,无论是有船网工具的渔民为自己备汛,还是受雇于船东的渔民上工,都有"初六开架"(即开工)之说。于是,在正月初五或提前一天,渔家主妇要做新年羹饭,再次祭祖,同时也借此备些酒菜,让即将开始一年辛劳的丈夫或父兄再畅快地喝顿酒,这叫"新年酒"。

除此之外,酒在祭祀仪式中也发挥着重要的作用,祭海神酒就是其中一种。祭海神酒又分为开洋酒和谢洋酒。每逢在春汛、夏汛、秋汛和冬汛的第一天出海之前,渔家总要聚集港湾滩头,举行祭海神仪式,以酒、鱼和三牲供奉。祭海神仪式结束后,渔民就在海滩上大碗大碗地饮酒,以壮开洋征海之胆识,以求一汛之丰收,此谓"开洋酒"。而"谢洋酒"则是渔民为庆贺一个渔汛的丰收,也为感谢海神的护佑,在海滩上举行的祭海神仪式。此仪式后,渔民将船抬上岸搁置安全处,然后开怀畅饮。一时,港湾海滩上酒碗高举,酒香四溢。

还有就是庆贺木龙赴水酒,即在新船造好,举行祭海神、祭船官菩萨仪式之后,渔民在自己新入海的渔船上祈求吉祥、平安的喜庆酒。渔民有两处家,除了岸上自己的家外,另一处就是船。捕鱼人一年四季大部分时间在船上劳作,因此以船为家的时候更多;再者,渔船是养家糊口之本,因此,渔民爱船敬船之情不是常人所能想象。渔民把新船入海称之为"木龙赴水"(赴水谐音"富庶"),并将其视作自己的盛大节日。即使再贫困,也要置办酒水鱼肉,邀来乡亲父老和船上伙计,开怀畅饮一番,将这个仪式搞得热热闹闹,以求出海一帆风顺,返港鱼虾满舱。

四、特色食俗

岁朝早起整冠裳,饼果汤团荐影堂

宁波汤团

宁波汤团是宁波特色美食。吃汤团是汉族人的传统习俗,在江南尤为盛行。民间有"吃了汤团大一岁"之说。陈志岁《汤团》诗云:"年年冬至家家煮,一岁潜添晓得无。"甬地俗语云:"宁波家家捣米做汤团,知足常乐又一天。"胡秉言也有诗曰："香泽糯米做汤团,沸水飘银富贵咸。入口绵甜滑润爽,阖家欢乐醉天年。"对于传统宁波人来说,宁波汤团是过年的必备食品。汤团的"圆"意味着"团圆""圆满",节庆时间吃汤团,象征家庭美满、和谐。

宁波汤团的主要用料为糯米、猪油和芝麻。宁波汤团之所以在原材料上选择使用糯米而非黏米,是因为糯米具有黏度大、吸水率和膨润力大等特点,使汤团下锅不易煮烂,入口软糯且富有嚼劲。只有成熟的稻作技术才能产出优质的糯米,据考证,宁波境内的河姆渡遗址是迄今为止中国乃至亚洲最古老、最丰富的稻作遗址。

在物资匮乏的年代,宁波的孩子们唯有在新年的第一天早晨才能享用一碗热气腾腾的宁波汤团。这份味道的记忆便如此伴随着他们长大。如今的猪油汤团已成为价格实惠的平民甜点,且因其简单的制作方法、圆润玉白的外观以及香甜软糯的味道而在全国普及。对于在外地打拼奋斗的宁波人来说,一碗普普通通的猪油汤团便能唤起自己对家乡与童年的美好回忆。

图 3-9　宁波猪油汤团

在宁波本地的习俗里,新年第一天的早饭通常要吃汤果或汤团。同时,因汤团黏糯,吃汤团也象征夫妻感情牢固黏合。张延章的《鄞州十二月竹枝词》第一章记载道:"正月人家要拜年,衣裳都换簇新鲜。花生瓜子先供客,待煮汤团乞少延。"清代诗人戈鲲化也在《甬上竹枝词》中写道:"岁朝早起整冠裳,饼果汤团荐影堂。"

宁波饮食相关非遗

与宁波饮食民俗相关的非物质文化遗产体现了宁波鲜明的地域特色。

跟宁波食品相关的制作技艺被列入"浙江省级非物质文化遗产"的有:状元楼宁波菜烹制技艺、邱隘咸齑腌制技艺、慈城水磨年糕手工制作技艺、庵东晒盐技艺、宁波汤团制作技艺。

宁波市级的非物质文化遗产更是不胜枚举,例如东福园宁波菜烹饪技艺、古法糯米醋酿造技艺、牛肉干面制作技艺、米豆腐制作技艺、泗门香干制作技艺、三北豆酥糖制作技艺、麻糍制作技艺、绿茶制作技艺、楼茂记香干制作技艺、朗霞豆浆制作技艺、缸鸭狗传统甜点制作技艺、龙凤金团制作技艺、酱油酿造技艺、西乡箬面制作技艺、瀑布茶制作技艺、溪口千层饼制作技艺、陆埠豆酥糖制作技艺、笋干菜制作技艺、梁弄大糕制作技艺、象山米馒头制作技艺、羊尾笋烤制技艺等。

宁波饮食深受海洋文化的影响,在饮食心态、进食习俗、烹调原则方面都有独特之处。把饮食与宁波历史文化有机结合起来,是传播宁波传统饮食文化内涵最为有效的途径。以饮食文化为载体,弘扬海鲜文化,使外国留学生在吃中体验文化,从而实现饮食与文化的互动发展。文化体验是目前留学生较为喜欢的学习方式之一,能让留学生亲身体验感觉真切。我们可以构建"课内+课外"的文化教学模式,而实践性比较强的饮食民俗可采取这种教学模式。

　　创建宁波饮食文化基地,或是让留学生走进宁波当地家庭、餐馆,让留学生参与制作、品尝宁波传统名菜名点。为促进国际中文教育与宁波饮食文化的融合发展,我们可以进一步拓展教学模式,还可以开展更多形式多样的体验活动。比如,安排专业厨师为留学生举办民俗烹饪课程,让他们亲身参与制作宁波传统名菜名点,从而亲身感受宁波饮食文化的魅力。此外,还可以组织饮食文化交流活动,邀请当地居民与留学生一同品味传统美食,促进跨文化交流与理解。通过这些活动,留学生将能够更加深入地了解宁波饮食文化的独特之处,并且享受到中华饮食文化的久远历史和独特魅力。

　　举办各式各样的文化游学项目,带领留学生前往南塘老街游览宁波菜博物馆;品尝赵大有糕团、余姚黄鱼面、慈溪豆酥糖、奉化牛肉面、鄞州全丰记等宁波传统美食。去中国年糕之乡慈城古镇体味老宁波,游览古镇年糕历史博物馆,品尝冯恒大年糕等。通过这些丰富的文化游学活动,留学生将能够全方位、多角度地感受和体验宁波饮食文化所带来的文化盛宴,从而为他们的汉语和中国文化学习增添趣味性与生动性。

… 延伸阅读 …

著作类：

1. 柴隆：《宁波老味道》,宁波出版社 2016 年版。
2. 柴隆：《宁波人》,宁波出版社 2021 年版。
3. 《发现鄞州》编委会编：《发现鄞州乡味》,宁波出版社 2020 年版。
4. 宁报传媒：《食在宁波》,宁波出版社 2004 年版。
5. 马任、周娴华、周达章编：《宁波民俗文化撷谈》,宁波出版社 2022 年版。
6. 毛海莹：《东海问俗——话说浙江海洋民俗文化》,浙江大学出版社 2018 年版。
7. 沈潇潇：《品味宁波湾》,宁波出版社 2021 年版。
8. 童达编：《味道宁波》,宁波出版社 2023 年版。
9. 郁伟年：《阿拉宁波人》,宁波出版社 2019 年版。
10. 朱惠民：《宁波菜与宁波饮食文化》,香港国际学术文化资讯出版社 2009 年版。

11. 周朝晖编：《精品宁波菜》，宁波出版社 2013 年版。

12. 周娴华、周达章：《宁波饮食文化》，宁波出版社 2021 年版。

13. 周时奋：《宁波老俗》，宁波出版社 2008 年版。

期刊类：

1. 蔡罕：《宁波农业生产风俗考述——宁波饮食生产风俗研究之一》，《浙江万里学院学报》2003 年第 1 期。

2. 傅勤峰：《历史悠久的宁波酒文化（一）》，《中国酒》2007 年第 2 期。

3. 胡一旻：《宁波传统饮食文化旅游资源开发的思考》，《北方经济》2009 年第 20 期。

4. 何宏：《宁波名菜总体特征的量化分析》，《宁波广播电视大学学报》2007 年第 3 期。

5. 邵滋映、赵旻燕：《文化视角下宁波传统特色美食译介》，《宁波工程学院学报》2016 年第 1 期。

第四章 生产民俗

一、农业民俗

田要肥河泥草子,人要健桂圆荔枝

河姆渡稻作遗存

　　河姆渡文化是距今约六七千年前中国长江流域的新石器文化。在河姆渡遗址中,发现了丰富的稻作遗存,还发现了大量形制新颖、制工精巧的骨耜等农具。这说明,当时宁波先民已从采集农业的生产开始发展到原始耜耕农业的生产,稻谷已成为当时人们最主要的生产资料之一。在河姆渡遗址中,还发现了不少野生稻种子、酸枣、菱角、麻栎果、橡子、桃子等植物,这反映出当时人们还保留着原始采集农业的一些风俗。

　　在当时河姆渡地区还有一种特殊的农业系统,即湿地农业,称为水植农业,这种水植农业以获取水生植物菱角、茨菇、荸荠、野菰、水芹、茭白等的果实、种子或多肉的地下茎为食物。这种水植农业并存于耜耕稻作农业,并相沿发展至今。

河姆渡遗址中发现的稻作遗存是对古代农业发展的珍贵见证。这些遗存揭示了距今约六七千年前中国长江流域地区早期农业社会的兴起和演变。稻作的出现表明当时人们已经开始采取更为稳定的农业生产方式,稻谷成为主要的农产品之一,为当时人们的生活提供了重要支持。这一发现不仅丰富了我们对古代农业的认识,也为研究古代社会的经济、生活方式以及人类与环境的关系提供了重要线索。

夏商春秋时期"鸟田"

夏商至春秋时期宁波地区的越民在"鸟田"上进行农业耕作,"鸟田"是群鸟啄食水藻后可供下种的水田。此外,越民还建"塘",进行滨海水利建设。由于水利条件的改善,加之勾践的"劝农桑",当时种植业的产业结构有了很大的调整,粮食的种植占了主导地位。当时宁波地区粮食的主要品种是稷、黍等旱作,当时盛行在干燥的山间盆地上进行农作,而"鸟田"中水稻种植的产量还不高。

春秋时期越民的耕作制度已实行一年两熟制,当时人们已清楚地认识到农时与农事的关系,以及天体之象对农业丰歉的影响。此外,春秋时期的越民对田间管理也逐步有所认识,由此可见,春秋时期宁波地区的农业生产风俗在刀耕火作的粗放经营中也孕育着精耕细作的园艺农业意识。

总之,夏商至春秋时期的宁波地区越民通过创新的农业耕作方式,如在"鸟田"上进行种植,以及积极进行水利建设,调整了农业产业结构,将粮食种植作为主导。然而,在早期阶段,水稻种植并不占主导地位,而是以稷、黍等旱作为主。到了春秋时期,农民逐渐意识到农时与农事的关系,开始实行一年两熟制,并加强田间管理,呈现出农业生产由粗放经营向精耕细作的转变。这表明古代宁波地区农业生产在探索中逐步发展出多样性和创新性。

晋唐两宋的农业生产

战国、秦汉时期,随着牛耕和铁制农具的普遍使用,耕作技术有了很大提高。但当时的水利还没有很好地治理,人们的主要耕作方式还是"火耕水耨"。较之前代,水稻种植面积大大拓展,产量明显提高。

晋时,北人大规模南来,带来了北方先进的生产工具与经验技术,这使得江南的农业生产水平大大提高。当时宁波地区开始了修筑陂堤为主的水利工程,耕地面积有所扩大,但种植方式仍比较原始,水稻还是采用"火耕水耨"的原始方式。

至唐代,大规模的水利工程陂、塘、堤、堰等建设,已成为当时江南农业生产的一个重要现象。其中宁波地区最著名的水利工程是鄞县的仲夏堰和它山堰。另外修湖灌溉也是宁波地区农事风俗中的内容,比如小江湖、东钱湖、广德湖等。

唐、五代时期,以筑塘围涂获取耕田的现象在宁波地区比较普遍。水稻种植进一步推广与发展,在种植方式上已经采用了插秧移植的技术,同时稻麦复种制也开始全面推广,亩产量有了明显提高。

两宋时期,水是影响宁波地区农业发展的一个制约性因素,故修筑碶、闸、堰、堤成为当时宁波发展农业的当务之急,兴修农业水利的风俗普遍兴起。两宋时期,宁波地区农业生产已普遍形成一年三熟的复种制度。稻谷的品种有粳、糯两类,其中外来品种和新品种的栽培,是当时农业生产风俗的新现象。

总体而言,从战国、秦汉到晋唐两宋时期,宁波地区的农业生产经历了技术、水利和种植方式的逐步改进与发展。水利工程的兴修、新的种植技术的引入,以及外来和新品种的栽培,共同推动了宁波农业生产水平的提高。

宋以后的农业生产

宋代以后,宁波的农业生产风俗基本定型,并一直延续至今。

耕作　南宋时宁波鄞县就采用水稻间作,间作稻是宁波地区自宋以来平原畈田上的主要耕作方式。旧时,与间作稻同时并存的尚有"单季早稻""单季中汛稻""单季晚稻""旱地种粮"等耕作方式。清时先后传入玉米、甘薯、马铃薯等,出现马铃薯—玉米、蚕豌豆—甘薯等两熟制,又有一年三熟的间作套种。

1950年代以后,宁波地区试行和推广水稻连作的耕作制度(双季稻);70年代后,推广春粮(大小麦)——双季稻的"三熟制"。

农具　据宁波老农民回忆,传统上宁波农民多以牛耕田,主要农具有锄头、铁耙、泥撬等。畜力农具主要有犁、耖、耙等,收割稻麦用细齿小镰刀,"草削"用来割草和收割麦子。打稻用稻架、稻船、稻桶、去秕风箱等。晒谷用篸簟。运输农具,陆地用扁担挑,水路用木制农船运,山区有独轮车,沿溪则用竹排。

传统灌溉农具,平原稻区一般多用水车,山区沿溪用拗棚、吊桶。少数也有用牛力、风力推动牛车盘进行灌溉的。此外,也有两人面对面用桶戽水的。1949年后,新式农具不断出现,并且农具的机械化程度不断提高,先后出现双轮双铧犁、手扶拖拉机、插秧机、收割机等。同时建抽水站,实行电力灌溉等。

肥料　传统肥料以有机肥料作氮肥、牛骨粉作磷肥、草木灰作钾肥。另外,也有水田种草子(即紫云英)、养绿萍、稻草还田等方式提高肥力。冬季还以捻草塘泥(俗称"草藁河泥"),夏季以打河草等方式积肥,故有"田要肥河泥草子,人要健桂圆荔枝"之谚语。

农艺　水稻栽植,谷雨前后绿肥田起畈翻耕,抢晴天燥耕晒白燥耖。20世纪六七十年代前,耕地多用牛力翻耕,耙平插秧。70年代中后期起,以拖拉机旋耕2至3次后耙平插秧。笔者听家里老人说,间作稻种植时,一般立夏插早稻,小满嵌晚青,夏至种单季稻;推广连作稻后,立夏前种完绿肥田早稻,小满前春花早稻插种完毕,立秋前晚稻种植结束。

大麦,立冬前后播种,次年 5 月中旬成熟。20 世纪 50 年代前,宁波地区种植大麦以传统点播为主;60 年代,推行条播法;70 年代,推广阔畦深沟撒播法,后又推广免耕撒播。小麦,多种植于丘陵山区,10 月中下旬播种,次年 5 月下旬成熟,栽培农艺与大麦相同。

番薯、玉米、大豆为宁波地区主要旱地粮食作物。20 世纪 60 年代前番薯以冷床、温床育苗;70 年代后,推行塑料薄膜育苗。小满至芒种插种。薯苗成活后,削草施肥,提蔓培土,按行成垄。据家里老人回忆,春玉米,一般清明前后播种,夏玉米,七月初播种。大豆,春秋两季种植。春豆,清明后播种,或植于田边地角、江塘河岸。秋豆,七月下旬播种。

旧时宁波地区还有许多与农事生产相关的习俗。如过年时,农家备酒菜香烛至田头祭祀田公、田婆;在牛棚祭牛神,答谢今岁保佑,祈祷来年丰收。正月初八夜拜"仙姑"问"年岁";正月十四夜,田头燃火把"照蝗虫",高唱"我的田时没有虫……";春耕插秧前,备香烛至田头设祭,祈请土地神保佑。如遇病虫害,在田中央倒插粪缸扫帚驱逐稻瘟神,抬着"青苗菩萨"行"青苗会"以驱害;遇大旱,由族长率领全族男丁,冒烈日至龙潭求神龙赐雨等。1949 年后,这些习俗均随农业科技的普及而渐渐消失。

总的来说,宁波地区的农业生产自宋代以后至近现代呈现出持续发展和不断改进的趋势。从耕作方式到农具使用再到农艺发展,都经历了从传统向现代的演变过程。现代农业技术的引入和推广使得农业生产效率大幅提升,同时水利设施的改善也为农业生产提供了可靠的保障。然而,现代化的农业生产的普及,也使得宁波一些传统的农事习俗逐渐消亡,如何保留和传承这些习俗是一个急需解决的问题。综合而言,宁波地区的农业生产经历了技术、制度和文化的融合与发展,为地方经济的繁荣和社会的进步做出了重要贡献。

二、渔业民俗

呆大捕死张网,活络要算小对郎

　　渔业民俗是指在以捕捞水产为基本内容的生产活动中形成的习俗,宁波地区的渔业民俗以海洋捕捞为中心。捕捞习俗包括海上捕捞的海区、时间、地点、工具和作业方式等的习俗;鱼类捕获上船后,如何进行分类、加工、海上销售等行为习俗;还有渔汛开捕前的备汛习俗等。总之,凡是与鱼的捕捞有关,从汛前准备、下网捕鱼到鲜鱼储藏销售等一整套与生产过程相关的众多习俗,统称为渔业捕捞习俗。

　　浙东渔民的生产习俗表现为渔业生产的特殊性,不同季节的渔业捕捞形成了浙东渔民的生产习俗:

　　春汛　从立春到夏至这段时间叫春汛,渔民主要捕捞小黄鱼。鱼群发旺的季节俗称为"旺风"。大约在每年的春分前后,小黄鱼开始集群,这一时期的小黄鱼俗称"报春鱼",捕捞生产称为"柯春鱼",也叫"柯旺风"。

　　夏汛　指从立夏到立秋,这段时间浙东近海阳光充足,饵料丰富,鱼类繁殖生长迅速,是一年当中渔业生产最为繁忙的季节,当地渔民俗称"洋生"。在这个季节里渔民可以捕捞到红(虾、蟹)、黄(大黄鱼和小黄鱼)、蓝(马鲛、青鲇鱼)、白(鳓鱼、鲳鱼和鳕鱼)、黑(墨鱼)等各色各样的鱼类,但捕捞的主要鱼类为大黄鱼、墨鱼、鳓鱼、鲳鱼和海蜇等。

　　秋汛　自立秋到冬至称为"秋汛"。在这期间,浙东地域气候炎热,台风频繁。渔民们"洋生"之后的修船、补网也正在继续之中,就进入"歇秋"时节;只有那些定置张网和一些大型的拖虾作业的渔船,才到近海进行生产,俗称"抲秋"。大黄鱼,俗称大鲜,秋汛捕获者称桂花黄鱼。每年阳历 8—9 月性腺成熟亲鱼集结产卵,形成桂花黄鱼汛,但不及春、夏汛旺盛。抲秋的渔场比较分散,产量不高,在热辣辣的天气下捕捞,劳动强度大,而抲上来的鱼虾又因天气热,难以保鲜,卖不出好价钱,渔民们就把抲秋看作是受罪。渔民中流行的那句"前世不修,罚落抲秋",大概讲的就是这个意思。

冬汛 从冬至到次年立春,叫冬汛。霜降至小雪,渔民多捕捞小黄鱼,俗称"抲早冬";小雪以后多捕捞带鱼,俗称"抲晚冬",一直延续到大寒结束。带鱼属多次排卵型洄游鱼类,定期作南北周期性洄游。每年 10 月份后,鱼群自北至南向大陈岛集结形成渔汛。在每年冬至前后,带鱼汛达到最高峰,渔民的劳动量极大,加上天气严寒,气候恶劣,当地渔民把这一时期的捕捞作业称为"擂东洋"。渔场上有"小雪小抲,大雪大抲,冬至旺抲"的说法。冬季抲带鱼是一路向南追捕,从北边的花鸟岛直到南面的大陈渔场。

捕　捞

东南沿海原始先民的采捕方法有拦、困、围、钓等多种渔法。在明清时期,捕捞习俗中有张网、对网、拖网、围网、钓捕、笼捕等多种作业形式,并广泛流传,成为海洋生产习俗中的主要作业方式。

张网 张网习俗在东海诸岛历史悠久,最早起源于南宋,这是一种被动性的定置作业。因为张网的渔网敷设在鱼蟹较为密集的水域,或是洄游的通道上,它是依靠潮流冲击原理驱鱼蟹入网,从而达到捕捞的目的。按张网作业的工具分类,有打桩张网、抛碇张网和船张网三大类。

对网 对网作业是两船并对、共拉一网的生产作业方式。根据所使用的渔

图 4-1　宁波象山开渔节开船仪式

船和网具的规格大小不一,可分为大对、小对、中对、背对、机对等作业形式。以大对为例,一是船宽大,二是船结对,因此有"大对"之名。而小对则船体较小,行动灵活,这是小对作业的优越之处。因此舟山当地有"呆大捕,死张网,活络要算小对郎"的说法。

　　拖网　拖网是用渔船拖拉网具,驱赶捕捞对象的一种作业方式。按渔船分有单船、对船两种,按捕捞对象分类有大拖风、机轮拖、虾拖和墨鱼拖四种。大拖风又称"海扫帚",作业网眼细,网具沿海底拖扫,大小鱼均进网,容易杀伤幼鱼。机轮拖的作业方式与大拖风相似。墨鱼拖是一种捕捉墨鱼的生产工具。

　　围网　围网作业是用围网捕捞集群鱼类的一种作业方式,在东海渔场上历史十分悠久。早期的渔民在捕捞石首鱼时常常用循声围捕的方法,这就是原始的鱼群侦察活动——听鱼。嵊泗列岛渔民自古就有"听"黄鱼的传统。现今的围网作业主要是指用光诱围网,这是一种新兴的作业方式,以灯光诱捕为主,俗称"灯围"。

围网作业一般以 28—34 人为一组，主要步骤有诱鱼、送鱼、集鱼、放网等。

钓捕 钓捕作业是利用鱼蟹的贪食性，以饵诱其上钩从而达到捕捞目的的一种作业方式，也是海洋捕捞中最古老的一种作业方式。钓捕作业按钓场可分有岩礁钓、海滩钓、堤坝钓和船钓四种；按钓具结构及作业习俗分，大致有竿钓、手钓和延绳钓三大类。东海渔场以带鱼延绳钓为钓捕作业的主要方式。

开船行船

新船在第一次出海前要举行盛大的海祭，每次开船前有些习俗是必不可少的，如出海吹螺号习俗。因为出海是集体行为，开船时老大要发出信号，召集渔民迅速集队下船。这个信号在古代是螺号，后来吹竹筒，现在用汽笛代替了。在行船中也有相应的习俗，运输船要礼让捕鱼船，大对船要礼让小对船。如果渔船被迫抛锚，船后艄则必须要亮出桅灯，出示暂停信号，以防被夜行船碰撞而损坏。

下网起网

到达渔场的渔船下网时要让位于先到船只，航行船要让位于坐港船。起网时一般要唱拉网号子，这样作业才能步调一致。传统的号子是"一拉金，二拉银，三拉一只聚宝盆，辛苦不负捕鱼人"，充分表达了渔民对丰收的企盼与希望。

海上抢险

当渔船遇险时，就在船头显眼处倒插一把扫帚，然后在桅顶挂起破衣。若是晚上则点起火把，或敲打面盆、铁锅，以引起周围渔船的注意。抢险时，先抛缆救人过船，后带缆拖船。随着海上通信设备的日益现代化，这种古老的习俗也渐渐消失，取而代之的是无线电联系方式。

海水养殖

旧时宁波奉化沿海的海水养殖品种仅限于蛏子、牡蛎和蚶子。养蛏需筑塘蓄水,蛏苗采自沿海滩涂,随采随放,任幼蛏在塘内自由采食,无须人工投饵饲喂。到了采捕的日子,等到潮水退去,即可入塘捡摸,采大留小,可多次采捕,直到采完。

旧时牡蛎均采用抛石法养殖,由于潮水带不走石头,所以养殖牡蛎无须筑塘蓄水。奉化沿海大片养殖奉蚶的历史已长达七百多年,始终采用传统的筑塘蓄水法养殖。

总之,渔业民俗在宁波地区不仅是渔民生产活动的一部分,更是连接人与海洋、传统与现代的纽带。从海上捕捞到海水养殖,从船舶行进到遇险抢险,渔业民俗贯穿于渔民的生活和工作。这些习俗不仅反映了渔民对海洋的深刻认识和丰富经验,也彰显了他们对自然环境的尊重和对生活的智慧总结。通过世代相传的渔业民俗,人们不仅可以感受到古老渔民智慧的积累,也能够领略到海洋文化的博大精深。同时,这些民俗也承载着珍贵的文化遗产,为海洋文化的传承和保护提供了宝贵的资源。因此,渔业民俗不仅是一种文化现象,更是一种珍贵的历史遗产,对于维护海洋生态平衡、促进海洋文化传承具有重要的意义和价值。

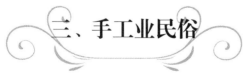

三、手工业民俗

千工床万工轿,金银彩绣来增色

编织业——宁波草席

宁波草席,也称宁席,宁波方言俗称"滑子",一直以来是该地区重要的手工艺品及日常生活必备品。据《浙江通志》载,南宋初年,"建炎三年十二月(公元1130年2月9日),浙东制置史张俊与金人战于明州西门,俊见民闻多织席,遣兵敛取之,以重席复于路,金骑践席上皆足滑而仆,因急击之,斩获甚众。"用草席铺地,使得金兵的马匹奔跑时打滑,宋军得以杀金兵数千人,打了大胜仗。从此草席又称"滑子",声名显赫。

宁波草席历史悠久,早在七千年前的河姆渡时期,就有苇席使用的佐证。1973年,考古学家在鄞县古林下陈村芦家桥遗址,发现了河姆渡第三层文化,距今约5000年。在这里除了出土了新时期时代各类陶器残片、稻壳、木屑、动物骨骸等遗物,最有特色的是发现了先人编织的芦席,它被用作房屋的墙壁以遮风避雨。[①] 这表明当时宁波一带的编织技艺已比较成熟。宁波草席行销四海,据载从唐代开始,就已随海上丝绸之路远销海外。明清时期,宁波设立席行席市,草席业的发展日益兴盛。

至今,在宁波鄞州、余姚一带仍种植着大面积的席草,用以编织草席、草帽、草篮等日用器物,是当地老百姓的重要经济来源。因此,宁波也成为我国重要的草编基地,编织出的草席色泽鲜亮、纹理整齐、经久耐用。黄古林草席编织技艺于2009年被列为浙江省非物质文化遗产。

选材与备料 宁波地处江南沿海,气候环境潮湿,物品容易发霉和虫蛀。因此,宁波草席选择了麻、蔺草等具有良好弹性和吸湿性能的材料。

宁波草席以经纬交叠的方式进行编织,经线用白麻、黄麻等编纺而成。将白麻、黄麻的皮剥下,用木梳梳理成麻丝状,晒干后通过手搓或者打筋车编纺制成经线。草席的纬线使用蔺草的地上茎部分,亦称之为席草。席草在每年12月种下,于次年7月初收割,存放到第二年方可编织。编织前,需要去除席草根部的

① 周时奋:《话说鄞州》,浙江摄影出版社,2010年。

叶鞘和发黄、发病的草。然后将选配好的席草放到河里或水缸中自上而下快速浸润,浸润后的席草过夜后,第二天早上即可编织。

编织工具　宁波草席的编织工具主要包括打筋车、三翻凳、席机、木箅及其他。

打筋车用来编纺草席的经线。三翻凳用以调整坐姿,提升编织的效率和舒适度。席机是编席的核心工具,主要结构包括上梁、下梁、木箅、基座等。木箅是席机的核心部件,由箅体和手柄组成,其长短依据草席的宽度而定。木箅用当地山林中野生的黄檀木制成,该木材坚韧致密,可降低麻筋摩擦箅眼而造成的磨损。

此外,草席的编织还会用到席机刀(割去两侧多余席草)、石锤(敲席机枕用)、炭火炉(烘干草席)等工具。

编织工艺　草席的编织比较复杂,有制备席筋、穿席筋、打席机枕、敷水上油、添草压箅、修边下机、翻晒烘干、排席修整等步骤。草席的经线分为三种:“大固”,即最牢固的筋,由纤维最粗的黄麻搓成;“边绳”由苎麻编纺而成;“白麻筋”则由纤维最细的白麻编纺而成。

添草压箅是编席的最基本动作。一般由男子握箅,女子在席机侧边用“替臂”向中间递送席草。男子拿到席草后,将席草尾部与大固折在一起,使席边紧密固定,称为“喂边”。在5—6次递送喂边后,女子会递送一根“塞绳”,然后男子用力向下压箅,将席草压实。

将翻晒烘干后的草席平放在桌子上,去掉草屑和露出来的多余草尖。用手掌将席草往一个方向使劲推,使其更加紧密结实。最后将草席头尾露出来的麻筋每5根打结扣牢,剪去多余筋线,即为成品。用作嫁妆的草席,头尾还会缠上红纱线,以示喜庆和吉祥。

宁波草席作为宁波地区重要的手工艺品和日常生活必需品,承载着丰富的历史文化内涵。其制作工艺源远流长,历经千年沉淀,凝聚了宁波人民对传统工艺的珍视和传承。选材方面,宁波草席注重使用当地优质的麻和蔺草,经过精心挑选和加工,保证了草席的质地和耐用性。在编织工艺上,宁波草席采用经纬交织的方式,利用打筋车、席机等工具,将麻线和席草编织成美观坚固的草席产品。每一个环节都凝聚了工匠们的心血和智慧,体现了他们对品质的追求和对传统工艺的尊重。同时,草席的制作过程也是一种传统技艺的传承和发展,代代相传,保持着宁波地区独特的文化特色。作为非物质文化遗产,宁波草席的传承和保护具有重要意义,这不仅凝结了中国传统手工艺的精髓,也促进了当地文化的繁荣与发展。因此,它不仅是一种手工艺品,更是一种文化符号,彰显着中国传统工艺的魅力和价值,为宁波地区的历史和文化增添了独特的色彩。

雕刻业——朱金漆木雕

朱金漆木雕是民间手工艺的一朵奇葩,在宁波地区有着悠久的历史和文化底蕴。至今仍能看到许多寺院庙宇及古民宅的木结构建筑和构件上,有精致的朱金漆木雕作品。保存在宁波博物馆的朱金漆木雕"千工床""万工轿",就是宁波朱金漆木雕日用装饰类的杰作,而著名的天一阁内的秦氏支祠和大戏台则是宁波朱金漆木雕的代表作。2006 年 5 月,宁波朱金漆木雕被列入第一批国家级非物质文化遗产名录。

选材和工艺　朱金漆木雕以樟木、椴木、银杏等优质木材为原材料,通过浮雕、圆雕、透雕等技法雕刻成各种人物、动植物等图案花纹,运用贴金饰彩,结合沙金、碾金、碾银、沥粉、描金、开金等工艺手段,撒上云母或蚌壳碎末,再涂上传统的中国大漆制成,图案造型古朴,刀法浑厚,金碧映辉。

朱金漆木雕制作工艺繁复,有取料、构图、打坯、修光、打磨、补灰、糙漆、糊夏布、配漆、碾朱、上朱、行金底、剪金、贴金、扫金、上泥银、拔朱、开相、罩漆共二十几道工序。因其主要特色在于漆而兼重雕,故有"三分雕刻,七分漆匠"说法。

我国的漆器,自古崇尚朱色。朱漆以鲜红明亮为最佳,因以天然的朱砂等矿物质作色料,调和大漆。制造朱漆与季节有密切关系,春夏两季做出的朱漆,鲜艳明亮;秋季所做的颜色深老;冬季不宜做朱漆。宁波朱金漆木雕以朱漆和金色为主色,有喜庆、丰收与祥和之意。

题材和布局　朱金漆木雕的题材非常广泛,从历史典故到民间传说,无所不包。人物大多来源于戏曲京剧人物的姿态和服饰造型,故称之为"京班体"。据传朱金漆木雕高手技法娴熟、工艺精湛,大可雕超过 1 丈的人物、小可造 1 寸的人物。

"京班体"的构图布局均采用立视体,将近景、中景和远景处理在同一画面的平面上,前景不挡后景,充实饱满,井然有序。与传统中国画的"丈山、尺树、寸马、分人"的比例概念恰好相反,即人、马大于房屋建筑。

民俗传统　宁波朱金漆木雕的内容多是喜庆吉事、民间庆典之类,画面充实、丰富多彩,形成了独特的地方风格。在宁波民间流传着一个南宋康王赵构被宁波村姑挽救的故事,他即位后下旨"浙东女子皆封王",宁波姑娘出嫁时都要戴凤冠霞帔,坐大红花轿。于是从南宋开始,宁波姑娘出嫁时坐大红花轿的民俗愈来愈盛,花轿制作也愈来愈考究。而与"万工轿"齐名的"千工床",犹如一座小型宫殿,床前有高高翘起的数层楼阁挂落,雕刻着戏曲人物、奇珍异兽,床的前部还包含了衣帽柜、梳妆台、马桶箱等,真正符合了老宁波人"人生在世,半世在床"的观念与风俗。

朱金漆木雕作为宁波民间手工艺的重要代表,不仅承载了丰富的民俗传统和社会习俗,更是地方文化传承和发展的重要载体。通过传统工艺的传承与创新,朱金漆木雕不仅展示了宁波人民的智慧和创造力,还为地方经济发展和文化繁荣作出了重要贡献,具有重要的社会和经济价值。

刺绣业——金银彩绣

宁波金银彩绣是一种传统刺绣方法,即以金线和银线配以其他各色丝线,其充分运用"盘金""填金""包金"以及"隐花""胖绣"等绣法,在丝绸上绣成带有龙、凤、麒麟、福禄寿等吉祥图案的绣品。金银彩绣古朴雅致、色彩和谐、绣工精湛。2010年,宁波金银彩绣被列入第三批国家级非物质文化遗产名录。

宁波金银彩绣的主要技法以"盘金(银)"和"填金(银)"为主。"盘金(银)",即依白描线条走向,以金(银)线绣上,并以此形成空心图案;"填金(银)",即依白描线条走向,将金(银)线填入空白处,直至将其填满,以此构成实心图案。

今确切可见的金银彩绣实物始于唐代,武则天曾赠送僚属金字、银字绣袍。公元743年,鉴真和尚东渡日本,从宁波阿育王寺带去的金银绣千手佛,至今仍被日本奉作国宝。清代,宁波城内的绣坊日渐昌盛,鸦片战争后国外的刺绣针法"外国绷"传入宁波,绣工把民间传统技法和"外国绷"巧妙结合,形成了独具特色的宁波金银彩绣。至建国前期,宁波的海神庙、咸塘街(今天一广场)已成为行业街道,仅刺绣店铺就有三四十家。

1956年,宁波掀起了手工业改革高潮,各家手工业个体店合并成手工业社,其中就有绣品合作社,这催生了强大的刺绣队伍。20世纪60年代,宁波金银彩绣进入了全盛时期。到了20世纪80年代,随着科技的迅猛发展和人们生活方式的日新月异,特别是电脑绣花技术的崛起,宁波金银彩绣产业逐渐式微。宁波地区的刺绣企业受到了严重影响,纷纷倒闭或转型,宁波传统手工艺金银彩绣由兴盛走向衰落,逐渐淡出人们的视线,甚至面临失传的危机。

然而,在2005年,国务院首次提出了非物质文化遗产保护的重要理念。宁波地区的金银彩绣也在2011年5月被列入国家级非物质文化遗产保护名录,标志着对这一传统工艺的重视和保护。同年12月8日,宁波非物质文化遗产传承人将一幅精美的金银彩绣作品赠送给瑞典诺贝尔奖组委会,引起了国际社会的广泛关注,宁波金银彩绣作为一种非物质文化遗产得到了更为广泛的认知。

尽管面临着现代化的挑战,但宁波金银彩绣的传统精髓仍然被一代代传承人继承和发扬。如今,通过创新设计、文化交流等方式,宁波金银彩绣正逐渐焕发出新的生机与活力,在传统与现代的交融中展现出独特的魅力,为宁波乃至中国的非物质文化遗产增添了绚丽的一笔。

图 4-2 宁波金银彩绣制作(陈素君摄)

盐业——象山晒盐

晒盐工艺是一种较为特别的手工技艺。它以海水作为基本原料,并利用海边滩涂及其咸泥(或人工制作掺杂的灰土),结合日光和风力蒸发,通过淋、泼等手工劳作制成盐卤,再通过火煎或日晒、风能等自然结晶成原盐。

象山地理位置优越,是浙江省三大产盐县之一。象山晒盐历史悠久,唐代已

图 4-3　海盐晒制（史波君摄）

用土法煎盐，宋时已有刮泥淋卤和泼灰制卤法，并用煎熬结晶。清嘉庆开始，从舟山引进板晒法结晶，清末又引进缸坦晒法结晶，是盐业生产工艺上的一大变革。20 世纪 60 年代后平滩晒法试验成功，并用机器逐渐代替手工操作，传统晒盐技艺逐渐退出历史舞台，但其仍具有历史文化价值。2008 年，象山"海盐晒制技艺"被列入第二批国家级非物质文化遗产名录。

宁波手工业民俗代代相传，凝结了丰富的历史底蕴和文化内涵。草席、朱金漆木雕、金银彩绣以及象山晒盐等传统手工业，既是日常生活的必需品，也是宁波地区文化传承的生动体现。首先，这些手工业品在物质层面上满足了人们生活的需要，如草席为民居提供了坚固舒适的床铺，朱金漆木雕装点了庙宇古宅，金银彩绣则为服饰和家居增添了华丽色彩，而象山晒盐则是古代盐业的重要产物，满足了人们的食用需求。其次，这些手工业品蕴含着丰富的文化内涵和民俗传统,如金银彩绣中的龙凤麒麟代表着吉祥祝福,草席中的编织工艺承载着古老的生活智慧,朱金漆木雕中的人物造型反映了历史故事和传说。再者,这些手工业品的传承与发展,不仅为当地经济增添了活力,也促进了民间艺术的繁荣。通过手工艺品的制作,传统技艺得以传承,工匠精神得以弘扬,同时也为地方文化的传播和发展做出了贡献。因此,宁波手工业民俗的影响和价值不仅体现在物质生活和文化传承层面,更体现在社会经济和文化繁荣的全面推动上,为宁波地区的历史和文化增添了独特的魅力与活力。

四、商业民俗

走遍天下,不如宁波江厦

宁波商贸传统是在自然地理环境、社会经济文化等诸多因素和条件综合作用下所形成的。宁波古属越地,商业开埠较早,从河姆渡文化遗址中出土的几件船用木桨表明,早在七千多年前,越人先民即以船为水运工具。越王勾践时期,能制造"大翼""中翼""小翼"等多种船只,在今天的余姚市大隐、江北区慈城镇一带建立"句章城",曾用"戈船三百艘",为当时中国九大港口之一,活跃于江浙鲁、闽粤的海上航线。《鄞县通志·食货志》:"唐代海外贸易渐兴,有市舶使之设,置务于浙,鄞亦隶属。"宋时,明州(今宁波)三江口为国际性海运码头。沿海及各地开赴日本、高丽及东南亚诸国商船,多在明州出洋。明州与广州、泉州并列为南宋外贸三大海港。鸦片战争以后,宁波为最早通商"五口"之一,江厦街一带江面,樯橹林立,船舶云集。宁波独特的地理环境和海洋条件不仅孕育了我国早期的海洋民俗文化,也造就了宁波独特的商业民俗文化。这种商业民俗在宁波商贸活动中得到了淋漓尽致的体现,成为了宁波商贸传统的重要组成部分。

宁波药商

宁波人开展国药贸易古已有之。"以药肆为业，后遂饶富"，北宋时期宁波五马桥冯氏经营国药致富的故事已为史载。可见在 900 年前，宁波商人在经营国药业上已取得不俗业绩。明末清初是宁波帮孕育、形成时期。宁波帮形成的首要标志是北京"鄞县会馆"的设立，而设立鄞县会馆的正是国药商人。

明代至民国期间，宁波帮创设了大批国药号。中国目前现存的老字号药铺中，有不少是宁波人创设传承的宁波帮的国药商帮中又以慈溪商人占主体，慈溪可谓中国国药业的发祥地之一。

清康熙年间，宁波慈溪鸣鹤人叶天霖就在苏、杭、闽、粤等地从事国药贸易而"积银 700 万两"，是江浙一带最有名的大药商。同期的慈城东乡人费志洽在吴楚等地经营药材、木材、租船、杂货店、字号等，获利丰厚。冯德文（冯骥才七代祖）在楚、蜀经营药材，生意兴隆。

清中叶，在宋徽宗为名医藏中立所立迎凤坊（现存迎凤街）的南边，兴起了一条聚集五六十家药行的街道。著名的如寿全斋、香山堂、聚兴、懋昌、源长、慎德堂等；而外地的如北京同仁堂、天津达仁堂、上海童涵春等老字号都常驻此地坐庄办货；经营药类最盛时有 250 多种，辐射全国，所谓"宁波药业十八省"，生意还遍及朝鲜、日本、台湾、港澳等东南亚各地。至清末民初，这条街道改名为"药行街"，在当时是全国重要转运聚散中心，也是药材交易最繁荣的地方。

由此可见，自清代至民国三百年间，宁波药商是国药药材市场贸易的主要参与者之一。宁波帮中的数量众多、规模庞大的国药商人经过百年薪火传承，为国药贸易昌隆、国药质量提升做出了巨大贡献，也让国药业成为宁波帮的发轫产业之一。

宁波钱庄

宁波是中国钱庄业发源地之一,大致萌芽于明朝中后期,随着当时商品经济的发展,货币兑换业发展起来,出现了众多兑换庄、兑换摊贩,许多南北货号、杂货店、土烟店等一些行业,也兼营货币兑换业务。之后,随着商品经济的进一步发展,逐渐演变成经营存、放、汇业务的钱庄。

康熙时宁波人所办的"恒兴、恒和、恒利、恒源"四大联号钱铺为北京银钱市场的翘楚。因为康乾以后南北航运、药业等兴起,进出款项浩大、金融调度增多,宁波钱庄在同治年间达到鼎盛。短短几百米的江厦街一时间集聚起六十多家钱庄,成为全国的金融中心之一。据不完全统计,全城经营资本在六万两银元以上的大同行钱庄有三十六家,小同行钱庄及兑换庄更是不计其数,至今还有牌号记载下来的有四百余家之多。三七市董家、镇海小港李家、西门口秦家、湖西赵家以及十七房郑家,都是钱庄业的大掌柜与把舵人。

这期间宁波人开创了过账制度,以及以日计息、银元本位等金融手段。过账制度,即各行各业的资金收支,从使用现金改为借助钱庄进行汇转,实行统一清算,不用票据,而用簿折。这一制度创新刺激了宁波商业的发展,使得"宁波之码头日见兴旺,宁波之富名甲于一省"。现在江厦街北首,和义路口的钱业会馆还记录着当日"走遍天下,不如宁波江厦"的辉煌。

庆安会馆

庆安会馆(浙东海事民俗博物馆),地处奉化江、余姚江、甬江交汇的三江口东岸,占地面积约一万平方米,建成于清咸丰三年(1853),为甬埠北洋船商捐资创建,既是祭祀天后妈祖的殿堂,又是行业聚会的场所,是宁波大运河及海上丝绸之路的双重遗产点。2014年,中国大运河成功申遗,庆安会馆作为大运河(宁波段)的重要文化遗产,成为宁波首个世界文化遗产点。作为大运河与海上丝绸之路的重要衔接,庆安会馆在宁波河海联运、商帮文化、海事民俗的传承与发展过程中起到了独特的作用。

庆安会馆位于三江口。三江口港区在唐代开始就是明州(今宁波)港主要停靠国内外使舶、商舶的国际码头,时至南宋,得益于紧邻都城临安(今杭州)之便,明州港的海外贸易已非常昌盛。在发挥通海重要功能的同时,三江口也是达江的必经之路。隋唐时期,宁波地区的农田水利与内河水运紧密结合,形成以三江口为中心的放射状的内河水运网,既可灌溉,亦可通航。

在得天独厚的水利交通条件下,自元代起,宁波就已成为当时南方漕粮北运的重要运输港,河海联运是其重要特征。乾嘉之际,宁波地区出现了经营海上航运业的热潮,即宁波南号和北号商帮。至清朝中叶以后,海运代替河运,成为漕粮运输的主要形式,为宁波商业船帮的发展提供了重要机遇。为了更好地团结协作谋求利益,宁波所辖的鄞、镇、慈三邑九户北号船商,捐资修建了"辉煌烜赫,为一邑建筑之冠"的庆安会馆。

庆安会馆由宁波北号商帮捐资创建,目的是联络感情,保持同行团结,共图事业发展。会馆公推行内年长者为号长,另聘请当地负有盛名的缙绅为总办或"公行先生",专职联络官府与各方。同时,馆内设习账、文案、司书、庶务、办事员、勤工、厨司等二十余名工作人员,管理井然有序。正是有了庆安会馆承担起协调内部关系、疏通外部关系的工作,北号商帮的航运业才得以顺畅发展。

庆安会馆作为宁波地区妈祖文化传播的主要载体,名列全国八大天后宫之一。会馆创建者是商业船帮,他们通过水路运输经营贸易,而水运顺畅与否与自然环境密切相关。当时气象预测技术和航海技术有限,人们只能把更多的希望寄托在精神信仰上,因此航海保护神"妈祖"成了会馆成员不可或缺的精神信奉。

据庆安会馆丁老师介绍,会馆每年都在农历三月二十三日妈祖诞辰举办祭祀大典。祭祀时旗帜飘舞,殿内珠灯齐明,祭台上供奉着各商号提供的丰盛祭品。祭祀典礼由地方官员或绅士主持,从祭人员依次参拜。渔民信徒扶老携幼前来祭祀叩拜,以祈求航海平安。还有秧歌、舞狮、戏曲等节目奉于戏台,人神共娱,热闹非凡。

宁波老字号

我们可以从宁波民谣中的老字号、老招牌来感受宁波的商贸特色。

缸鸭狗卖汤团,五老峰卖香肠,楼茂记卖香干,赵大有卖金团,老大有卖高包,董生阳卖橘饼,宝兴斋卖肉包,孟大茂卖香糕,老同源卖咸货,崔兴泰卖鲜活,灵泽庙前卖咸斋,城隍庙卖茴香豆,河利市桥卖大米,张斌桥卖黏头树,天宝成银楼卖金银,冯存仁堂卖药材,大有丰卖百货,源康布店卖洋布,老三进卖鞋帽,老德馨卖香烛。(《缸鸭狗卖汤团》)

宁波南货六大家:大同、大有、董生阳,方怡和升阳泰,还有江东怡泰祥。(《宁波南货六大家》)

从前江东作坊多,能工巧匠本事大。镬厂巷做镬多,做出锁子尺寸大。铁锚巷铁锚多,做出铁锚交关大。打铁弄打铁多,钉耙锄头火钳大。扁担巷脚板多,背米挑担力气大。冰厂跟冰厂多,四人抬扛冰块大。(《从前江东作坊多》)

总之,宁波商业民俗承载着丰富的历史文化内涵,是宁波作为商业重镇的象征和见证者。这些民俗不仅是宁波商人在商贸活动中的表现,更是宁波城市文化的重要组成部分,展现了其在中国商贸史上的独特地位和重要作用。从古至今,宁波商人以其敢为人先、善于经商的特质在商业舞台上熠熠生辉。药商、钱庄、老字号等商业形态在宁波得以蓬勃发展,成为了宁波商业发展史上的亮丽一笔。庆安会馆作为商帮的象征,不仅是祭祀妈祖的殿堂,更是商业联络、团结与文化传承的重要场所,见证了宁波商人的团结合作和商业智慧。宁波商业民俗的传承不仅有助于保护和弘扬宁波商业文化,也为中华民族的商贸传统增添了丰富的内涵和价值。通过传承这些民俗,我们不仅能够感受到宁波商人的勤劳智慧,更能够体会到中华民族商贸传统的博大精深,为地方经济发展和文化传承注入了新的活力与动力。

图 4-4　慈城药商博物馆前的铃医

··· 延伸阅读 ···

著作类:

1. 宁波市地方志编纂委员会编:《宁波市志》,中华书局 1995 年版。
2. 毛海莹:《东海问俗——话说浙江海洋民俗文化》,浙江大学出版社 2018 年版。
3. 赵闻德:《宁波谚语》,宁波出版社 2021 年版。
4. 周时奋:《话说鄞州》,浙江摄影出版社 2010 年版。
5. 张传保,赵家荪修,陈训正等:《鄞县通志》,鄞县通志馆 1935 年版。

期刊类：

1. 黄渭金：《浅析河姆渡遗址的原始农业生产》,《农业考古》1996 年第 3 期。
2. 蔡罕：《宁波农业生产风俗考述——宁波饮食生产风俗研究之一》,《浙江万里学院学报》2003 年第 1 期。
3. 沈法、蔡黎明：《宁波草席手工编织技艺探究》,《装饰》2018 年第 8 期。
4. 龚成：《千年传奇古林草席》,《宁波通讯》2010 年第 7 期。
5. 杨古城：《第一批国家级非物质文化遗产：宁波朱金漆木雕》,《上海工艺美术》2007 年第 2 期。
6. 罗宣：《来自"乡土"的艺术——试论宁波朱金漆木雕艺术》,《镇江高专学报》2008 年第 2 期。
7. 裴秀颖：《宁波朱金木雕地域特征及产业创新研究》,《农业考古》2011 年第 1 期。
8. 陆丽君：《宁波金银彩绣的特色与传承》,《纺织学报》2010 年第 1 期。
9. 王巧玲：《宁波金银彩绣渊源浅谈》,《宁波广播电视大学报》2008 年第 3 期。
10. 孙晓红：《宁波金银彩绣》,《浙江档案》2015 年第 2 期。
11. 丁洁雯：《大运河（宁波段）与海上丝绸之路的重要衔接——论庆安会馆的起源、价值与保护对策》,《宁波大学学报》(人文科学版)2019 年第 29 期。
12. 丁洁雯：《庆安会馆：大运河（宁波段）与海上丝绸之路的文化衔接》,《宁波通讯》2018 年第 10 期。
13. 黄文杰：《从药行街到江厦街》,《宁波通讯》2012 年第 10 期。
14. 徐茂华、王华锋、唐廷猷：《浅论国药业在宁波帮形成和发展中的历史作用》,《中国现代中药》2015 年第 17 期。
15. 王苏英：《近代宁波钱庄业的发展历程及其经营特色》,《浙江万里学院学报》2006 年第 3 期。

第五章　游乐民俗

　　游乐民俗包括民间的游戏与赏乐的各种风俗活动,它包括儿童游戏、民间游艺等方面,涉及儿童与成人的多个生活领域,并以愉悦和满足为基本的功能追求。不论是儿童们的童趣式的游戏,还是成人们追求满足的民间游艺,都是一定时代的社会生活的反映,是人的自然与社会需要的行为外化,也是人世情怀的自然流露与表达。游乐民俗在轻松的游戏活动中,发挥着人的创造与想象,通过动态的方式把个人与社会、人群与自然、现实与想象、游乐与教化、认知与创造等连接起来,具有怡情、益智、健体、探索、教化的引导作用。游乐民俗在促进游乐者和谐、团结、欢愉的同时,还引导他们对自然与社会加以关注,培养宽广的心胸与彼此合作的精神,启迪探索的心智和集体维护的观念。

　　宁波历史悠久,文化底蕴深厚,文化资源丰富,游乐民俗也比较多样。在千百年的历史中,宁波地区形成了各种各样的游乐民俗,给孩子和大人们的生活带去了无尽的欢乐。

一、民间游戏

正月嗑瓜子，二月放鹞子

民间游戏是指流传于民间，以嬉戏、消遣为主的娱乐活动，是一种积极的参与性的娱乐活动。民间游戏是游乐民俗中最常见、最普遍、最有趣味的娱乐活动。它主要流行在少年儿童中间和节日里成人娱乐节目之中。有些游戏项目在发展中逐渐完备，最后形成了竞技项目或杂技艺术。

放鹞子 放风筝是中国最传统的游戏之一，各地通行，宁波也不例外，只是宁波人习惯称其为"放鹞子"。"鹞"是鹰的别称，也叫"鸢"，风筝高飞天空，样子像鹰，故有此喻。在宁波，农历正月、二月是放风筝最好的季节，所以有"正月嗑瓜子，二月放鹞子"的宁波老话流传。余姚是浙东传统风筝的发源地，宁波最古老的"衣裳鹞"传说也来自余姚。在宁波，最有名的是衣裳鹞和肚蜂鹞。[1] 一些宁波诗人纷纷作诗描述之。清代余姚著名诗人陈梓就写过这样的《纸鸢诗》："一线通天任所之，青雪得路日迟迟。何难放手真痴汉，不惜抬头是小儿。暮雨渐浓应早计，春风虽好不长吹。君看劲翩摩霄鹄，尚有燖毛下鼎时。"慈溪《浒山志》的编纂人之一高杲也作诗感叹："是真是赝送飞鸢，偶借春风也到天。只道青云骤得路，谁知肘腋被人牵。"还有象山的三月三、清明、立夏、中秋也是海滩放鸢的热闹日子。鹞子的制作不仅体现了工匠精神，而且还蕴含着中国传统文化。如今，宁波市风筝协会正致力于传承并保护这项古老的技艺，宁波市风筝协会有国家级、省级裁判员和教练员。举办或承办各类风筝比赛、制作、放飞、风筝节等活动上

---

[1] 阿颖：《风筝飘飘入"梦"来》，《文史知识》2014 年第 5 期。

千场,也参加过多场国家级、省级风筝锦标赛等各类赛事。

柯跌与拗手劲 "柯跌"为宁波方言,又称"摔跤"。"摔跤"是一项古老的运动,在各地流传甚广,古称"角抵""角力"等。传说上古时期蚩尤部落和黄帝部落打仗时,头戴有角的器具,以角抵人来求胜利。《古今图书集成》记载:"秦并天下,罢讲武礼,为角抵。"可见秦汉时,角抵已由军事活动发展成表演游戏了。除"柯跌"外,宁波还有许多角力对抗游戏,如"拗手劲""斗鸡""挨市日""拔河"等。"拗手劲"就是扳手腕,两个人手握手,用力将对方的手往下压至手背碰物面为胜。"拗手劲"既可两人比赛,也可以多人打擂,不受时间、地点的限制,过去很受孩子们欢迎。这些游戏不仅具有趣味性,更具有文化意义,还锻炼了人们的身体,增强了人们的团队合作精神和竞争意识,是宁波人生活中不可或缺的一部分。

老鹰柯小鸡 儿童游戏最显著的特点之一就是模仿性,宁波小孩爱玩的"老鹰柯小鸡"就是其中一种。玩这个游戏时,一童扮老鹰,一童扮母鸡,其余诸童都扮小鸡。扮小鸡的孩子们排在扮母鸡者的身后,一人拉住前一人的衣服摆成一条长列,左躲右闪,不让前面的"老鹰"抓住为胜。这个游戏需要相互配合,集体感很强。

摸暗子 "摸暗子"就是摸瞎,玩法十分简单,即由蒙住眼睛的人去摸找其他人,因为看不见而胡乱摸,洋相百出,营造出一种有趣、欢乐的游戏效果。和"摸暗子"类似的游戏还有"寻幽猫","寻幽猫"也叫"幽老鼠老猫","幽"宁波话是"躲起来"的意思,"寻幽猫"就是捉迷藏,各地也流行甚广。这个游戏起源于唐代,初以巾裹目,两人于方丈之地互相捉摸。流传千年后,现玩法已有所不同。游戏时,一个孩子先在固定地方蒙上眼睛,待其他孩子躲藏起来后再去寻找。如果其寻找途中远离那个固定点,让躲藏孩子占领,便为落败,所以也称"抢窠幽猫"。

斗鸡 宁波民间也叫"撞拐子",是脚和脚的对抗。游戏时,双方各用一腿蹦行,另一腿弯折起来,用手扶住,以膝盖为武器顶撞对方,弯腿落地者为败。斗鸡游戏有一定的技巧性与难度,可两人玩,也可多人玩,游戏性很强,活动量大,对锻炼孩子们身体的平衡性和柔韧性大有好处。

挨市日 是一种集体游戏,多在冬天寒冷时举行,参加者背靠一墙,以肩膀相挤扛,均往中间用力,中间人被挤出后,再站一端往中间挤,挤暖和为止。这种热闹拥挤的游戏很像宁波人赶集,故喻名为"挨市日"。在取暖设备简陋的过去,这可是团体短时取暖的高效之法,很多农村孩子课余时间尤其爱玩。

办酒窠 就是模仿未来生活场景的游戏。"办酒窠"是宁波方言,普通话称"过家家"。"办酒窠"时,孩子们一般先要造一个房子,再添置家具,然后确定爸爸妈妈孩子等家庭成员的人选,最后开始模仿大人过日子。男孩种田,女孩烧饭,婴儿哭闹,平时生活中发生的事情大都被孩子们活灵活现地模仿出来,甚至连训人的口吻都模仿得惟妙惟肖。

抬轿子 是模拟宁波婚嫁习俗的游戏。在宁波,有"宁波姑娘尽封王"的故事流传,据说宁波姑娘都可以穿戴凤冠霞帔,乘坐八抬大轿出嫁。孩子可能模仿此种习俗,发展成"抬轿子"游戏。游戏时,两人分别把一手握在另一手的手腕上,另一手又握在对方手腕上,形成四方形的"轿子",请一年龄较小的孩子坐上去扮新娘或其他人,抬轿者边走边"呦呵、呦呵"地"颠轿",引"坐轿者"惊呼不已。

七巧板 也称"七巧图""智慧板",最早称作"燕几图",由唐代燕几演变而来。原为文人中玩的一种室内游戏,后流传到民间,逐渐演变为拼图板玩具,即用正方形薄板或硬板纸分裁为七块,稍加剪裁即成。玩法是将七块板拆开,拼凑成七块图形。七巧板是民间传统的儿童玩具,不少宁波儿童也喜爱玩这种益智游戏。近年来,宁波市科学技术协会、宁波市教育局以及宁波市青少年科技教育协会都举办过与七巧板有关的创意比赛,这项民间的传统游戏在宁波发展得越来越好。

穿线绷 多为女童所玩的益智游戏,实为翻绳游戏。穿线蹦的玩法简单,只要找一段毛线或丝线,两人轮换翻动手指头上的细绳,用挑、穿、勾等方法变出多种花样,最常见的图案有五角星、三角形、田字形等,能者为胜。有的宁波人在玩这个游戏时还要念一段口诀"越穿越好,天气晴朗,越穿越糊,天气烂掉"。① 这一游戏对启发孩子思维,锻炼手指灵活性有益处。

猜枚子 猜谜语俗称"猜枚子",镇海谜语无论在哪个年代都很流行。晚上乘凉、休憩、学生文娱课、元宵灯会和其他主题活动时,都可以拿来娱乐。据考证,魏晋时期谜语已在全国流行。南宋时,宁波人在元宵节时已把谜语贴在各种灯上,即为"灯谜",以吸引人们来猜。如谜语"身坐莱州鼓凳,脚踏宁波浮桥,手捧扬州大船,眼窥苏州面条"和谜语"宁波船,两头尖,当当中央养个活神仙",两个谜底分别为"土法织布"和"人的眼睛"。谜语逼真贴切,把地域性、通俗性、娱乐性、趣味性、知识性融为一体。

屙缸棋 下棋是最为人们熟知的传统斗智游戏,除象棋、围棋、五子棋等棋类,宁波还有独特的"屙缸棋",它是宁波古代放牛孩子玩的游戏,后流行于各阶层孩子。游戏时用木炭或砖块在地上画出棋图,棋图顶端设一屙缸(宁波话,即粪缸),取石子为棋,一人执大棋 1 枚,一人执小棋 16 枚,双方对弈,以将大棋赶进屙缸为败。除"屙缸棋"外,宁波农村还有西瓜棋、牛角棋等。

麻将 宁波人对中国麻将形制的确立和活动的推广做出过卓越的贡献。麻将骨牌形式的形成、新的打法、新的术语及新的牌花的确立,都创自宁波,并从这里影响全国以及日、韩、东南亚和其他诸国。麻将是宁波人陈鱼门根据叶子格及马吊的基本花色和牌九的基本形式新创的一种骨牌博弈方式,麻将是宁波话"麻

---

① 宁波市图书馆官方网站——明州往事 https://mp.weixin.qq.com/s/k4jeRFrSfDCZQbPu4TwYpQ

雀"的读音,而后从宁波传到各地,2001 年 6 月在宁波成立了中国第一家麻将博物馆。目前麻将也是中国人主要的娱乐活动之一,每逢闲暇时节,男女老幼同城战斗皆乐此不疲。2000 年 5 月,日本麻雀博物馆代表团一行访问宁波,在天一阁博物馆与宁波文化界同仁进行交流,探讨麻将牌历史,也确定了宁波是麻将的诞生地。由中国传入日本的麻将其历史可追溯到 1929 年,现在其流行程度已超过围棋。

在骨牌类的博弈中,骰子和牌九是最常见的形式,由于这两个形式易引发赌博,或者说它们主要是在赌博时采用,故遭到正派人士的积极抵制,然而其博弈之法的文化性,以及由其发展起来的"挖花",与雅歌投壶有异曲同工之妙。

作为一项从宁波走向世界的民俗文化活动,如何更好地使麻将远离赌博,成为大众健康的娱乐项目是麻将文化传承中需要考虑的问题。首先,要区分麻将与赌博,因为麻将不等于赌博,如果把麻将定位在赌博上,那只是对麻将这一娱乐项目的简单化处理。其次,我们不能以盈利为目的,要建立一整套竞赛规则,以此来规范这项活动,让人们在健康的竞技麻将中,去寻觅被赌博淹没的智慧魅力。只有这样,麻将的未来才有希望,才能成为大众的娱乐运动,才会走向世界。

挖花　又称"挖花牌",最初是一种骨牌游戏。据说挖花是唐代皇室贵族为了娱乐而创造的。参加者,在出牌时,必须以这张牌为题材,按"挖花调"边挖边唱,道古说今,咏吟助兴。后来这种玩法加入了赌注,成为一种赌博。因为这种赌博气氛比较"文气",所以也俗称为"文赌"。后来挖法传入民间,融合了当地民俗风情,人们常以骨牌为序,逐渐成为可以在各种场合演唱的民歌,如山歌、渔歌和船歌等。至今,当地许多老人都会唱上几段,这种以骨牌为序的小调。在少数地方或场合,偶尔还可以听到这种小调。由此可见,挖花调在当时影响很大。挖花词、挖花调唱来朗朗上口,十分动听,打挖花牌与打麻将牌的根本区别在于,打挖花牌时要吟唱,所以旧时挖花牌深受人们的青睐。"挖花"时哼唱的唱词,可学人家唱,也可按兴趣、爱好、场合需要,现编现唱。唱词内容除了来自古典文学作品和戏曲外,还有类似于今天新闻报道的现实题材。如有的哼唱风流的事,虽然语言粗俗,但在内容等某些方面反映了当时男女间的思想道德观念。常见的挖花牌唱词有:玉皇大帝坐天庭,观音菩萨送子情,如来佛祖施善心,老天时时降甘霖(天牌);楚汉争地气势宏,霸王别姬情义重,刘邦一时夺天下,项羽不肯过江东(地牌);人要认得牢,认错要扛木梢(人牌);等等。

擂铜板 擂铜板是赌铜板的行为,有两种方法。一种是对着墙壁将铜板竖直地抛到墙面,铜板经反弹往回滚动,滚得越远越好,最远者胜并优先站在铜板原位,用铜板对着第二名的铜板打过去,两块铜板碰到,则第二名的铜板就归第一名所有,并继续站在第二名铜板的位置,用铜板向第三名的铜板打去,打到铜板则第三名的铜板也归第一名所有,依次类推。如第一名没有打到第二名的铜板,则第二名有权按第一名的方法,向第三名打铜板,打到铜板则第三名的铜板归第二名所有,规则同上依次类推。另一种方法是用砖块或其他板材做一个三角斜坡,竖直抄起铜板砸向斜坡,使铜板向前滚动,远者为胜。

打角子仗 打角子仗的方法与擂铜板一样,只不过赌的是 5 分、2 分、1 分的人民币角子。而铜板是民国之前的货币,最多是民国和清朝时期的,再往前朝就比较少见。打角子仗与擂铜板都需要平整的场地和滚动的线路,并要有足够的长度。

打红毛人 打红毛人是指用香烟壳纸折叠成正方形的纸块,几个人各持一些纸块抛掷比赛。打红毛人方法也有很多,一是从自己手中向外抛出,比谁飞出去最远,远者胜;二是向墙壁侧向抛出经反弹后比谁飞得远,比远的赌博方法同上述擂铜板一样。三是一人一张红人,一张放地上,另一人用自己手中的红毛人去击打、扇动,使自己这一张插在地上一张的下面或掀翻地上的一张红毛人为胜。胜者赢得到此红毛人。

四至斗壁角 四至斗壁角是四人以上的游戏。以五人为例:四人站在四根立柱等有依靠的据点,一人站中间。有据点的四人不时地引诱中间的流浪者,流浪者以抢到引诱他的人的据点即为胜利,但引诱者没有离开所占据点则流浪都不能去抢。失去据点的人则成为新的流浪者,再去争抢四至据点,算是开启新一轮的游戏。

跳房子 跳房子在全国各地的儿童中间都很流行,宁波也不例外。跳房子游戏是用粉笔在地上画几格表示房子,再准备一个圆形的小石头。两个人以上就可以玩,而且人越多后面越难跳。用"石头剪子布"定出输赢,赢家先跳。

跳房子一般有两个回合,第一回合需要把石头踢进"房子1"里。越过"房子1",单脚跳进"房子2"和"房子3"。两脚分别跳进"房子4"和"房子5"。单脚跳进"房子6"。转身,两脚分别跳进"房子7"和"房子8"里。第二回合则需要把石头踢进"房子2",单脚跳进"房子1",越过"房子2",单脚跳进"房子3",余下步骤同第一回合。凡是丢石头的格子都要越过,后面都是这样。如果有人在踢的过程中石头压线、出格或者石头连穿两格的现象,就算失败一次,下一轮重新从第一格跳起。先完成全套动作者为胜。①

滚铁环 旧时传统儿童游戏,在二十世纪六七十年代盛行于中国。玩家手捏顶头是"U"字形的铁棍或铁丝,推一个直径66厘米左右的黑铁环向前跑。有的还在铁环上套两三个小环,滚动时更响亮。铁环一般是用铁丝做一个圈,然后再做一个长柄的铁钩子,推着这个铁丝圈滚着走。滚铁环的动作有一定的难度,需要一定的技巧。

滚铁环的场地最好在平坦的路面。如果是滚铁环的高手,即使是崎岖的山路或凹凸不平的村巷,亦行走自如。孩子们右手持着长柄,将其搭上铁环,手上的力量通过长柄的钩子传递到铁环上,促使铁环快速地滚动。滚铁环的关键在于掌握好平衡,否则铁环就会"哐啷"一声,跌倒在地。孩子手上的长柄就像方向

---

① 张辰:《趣玩"跳房子"游戏,释放儿童自然天性——以北京市东城区崇文三幼"跳房子"游戏教学为例》,《环境教育》2023年第6期。

盘一样控制着铁环的方向和速度。

单独滚铁环的乐趣犹如独自开车，但一群人来比赛滚铁环，则好比赛车，更加火爆。孩子们设定一个目的地，然后一齐出发，看谁能最快到达终点。场地上，尘土四起，铁环在快速滚动，孩子们大呼小叫，奔走如飞，场面煞是热闹。[①] 孩子们手上的铁环有时还要互相碰撞，若谁的铁环跌倒在地，或停滞不前，则马上被淘汰出局。

竹蜻蜓 是中国民间古老的儿童玩具，其外形呈 T 字形，横的一片像螺旋桨，当中有一个小孔，其中插一根笔直的竹棍子，用两手搓转这一根竹棍子，竹蜻蜓便会旋转飞上天，当升力减弱时才落到地面。在制作和玩耍竹蜻蜓的过程中，可以领略中国古老儿童玩具的趣味和科学技术的奥妙。

从对大自然中蜻蜓飞翔的观察中受到启示，公元前 500 年中国人制成了竹蜻蜓，两千多年来它一直是中国孩子手中的玩具。关于竹蜻蜓最早的记载，在晋朝葛洪所著的《抱朴子》一书中有："或用枣心木为飞车，以牛革结环剑，以引其机。或存念作五蛇六龙三牛、交罡而乘之，上升四十里，名为太清。太清之中，其气甚罡，能胜人也。"[②]其中的"飞车"被一些人认为是关于竹蜻蜓的最早记载。

二、民间竞技

踢碎香风抛玉燕，海滩涂里赛泥马

拔河 这是角力对抗的集体游戏，古称"牵钩"，相传起源于春秋，是中国古

---

① 谢鹭：《探究民间体育游戏滚铁环对大班幼儿身体动作能力的发展》，《中文科技期刊数据库（全文版）教育科学》2022 年第 10 期。
② 李成智：《古代的飞天梦与飞天探索》，《人民论坛》2023 年第 19 期。

代军队中训练兵卒体力的项目,后来成为古人借以祈吉禳灾的手段。起初用竹索拔河,唐时改为大绳。拔河时,敲锣打鼓,呐喊助威,气氛十分热烈,据说这样才能压住邪祟,祈佑丰收。后来拔河的神秘性渐渐削弱,流行于民间后,形式更为简便易行,成为至今盛行不衰的少量传统游戏之一。如今,这项古老的民间竞技游戏在宁波也得到了很好的传承和发展。2018 年,宁波首次承办拔河项目国家级赛事"拔河新星系列赛"。2023 年,宁波本土培养的拔河队——"塔峙大阿哥"拔河队在"力拔山兮"第二届中国拔河运动文化交流大会暨全国拔河精英赛中获得了男女混合 580kg 项目第四名的成绩。①

踢燕子　游戏最早记载于唐代的《续高僧传》,该传记载一个叫慧光的 12 岁和尚,在天街井栏上反踢毽子,竟能连踢 500 下,引路人"异而视之"。到宋代,技巧更高。据宋代文献记载,宋代小儿能边走边踢,而且不光用脚,还能用膝、腹、头等玩花样。明清时期,毽子游戏仍很流行,据传当时踢法有 108 种之多。古代文人称上下飞舞的毽子为"燕子",并有"踢碎香风抛玉燕"的描述。宁波人至今袭用此称。因为毽子制作容易,动作简单,运动量可以自由控制,对调节人的眼、脑、神经系统和四肢的支配能力有着特殊的功能,很受欢迎。

跳绳　也是古老的健身游戏,早在南北朝时就作为"祛病延年"的娱乐项目而盛行。跳绳分短绳、长绳两种。短绳可以单跳或带人跳,长绳须集体多人进行。古人称跳长绳为"跳百索",游戏时场面热闹,可竞技练艺,在寒冷的季节尤受欢迎。跳绳可以锻炼孩子灵敏、速度、耐力及弹跳等能力,对孩子身体素质的全面发展有着良好的作用,所以至今还作为校园体育运动的重要项目。

此外,宁波传统竞技游戏还有"撮子""打煞坯""打弹弓""拷丈尺""搨水片"等。"撮子"是抓子儿游戏,用几个小沙包或石子儿,扔起其一,做规定动作后再

---

① 甬派新闻——"塔峙大阿哥"拔河队再创新辉煌 https://ypstatic.cnnb.com.cn/。

接住。"打煞坯"也为宁波俗语,书面语"打陀螺",游戏时先用鞭子上的绳子缠绕陀螺,然后用力抽绳,陀螺就会直立旋转,以后不断用绳子抽打陀螺,使之转个不停,所以宁波人形象地称其为"打煞坯"。

此外,宁波是一个沿海城市,海洋文化对城市的影响也很大,因此宁波民间竞技还包括那些跟海洋相关的竞技活动。

摇橹比赛   摇橹比赛一般在舢板上进行,可多人同时参赛,比行船速度谁快。参赛者一人一船一橹,船只大小相等,参赛舢板并列于海岸。第一声海螺声响,参赛者下船。第二声海螺声响,开始解缆掌橹。第三声海螺声响,摇橹离岸。比赛取前三名,第一名称为"摇橹状元",第二名称"摇橹榜眼",第三名则是"摇橹探花"。摇橹竞赛主要是臂力和技能的比赛。比赛时,摇橹者身穿背心、短裤,赤脚,挥臂,气氛紧张热烈。这些比赛都是以船为单位进行的,没有固定的时间和地点。有时在出洋时,有时在返航时;也有时在生产中,在去大陆的途中,甚至还有时在相亲、迎亲、送亲的途中等。

拔篷(帆)比赛   又称升帆,一般以两船互比方式进行,要求两船的主帆规格、大小、重量相等,裁判在两船老大中推选。赛时两船相靠,比赛号令发出,人数相等的两组人员同时解索升帆,两帆相争,以最先扬帆者为胜。拔船的种类有三人拔、四人拔、六人拔和七人拔四种,渔民的拔篷比赛都是自发的,平时出海或返航,只要有人发起,就可以进行比赛。

爬桅杆比赛   爬桅杆比赛分为两种方式,一种是在同一船桅上进行,称为同桅比赛;另一种是在同样规格的两个船桅上进行,称为双桅比赛。同桅比赛时,参赛者按抽签先后进行,评判者以点香计时或数数计时,参赛者两手扶桅杆,手脚并用,快速上爬至桅杆顶点者,以时间最短者为胜。双桅比赛时,两个参赛者听号令后同时攀爬,以最早到达桅杆并碰到红球者为胜。爬桅活动一靠体力,尤其是手劲和脚劲;二靠技巧,攀爬时脚心要紧贴桅身,不能打滑,双手抱桅,一鼓作气,攀登而上。

抛缆比赛　抛缆俗称抛缆绳。参赛者手持缆绳由船舷向岸上抛缆,比谁抛得远、抛得准,以抛到岸上或套入缆桩者为胜。现代抛缆比赛也可在陆地上进行,参与者在规定距离向桩柱抛缆绳,每人抛五次,每套进柱体一次得 2 分,以得分多少计名次。抛缆要求动作稳健、目光准确、手法熟练,否则难以取胜。

提压石比赛　压石是渔船上用来降低船的重心,使船平稳,缓冲或减少风浪的冲击力的重物,是用粗旧网把石头装成大小不一的固定体,种类有:大号约 150 斤,二号约 120 斤,三号约 100 斤,四号约 80 斤,五号约 60 斤。渔民根据渔船的大小,确定放置压石的总重量。提压石比赛时,两人或几人提着压石从船的中舱走到船头,再从船头走到中舱为一个来回。相同重量的压石,提着走的路程长者为胜;相同路程,提压石重量重者为胜。渔民在海上捕鱼避风休渔或渔船返航靠岸后的时间里,为了丰富闲暇时间,往往几个人或几条船上的人,聚在一起进行提压石比赛。

拎石锁,举石墩　与提压石比赛类似,渔民在上岸劳作之余,常常拎石锁、举石墩,以此锻炼臂力或举行比赛,获胜者被称为"大力士"。石锁是一块重约 50 斤的石块,下面呈锁形,上面有个圆石孔,可让人抓举。石锁可作大网的网坠或压舱石。而石墩中间为木棒,棒的两端穿入两个圆形的石盘,作为举重的器具。

戈石　这是在浙江沿海渔村流传至今的一个滚石球的游戏,俗称"戈石"。此游戏也与明代抗倭名将戚继光有关。据说,戚继光当年在抗倭时,一次主力军剿倭外出,而倭寇突袭城中。面对强敌,戚将军心生一计,他命令关闭城门,发动全城百姓在城内滚动石球,同时发出惊天动地的呐喊声。这巨响好似千军万马在城内奔驰刺杀,吓得倭寇闻声丧胆,不战而退。至今,浙江沿海一带还流传着这种滚石游戏。

放三眼铳　三眼铳是旧时象山石浦民间的一种火器,由打铁店制造,用三根铁管子组成,上空下实,口径六七厘米,长约十五厘米,由铁箍捆绑在一起,装在长长的木柄上。三眼铳因为声音特别响亮,故常用来制造热闹场景,增添节日的喜庆气氛。当然民间也用它来驱灾避邪祈求好运。石浦使用三眼铳最多的是在"六月六"庙会上。在街道巡游时要用三眼铳开道,以壮声威,制造热烈欢庆的气氛。巡游队伍中有一座座色彩缤纷的抬阁,这些抬阁必须配上三眼铳。三眼铳多用在抬阁的四周,游行队伍的后面一般不安排三眼铳。

赛泥马 此游戏为明代抗倭名将戚继光所创。为了在滩涂中追击逃亡的倭寇,戚继光就创造了一种似马非马的器具,名为"泥马"。后人效而仿之,将此发展成一种体育竞技游戏。泥马是一个长五尺、宽一尺的马型船具,底板平滑,上有一横柄。竞赛时,比赛者双手扶柄,左腿立船尾,右脚向后蹬,泥马就能快速前进。因泥马形似蚱蜢,在泥滩中作跳跃式前进状,故又称"泥艋"。①

图 5-1 赛泥马

---

① 毛海莹:《东海问俗——话说浙江海洋民俗文化》,浙江大学出版社,2018 年。

　　织网比赛　平时渔村妇女们参与比赛的组数或人数非常灵活,可根据聚在一起织网的人数或愿意参加的人数多少而定,可多可少,但必须有两人或两人以上才能比赛。织网比赛分为单人织网比赛和多人织网比赛两种。此外,渔区的竞技活动还有滚冰桶比赛、抛缆绳比赛、溜绳比赛、拔网比赛等等。

　　龙舟竞渡　是为纪念楚大夫屈原而创立的一项民间体育活动,1976年出土于宁波鄞州区云龙镇的羽人竞渡纹铜钺(为国家一级文物),上面清晰刻有远古时期宁波先人乘舟竞渡的图案,这是目前为止关于中国龙舟运动最早的实物例证,证明宁波在两千多年前就有龙舟竞渡活动。后来龙舟竞渡渐渐成为宁波水乡一项民众喜闻乐见的体育竞技活动。龙舟队由23人组成,分工有划船手、锣鼓手、长梢手(舵手)三项。20个划船手分坐左右两排;鼓手在船头擂鼓助威,锣手站于船中间敲锣鼓劲,长梢手在船尾把撑竿主导全局。

　　随着时代的发展,许多传统竞技方式也随之发生了变化,传统民俗活动的次数急剧下降,使得传统竞技的生存空间日趋狭窄,在新一代年轻人中也濒临失传。为改善民间传统竞技逐渐消亡的局面,保护和发展好传统民俗文化,当地政府出台了一系列政策用来发掘和保护传统竞技,并经常性举办大型的传统竞技活动,以此宣传本地的传统文化,使越来越多的人知晓并喜爱民间传统竞技活动。

三、民间杂艺

木偶摔跤套路多,南方高跷花样新

　　杂艺是流传于民间以杂耍性表演为主的娱乐活动。杂艺表演活动,通常活跃在人口集中的市区、乡镇,适应了社会中、下层民众的欣赏口味,是他们的一种便利的消闲方式。

木偶摔跤　木偶摔跤就是用竹木扎成一对真人大小的连体木偶人,给其穿上长袍服饰,一个民间艺人在场侧锣鼓的伴奏下,钻入其中操作并做出摔跤动作的表演形式。

图 5-2　余姚木偶摔跤

木偶摔跤是流传于余姚泗门一带的民间民俗舞蹈,在当地也俗称为"掼木头人"。在 19 世纪下半叶传入余姚,距今已经有一百多年的历史了。如今在姚北一带的民俗节庆和庙会等大型群众文化活动中,一直是群众喜闻乐见的民间艺术经典节目。2009 年 6 月,列入第三批浙江省非物质文化遗产名录。

木偶摔跤是由一个艺人单独操作表演。演员两臂和腿都穿好裤子,上身前俯,双手穿鞋代脚,扮成两假人下肢,背负两个相互缠肩搭臂、对峙摔跤的假人上身。木偶身着服装大都沿袭清朝的服饰和人物形象,戴西瓜帽、梳长辫、穿对襟黑布衫,布衫将表演者遮住,造型逼真而夸张。"为适应现代人的审美观,对木偶的形象作了一些改进,传统的木偶都沿袭清朝的服装及人物形象,现在出场表演的木偶是传统与现代的结合,服饰有了变化,人物形象更加憨态可掬。"①木偶摔跤后场伴奏则采用当地的"急急风"等民间曲牌,伴奏器具则采用锣、鼓、钹和小锣等。

木偶摔跤的动作集惊险激烈和幽默诙谐于一体,基本套路有"两虎对峙""苍鹰擒雏""仙鹤甩嘴""凤凰晒衣""前进后退""左翻右滚""独立金鸡""饿狼扑羊""背水恶战""出奇制胜""擂地十八滚"等。笔者几次亲临现场观看表演时,艺人俯伏在联体木偶的衣罩下,全凭心灵感觉和身体的触觉在暗中操作,所以需要深厚的艺术功底和技巧。整个场面自始至终只有木偶人有扭打、撕摔、翻滚、进退,而看不到艺人的动作。直到演出结束,表演艺人掀开罩布谢幕时,人们才恍然大悟。

高跷　高跷是民间舞蹈的一种形式,是宁波市鄞州区瞻岐镇张东周村民间艺人演出的一个传统节目。张东周村的高跷由原东坑村村民周祖安在 20 世纪 30 年代(约 1938—1942 年)当兵时,在异地他乡学会后传入本地的。先后在当地庙会、文艺会演和各种庆贺活动中亮相,受到群众的瞩目和好评。目前瞻岐高跷已被列入宁波市第二批非物质文化遗产保护目录。

所谓高跷,就是表演者站在木制的两根跷棍上,用棉布将双脚与跷棍紧紧绑住后,边行走边表演各种动作。表演者可扮作各类戏剧人物作简单的剧情表演,也可装成小丑等角色作滑稽表演。艺高者甚至可以做出翻身、转体、抛接等等各种高难度的花色舞蹈踩踏动作,既惊险又极具观赏性。鄞州瞻岐高跷的特点,一是高——其跷棍最高可达 2 米,连人可高达 3.5 米以上;二是舞蹈动作变换花色多——可以踩踏和表演多种花样动作,表演者人数可多可少,可集体表演,也可单人表演;三是服饰精美,形象生动,可随需要扮演各种人物形象(但多以表演古代人物与戏曲人物为主);四是能伴随着吹打乐或弦乐的演奏节拍进行表演。因

---

① 帕蒂古丽:《余姚泗门镇　不让草根断根》,《宁波通讯》2011 年第 6 期。

为其高,所以在一些大型群众文艺活动中,它就会"鹤立鸡群",最先为被观者所看到而受瞩目,曾多次受邀参加宁波市级表演。

杂耍"舞火篮" 起源于明代中叶,清代流入宁波地区农村。原意是在行庙会时为行会队伍开道驱鬼,并吸引观众。当地人称"火球"舞,官名"水火流星"。道具为铁丝扎成的球形空篮,两两成对,用绳子串于两端。舞动前将炭火或酒精棉花放于篮内,点上火使其熊熊燃烧,舞者手执麻绳中段并不停甩动,使两火球上下左右转动,从而在舞者身边形成一道道火一般的弧线,蔚为壮观。舞火篮的基本动作是单手或双手作"S"形挥动,边舞边走。如果表演,则有"满天星""打落地梅花"和"双人对串"等。

内家拳 是宁波本地的优秀拳种,创于何时已无从稽考,其名始见于明末清初浙东学派的著名学问大家黄宗羲在宁波白云庄所著的《王征南墓志铭》中,因"以静制动,犯者应手即仆",而成为有别于少林"外家"的独立武术流派。黄宗羲之子黄百家系王征南先生的内家拳传人,所著《王征南先生传》中说:"(内家拳)得其一二者,已足胜少林",可见其含量之重。

梅山水浒名拳 从历史来看,梅山"水浒名拳"之所以带"水浒"二字,是因为根据传说,梅山的这套武术是传自当年的水浒名将之后。该拳主要套路有宋江拷、边成、闹天堂、南宋拳、乌枫棍等,经过数百年的演变,既具有明显的北方武术特征,又吸收了南方及其本地区武术文化的特点,成为南北武术的融合体。同时特殊的海岛地理位置和人文环境造就了其较强的攻防技击性。

慈北金拷拳 观海卫自建卫以来就有"文有建话卫酒,武有金拷左手"之传。金拷就是金锁拳和拷子拳的合称,慈北金拷拳约有六百年的传承历史。相传,这套技艺始于明代戚继光军营,起源于山东,传承在慈溪北部观海卫。金拷拳的主旨是"七防三攻",招式上讲究"先格后攻",有三十六招普招。近年来,当地学校将慈北金拷拳等编排成武术操,在学生中推广,使传统武术焕发新活力。

宁波民俗作为宁波人的文化创造和乡土记忆,是弥足珍贵的精神财富和特色鲜明的文化资源。它既表现历史传承,又体现出因时迁化,并始终彰显着无尽的情趣与魅力。宁波地区民俗内容丰富多彩,游乐民俗作为其中重要的一部分彰显着其独特的价值与魅力,并且因其独特的特点成为教学重要的资源。

··· 延伸阅读 ···

著作类:

1. 钟敬文:《民俗学概论》,上海文艺出版社 1998 年版。
2. 乌丙安:《中国民俗学》,辽宁大学出版社 1988 年版。
3. 陶思炎:《南京民俗》,南京出版社 2016 年版。
4. 石应平:《中外民俗概论》,四川大学出版社 2002 年版。
5. 毛海莹:《东海问俗——话说浙江海洋民俗文化》,浙江大学出版社 2018 年版。
6. 宁波市文化广电新闻出版局编:《甬上风华:宁波市非物质文化遗产大观》,宁波出版社 2012 年版。

期刊类:

1. 阿颖:《风筝飘飘入"梦"来》,《文史知识》2014 年第 5 期。
2. 李成智:《古代的飞天梦与飞天探索》,《人民论坛》2023 年第 19 期。
3. 李忠娟:《对外汉语教学中民俗文化应用的思考》,《学周刊》2020 年第 3 期。
4. 谢鹭:《探究民间体育游戏滚铁环对大班幼儿身体动作能力的发展》,《中文科技期刊数据库(全文版)教育科学》2022 年第 10 期。
5. 于智:《论民俗文化于对外汉语教学的重要性》,《才智》2019 年第 23 期。
6. 张辰:《趣玩"跳房子"游戏,释放儿童自然天性——以北京市东城区崇文三幼"跳房子"游戏教学为例》,《环境教育》2023 年第 6 期。
7. 周海雄、王雁玲:《麻将的起源与演变》,《宁波大学学报(人文科学版)》2002 年第 4 期。

其他资料:

1. 宁波非物质文化遗产网 https://www.ihningbo.cn/。
2. 宁波市图书馆官方网站——明州往事 https://mp.weixin.qq.com/s/k4jeRFrSfDCZQbPu4TwYpQ。
3. 体育非物质文化遗产官网——渔民传统竞技 https://fy.szu.edu.cn/fyxm/xmlb/zhl/ymctjj.htm。
4. 鄞州教育:全国智力七巧板总决赛 https://mp.weixin.qq.com/s/LFtsPMnpSHs12XiwuMoDA。
5. 甬派新闻——"塔峙大阿哥"拔河队再创新辉煌 https://ypstatic.cnnb.com.cn/yppage-share/news/share/news_detail?newsId=6582f050e4b08fa7ef6e9bfe&modeType=0。

第六章　语言民俗

　　语言与文化有着相辅相成、不可分割的关系。地方方言与地方民俗文化之间也有着千丝万缕的关系。口头语言是口承地方民俗文化的主要载体和传播媒介,一些民俗文化现象直接反映在言语形式上。长期以来,语言与民俗相互作用,产生了广泛而深刻的联系,形成了民俗语言文化。

　　社会学家李安宅构建了"语言、事物、思想"三者关系的"意义学",将语言民俗作为一种反映民众心理与民众文化的现象。[①] 宁波方言作为宁波地区的通行口头语言,积淀着当地的历史文化和地域性格,蕴含着当地人的处事经验和人格理想。因此,宁波方言就像是一个窗口,透过它,我们能进一步窥见宁波人与宁波城的真实面貌。

　　宁波方言和上海话,苏南方言和其他浙北方言同属于吴语区的太湖片区,自古以来就被认为是吴语的核心区域。宁波方言作为吴方言的次方言,文献多以吴语或越语来概括,因此我们可以通过吴方言的历史发展,大致可以概括出宁波

---

① 李安宅:《巫术与语言》,商务印书馆,1936 年。

方言的发展进程——萌芽于先秦,发展于六朝,定型于唐宋,成熟于元明。作为吴语的一个分支,宁波方言在漫长的历史进程中不断发展变化,逐渐演变为一种颇具特色的方言。据历史记载,浙江地区从秦代开始的政区沿革就十分稳定,省内的方言一致性很高。宁波话尤其如此,现有的几个县(区)基本是从秦代三个县析置而来,所以方言的沿革比较稳定,市内的方言一致性很高,成为宁波人用来交际和交流思想的主要工具。

一、语音习俗

石骨铁硬宁波话,幽默智慧明事理

人们常用"吴侬软语"来形容吴地人说话时的软糯婉转之感,但宁波方言是个例外。宁波方言尾音常常是去声,显得有力,"石骨铁硬"是宁波话的最大特色。因此,也产生了这样一个诙谐的说法:"宁可与苏州人吵架,不可与宁波人讲话。"

古朴明快、石骨铁硬,是宁波方言最为明显的语音特点。首先,应当归因于宁波方言中保留了大量的入声字,包括阴入和阳入。入声字短促有力、干净利索,如音粒跳动,有弹拨乐器的明快感。其次,因为宁波人喜欢并擅长"绘声",而"绘声"是离不开"拟音"的,比如:雪子"勒勒"响,眼睛"骨咯咯"一转,"贴贴贴"打屁股,"骨骨骨"打蛋汤……要注意的是,这些拟音词大多都是入声字,或采用了入声化的短读法,这强化了宁波方言"石骨铁硬"的感觉。第三,因为形容词的叠音强调,使语气更为铿锵、坚定,比如:血血红,漆漆黑,笔笔直,长猛猛,酸汪汪,糊突突……从中我们可以看到,宁波方言的硬度已经突破了声调范畴,而拓展到用叠音来增强语气。

方言为体、洋音为用,是宁波方言词汇的另一大特点。宁波是中国鸦片战争以后最早对外开埠的五个港口城市之一,在此之前,宁波一直作为中国的主要国际贸易港,成为中外文化包括语言文化交融碰撞的前沿地区。外来词融入方言的最大来源,是对"舶来品"洋名的直接音译,比如:

讲白佗:买办,也指空口白话拿好处的人。英语 comprador 的音译。

水磨汀:水泥地,又称"水门汀"。英语 cement 的音译。

屙尔曼:糊涂老头。英语 old man 的音译。

凡华林:小提琴。英语 violin 的音译。

马达卡:摩托车。英语 motor car 的音译。

当外国工业品大量倾销到中国市场的时候,物品的名称不可能全用音译,这就自然地出现了"洋缀类比命名法",即以某洋物品类比到某种中国物品,并在前缀加一个"洋"。比如:

洋房:西式房子,非中国式传统建筑。

洋囡囡:布娃娃,洋娃娃。

洋芋艿:马铃薯,又称"红毛芋艿"。

洋蜡:石蜡。

洋车:黄包车。

老一代宁波人还掌握了一种已经方言化了的但未被融入方言系统的"洋泾浜英语"。说起"洋泾浜英语",就不得不提到一个人,他的名字叫穆炳元,本是宁波镇海的闲民,鸦片战争时期被英军招募到兵舰上做杂工,粗通了一些洋话,战后流落到上海滩,在当地开办了一个英语速成训练班。他把常用的英语单词编成了宁波话顺口溜:

来叫康姆(come)去叫谷(go),

一元洋钱混淘萝(one dollar),

廿四铜板吞的福(twenty four)，

是叫也司(yes)勿叫拿(no)，

如此如此沙咸鱼沙(so and so)，

……

取象联比、鲜活灵动，是宁波方言较为突出的词汇特点。宁波平原少见树木、多见人头，因此宁波人更关注人，尤其关注与自己可能发生利害关系的朝夕相处的芸芸众生。久而久之，宁波人便琢磨出一种有趣的方法来描绘人物形象，即"取象联比"，这种"绘人"的方法可以透过形象联想其内在的秉性与品格。比如：

死藤饭瓜：平时不善言辞、遇事态度暧昧，但冷不防会有惊人的语言表达或行为。

翻白泥螺：装糊涂，无所谓，不知常情羞耻。引申为故意顶牛，自暴自弃。

褪脚毛蟹：没能耐、落伍的人，引申为折腾不出火花。

灶跟无赖：只敢在家里发威作态的人。

闷洞老虎：平时不吭声，出手凶狠。

类似关于人的品相的词汇，在宁波方言中俯拾皆是，都具有强烈的形象感。还有一类词汇是评价某一具体行为所表现出来的处世品格，这种评价完全是世俗的、纯道德的。比如：

恶嘴眼相：凶神恶煞。

狂性夹脚：说话浮夸，做事鲁莽。

丫头脚轻：轻浮，不稳重。

野术武道：不正经的行为。

虚头把戏：言行不实在，无诚意。

值得注意的是，无论是描述品相的词，还是批判人的词，大多是四音节的，而四音节词汇的魅力就在于它的节律感和音乐性。人们喜欢并创造着这种既有形象又有韵律的词汇,是为了让语言幽默生动、朗朗上口。或者说,它提供了一种意象,让人取向联比,心领神会,因而这种语言在骨子里透着轻松和幽默。幽默是一种举重若轻的智慧,由于幽默,宁波人甚至可以当面描述他人的品相、评论他人的品行,但不会因此起口角纷争。并且这些词汇绝大多数是贬义的,这反而说明宁波人对于他人的短处和被他人揭短都抱以宽容的态度,对于不齿的人事,不是嫉恶如仇地去批判指责,而是用幽默的形容和善意的嘲笑,激人去自省自责。宁波方言的语音和词汇特点让我们从中看到了自信、洒脱、直率、幽默、开放、包容的宁波人形象。

二、吉祥俗语

生意兴隆通四海,财源茂盛达三江

口彩即吉祥话、吉利话,是对民间言语交际中吉祥话语的统称。口彩主要用于逢年过节、婚丧嫁娶等传统的隆重场合和其他一些特别讲究、庄重的场合。创造和使用口彩的目的是图吉利、讨彩头,表达对未来美好生活的祈望以及对他人的美好祝愿。在热闹喜庆的场合,口彩还能大大增添喜庆的气氛,加强人们愉悦、欢快的心情。当人们遇到不雅、不幸的事或凶兆时,往往用禳解性的口彩,以便逢凶化吉,给自己心理上安慰。讨口彩作为我国传统民俗活动的重要内容,它以语言表达的形式映射了中国人趋吉避凶的语言心理。

宁波人亦有这样的讲究。比如过年时失手打碎碗碟,宁波人会赶紧说"岁岁平安"。路遇棺材,宁波人会马上说"有官有才",以求吉祥。此外,还可以用张贴字画的方式求吉。比如每逢春节,宁波的船主惯用大红纸张贴桅杆,前桅写"开路先锋",中桅写"八面威风",后桅写"一路顺风"等吉语。

宁波的吉祥俗语在婚姻嫁娶中体现得尤为明显。婚礼仪式当天晚上就寝前,新娘要给新郎脱袄裤(音同宁波话"懊苦"),边脱边说"脱懊苦",寓意除去烦恼,表现出对婚后美好生活的展望。此外,还有独特的"婚闹"风俗,也称为"贺郎"。在新房里设案摆盏,新婚夫妇坐在案席的上首,其余宾客围坐四周。整个贺郎过程以一唱众和的形式进行,唱词多由领唱者根据房内的摆设、桌上的喜果、盆中的菜肴、新人的穿戴等即兴编词,随编随唱,并要新郎新娘同时做出动作上的反应。领唱人唱到"红烧黄鱼"时,贺郎人就用筷子夹起桌上的黄鱼,新郎新娘要对嘴尝鲜;唱到"花生"时,要新婚夫妇互剥花生送进对方的嘴里;唱到"枣子",要新婚夫妇俩共食一颗枣子;唱到"荔枝",要新娘剥去荔枝壳,把荔肉用嘴叼着让新郎来亲嘴。编唱的词意大多与家庭美满、夫妻恩爱、子嗣繁衍等有关,而且多为吉利之词。

当宁波人遇到不吉利的事情往往避忌而且讳言,宁波深受海洋文化的熏陶,并且自古以来就是一个商贸活动相当活跃的地区,也是"丝绸之路"的重要港口,因此一些典型的避忌讳言说法在商人、渔民群体中尤为常见,他们通过避忌讳言以达到"生意兴隆、财路顺畅、出入平安"等心理慰藉。根据忌讳产生的心理原因和忌讳的内容,一般将忌讳语分为对畏惧事物的忌讳、对敬重事物的忌讳和对嫌恶或不体面事物的忌讳三种。

对畏惧事物的忌讳。如药店、棺材店的经营者送客时,忌讳说"再来坐""欢迎再来"之类的话;祀神时,猪舌(与"蚀"谐音)称"赚头";船上说话忌讳带"倒""翻"等词,所以剩饭剩菜弃海不说"倒菜",改说"过鲜";船员之间平时相互见面打招呼,要说"顺风"或"满载";船与船之间在海上一般不借东西,如若一定要借,则先以柴送给对方,俗称"拨红头";渔民忌说"做乱梦"而改称"聊天",因为"做梦"一词在宁波方言中被叫作"做乱梦",因"乱梦"与"乱网"谐音,网乱就捕不到鱼;船靠岸时不得高喊"来了""到了"之类的话,怕把野鬼引上岸。

对敬重事物的忌讳。比如宁波人一般不吃鲤鱼,因为鲤鱼在宁波人心中是"利市""连年有余""吉庆有余"的象征,所以鲤鱼也被宁波人称为"元宝鱼",祀财神时必不可缺,还要用红纸将鲤鱼的眼睛蒙住,祭祀完毕便将其放生,以讨"生意兴隆通四海,财源茂盛达三江"的彩头。再如船开饭时,船老大先要拣几粒饭撒向海中,以敬鬼神,然后才能进膳,这叫"结缘"。

对嫌恶或不体面事物的忌讳。如渔民称海上浮尸为"元宝",称捞浮尸为"捞元宝",捞起"元宝"后将其包裹好,运回陆地收敛埋葬;旧时宁波人视乌鸦为不祥之物,俗话说:"乌鸦当头叫,祸水免勿掉。"得赶紧吐一口唾沫,并念念有词:"乌老鸦,白头颈。叫两声,不要紧。"

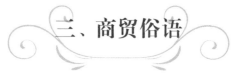

三、商贸俗语

外行生意勿可做,内行生意勿可错

宁波是我国对外贸易的主要港口,外贸事业颇为兴旺。《鄞县通志》记载:"甬人具有冒险性,都习海善航,以是与西人触较早。"而这也让宁波人受西方资本主义经营思想影响亦早亦深。有一句俗语叫"无绍勿成衙,无宁勿成市",意思是没有绍兴师爷,就不像衙门,而没有宁波人,就成不了市面,这也反映了宁波人很会做生意,崇商风气很浓。宁波方言中还有句"天下之主,不如买主"的俗语,反映了宁波人在经商中将顾客视为"衣食父母",体现出"尊重买主、顾客至上"的经商理念。

深受浙东儒家文化影响的宁波人强调"诚信礼义",做生意"仁"字当头,讲究积德行善。宁波人的经商之道也体现在俗语中,"脚踏路中央,不怕论短长""积德百年,丧德一日",这些俗语告诫商人做人要正直,行为要端正。"人靠良心树靠根,走路纯靠脚后跟""天地良心,到处通行",这些俗语说明人要立身创业必须讲究良知的道理。"勿是侬格财,勿落侬格袋"警示人们要靠自己的本事赚钱,不走歪门邪道,不发不义之财。宁波籍商人"理财乃义也"的务实观念,信奉谋利而不忘义,这可以从包玉刚、邵逸夫等一大批宁波帮商人发家致富后对家乡宁波的教育事业无私捐助得到印证。

在大量的商贸活动中,宁波人创造和积淀了许多适应商贸活动的专用术语,这些商贸术语也常会用在商品交易外的日常社会生活中。例如,商品的品相在商贸交易中被称为"卖相",如果一个人相貌长得漂亮,人们就会说他(她)"卖相好";为人忠厚老实,办事认真有本事,就称作"有实货";为人油腔滑调,不着边际,就会被看作"虚货";长辈对小孩的疼爱,在宁波方言中不叫疼爱,也不说喜欢,而是叫作"值钿",意思就是值钱;在对小孩的评价上,如果一个小孩乖巧听话,大人就会说这个小孩是来"还债"的,反之就会被称为"讨债",甚至会被骂成"讨债鬼";有些人经常会帮忙做事,或是声讨不公之事,而这些事都与他本人并不相关,人们就会说他爱"管闲账";如果某件事与你相关,而且你作为当事人应该参与其中的,这就叫"门门账"。可见,这些跟商品、钱财有关的词语被宁波人巧妙地运用在了日常生活中,既有浓厚的商业气息,也体现了宁波人幽默风趣的一面。

另外,宁波也有一些跟商业相关的反面词语,如"黄牛""牙行""掮客"等。古时从事耕牛生意的商人在姓之后被冠以"黄牛"来称呼,如张黄牛、刘黄牛等,本无贬义,后来其中一些人任意提高或压低黄牛品级、价格来欺骗敲诈农民,赚取不义之财,人们在气愤之余就将从事地下黑市投机贩卖、哄抬价格的商人称为"黄牛",从而沿用至今。凭口舌说合生意的商贾没有货源,不用资本,只靠嘴巴游说来促成双方交易,而牙齿是嘴巴的主要组成部分,所以就代表性地称他们为

"牙行",后来有些商人在说合双方生意中常以谎报和欺骗的手段来损害买或卖方的利益,就像牙齿那样要咬人,"牙行"就变成贬义词而沿袭下来了。类似的还有"掮客",原意是指肩挑买卖商品的客商,后来演变成对利用买卖双方的商品货源,做两头生意赚取利润奸商的统称。这几个反面商贸词语蕴含着宁波商业文化的本质和底蕴,也能让我们领悟到一些人生哲理,告诫我们做人经商都要老实规矩、买卖公平、赚钱有道,否则就会落下一个坏名声。

宁波人也十分重视经营之道。如"外行生意勿可做,内行生意勿可错"是说作为行业内的人,不能错过好的生意机会,而不懂行的人则不能轻易涉足自己不熟悉的领域,展现了"术业有专攻"认真负责的经商精神;"种田人靠屙,生意人靠货"表明做买卖要靠商品的质量,把产品做好是商人行走江湖的根本;"好货勿贱,贱货勿好""勿怕勿识货,只怕货比货",这两句说明好货不会贱卖,贱卖的没有好货。"种田人讲节气,生意人讲和气""和气生财,造孽招灾"体现了宁波商人与人为善、注重和谐的经营理念;"嘴巴皮卖铜钱"指经商要主动开口迎合顾客、经商之人要主动寻找商家,体现了宁波商人的勤劳机智;"天下三主,顶大买主"体现了"顾客至上"的理念;"宁可做蚀,勿可做绝"是说做生意要有长远的眼光,面对人与人之间的摩擦,要得饶人处且饶人;"勿怕蚀,只怕歇"告诫商人暂时的吃亏不要紧,经商要大气;"开了饭店勿怕大肚皮"告诫商人要勇于承担责任;"赊一千勿如现八百"比喻再多再好的诺言,不如一个扎实有效的兑现;"有钱勿买疙瘩产"是说钱要投资在有价值的地方;"田要买做畈,屋要买四散"意思是根基要牢固,产业要分散,不能将鸡蛋全部放进一个篮子里,这样才能提高抗风险的能力;"买屋买走路,买田买水路"告诉商人遇到困难要具体分析、对症下药。以上老话反映了宁波人经营理念,无不展现宁波人的智慧和经商的天赋,这些经营理念历久弥新,至今仍有借鉴作用。

四、生活俗语

娘舅大石头，闲话独句头

宁波人在创造物质文明的同时，也形成了一些良好的传统观念。这些传统观念的内容非常广泛，包括个人、家庭、社会、品行、道德、情操、生产、生活、经营等方面。这些传统观念凝结在宁波老话里，口口相传，代代相承，是一笔宝贵的精神财富，至今仍有深刻而积极的教育意义。

重个人修养。"学好三年，学坏三天""三岁看到老，从小要学好""捉漏趁天晴，读书趁年轻"这几句俗语表示人从小就要注重个人品格的修养，小时候的教化是性格形成的关键；"人都是笨人来"意思是后天的塑造很重要；"人穷志气高，勿好也会好""勿怕人家看勿起，只怕自家勿争气"教导我们不要被现有的环境或条件给打倒，只要意志坚定，积极努力就能改变现状；"上半夜忖忖人家，下半夜忖忖自家"是说做人要将心比心、宽以待人；"讲侬长勿要笑，讲侬矮勿要跳"表明做人要低调、谦虚；"过头饭好吃，过头话难讲"意思是人吃饱了还要再塞，过头饭也并不好吃了，然而讲过头话更糟糕，过分或自满的话不能说，说话做事要谨言慎行。以上老话分别从学习、志气、德行、谦虚等方面强调个人修养的重要性。

重家庭和睦。"千里烧香，勿如孝顺爹娘""打死打活亲兄弟，煮粥煮饭加把米""三兄四弟一条心，门前泥土变黄金"这几句话展现了亲情的坚韧；"家勿和被人欺，邻勿和被贼欺"体现了家庭团结的重要性；"丈母娘看女婿，越看越中意"表明即使女婿是外来人，但加入家庭就成了亲人，彰显家庭和睦之风；还有"娘舅大石头，闲话独句头""小来外婆家，大来丈母家，老来姐妹家"等。以上老话从父母、儿女、兄弟、媳妇、女婿、亲戚等角度道出了亲情的可贵之处。其中夫妻是家庭的核心，"夫妻和，万事妥"，所以世传谚语特别强调夫妻恩爱，比如"少年夫妻甜如蜜，老年夫妻恩如漆""老婆抬勿着，一世苦勿出""夫妻恩爱，讨饭应该，一个挈篮，一个绷袋""若要夫妻同到老，梁山伯庙到一到""日里打相打，夜里摸脚梗""上半夜造，下半夜好"等，这些俗语都体现了对夫妻和睦的美好祈愿，以及夫妻和睦对整个家庭发展的重要性。

重勤俭持家。"三早抵一工，月亮当灯笼""锄头口里出黄金""夫勤呒没荒地，妇勤呒没破衣"告诉我们只要勤劳，就能创造美好生活；"懒牛尿屙多，懒人明朝多""男怕懒，女怕谏（唠叨，爱指责）""偷力勿旺，馋痨勿壮""早眠晏爬起，败光爹娘老家计"这几句说明懒惰可耻，并且懒惰会导致不好的局面。上面这些俗语体现了宁波人尚"勤"戒"懒"的生活理念。但"只有勤呒没俭，好比有针呒没线"，持家除了"勤力"（勤快），还要"做家"（节约），所以谚语又有如下说法，"会赚勿如会积""添一斗，勿如省一口""一日省把米，三年添床被""一日积一钱，三年聚一千""后山黄泥要吃空""麻雀要园三日粮""少年勿做家，老来当狗爬"等等，都告诫我们"节俭累积"的重要意义。现如今中国社会发展迅速，发展势头良好，人民不仅过上了自给自足的物质生活，更是要追求精神生活的富足。市场经济鼓励和刺激消费，但即便如此，勤劳、节俭永远是我们民族值得一代又一代传承下去的优良传统美德。

重实践经验。"种田好夗学，株株差一拓""三百六十行，种田第一行""生意财主年管年，衙门财主一蓬烟"这几句体现了农事的重要地位和实践经验的重要性；"人勿欺地皮，地勿欺肚皮""宁可找大脚嫂，不可种大脚稻""种在田里，收在天里""一年土地勿脱空，拔出萝卜就种葱"这几句将宁波农民丰富的农事经验展现得淋漓尽致；"会捕捕一万，勿会捕捕一篮""老大勿识潮，伙计有得摇""木匠好夗学，榫头敲准足""漆匠好夗学，只要漆勒薄""剃头好夗学，只要一刀落""裁缝靠熨斗,鞋匠靠楦头""打铁呒样,边打边像""三年药店半郎中""有手艺吃手艺,无手艺吃淖泥""家有千金,勿如薄艺在身"等,展现出各行各业实践经验的结晶。

重为人处世。"宁可给乖人背包袱,勿可给笨人出主意""跟黄狗吃屙,跟老虎吃肉""跟随好人学好,跟随老虎学咬"这几句俗语是说要善于交友,注意交往的分寸;"老长来走走,勿用挈包头"是看到亲友拎着礼物来拜访的客套话,既体现了宁波人的热情,也表达了礼貌;"人情急如债,镬爿挈出卖"反映了穷人在拮据中的无奈和不肯欠人情债的骨气;"有借有还,再借勿难"是说做人要实在,才能建立信誉;"眼头活络,小苦勿吃"表示察言观色的能力强,能够避免遭受一些不幸或磨难,反映了宁波人的聪明;"砻糠搓绳起头难""暴吃馒头三口生"告诉我们万事开头难,要放手去做;"天晴带伞,肚饱带饭"反映出一种"居安思危"的清醒意识;"人靠良心树靠根,走路纯靠脚后跟"表明立身须有良知;"若要好,问三老;三老勿应,必有毛病"意为要正确为人处世,就多请教老人;"人到无求品自高,官到能穷方为清"是说为官清廉无私欲;还有很多展现宁波为人处世观念的谚语——"贪贱买老牛,一年倒两头""一勿赌力,二勿赌食""忍一步少闯祸,让三分平安过""百样事情百样巧,独怕巧门你不要"等。以上是为人处世的经验结晶,其中"务实"是宁波精神的一个重要方面,那种"狂性夹脚,走路绊脚""讲讲神仙阿爸,做做死蟹一只""忖忖好像诸葛亮,做出事情三勿像"的人,最终是要被别人"肚肠骨头笑断"的。

宁波俗语是宁波社会生活的重要载体,其独特的发展历史、地理环境和文化背景是宁波俗语产生和发展的基础。宁波方言承载着宁波浓厚的地域特色,诉说着一个个动听的民俗故事,蕴含着丰富的文化内涵,也塑造了一代代宁波人,让人们深刻体会到了"一方水土养一方人"的真谛。

··· 延伸阅读 ···

著作类：

1. 肖萍：《浙江方言资源典藏·宁波》，浙江大学出版社 2019 年版。
2. 周志锋：《周志锋解说宁波话》，语文出版社 2012 年版。
3. 周时奋：《宁波老俗》，宁波出版社 2008 年版。
4. 潘莉：《宁波民俗与宁波人》，浙江大学出版社 2013 年版。

期刊类：

1. 周志锋：《浙东方言与海洋文化探析》，《绍兴文理学院学报》（哲学社会科学版）2009 年第 2 期。
2. 赵则玲：《宁波俗语中的地域文化特色探析》，《湖州师范学院学报》2016 年第 11 期。
3. 谢蓉蓉：《晚清英语教材视阈下洋泾浜英语文本〈英话注解〉研究》，《宁波大学学报》（人文科学版）2019 年第 2 期。
4. 诸挺：《宁波方言的商贸文化特色》，《宁波通讯》2017 年第 13 期。

第七章　民间俗信

俗信是人们在长期生产生活过程中形成的一种约定俗成的传统理念,在这种理念的支配下,民众会对某种民俗现象产生心理和行为认同。传统民间信仰崇拜的神灵是俗信产生的一个重要源头,它是民间各种信仰最重要的形式之一,群众根基较深,是中华民族传统文化的一部分。① 人们祈福避害的需求则是传统俗信得以传承的内在原因,各种民俗文化的表现形式构成了民间俗信的文化空间。

一、自然俗信

以酒祀床母,以茶祀床公

太阳崇拜

原始社会早期,随着人类自身的发展,人们逐渐认识到太阳对自身的影响,

① 黄鹏:《论民间俗信的教育功能》,《湖北经济学院学报》(人文社会科学版)2006 年第 6 期。

但他们又无法对其影响的原因做出合理的解释，就认为它有一种超自然的神的力量，于是就产生了对太阳的崇拜。进入原始社会中期（即新石器时代早、中期），随着农业的产生，太阳对人的影响更为广泛，因而太阳崇拜益盛，人们日常生活用品上的太阳崇拜的图像，清楚地反映了这一点。因为这时期人们战胜自然的能力较低。所以，太阳图像中，尚无人的因素，此即所谓"民神异业"阶段。[1]

图 7-1　河姆渡遗址"双鸟朝日"

在宁波余姚河姆渡遗址的第四层中，出土了一件"双鸟朝日"的蝶形象牙雕刻，其画面为两只鸟拱护着一颗燃烧的火球升空。原始先民认为太阳是有灵魂的，它们在天空中运行，就像大鸟在空中飞翔。因此，古代文献中多有"日乌"（太阳乌），将太阳比作黑色的神鸦。[2] 它是人类崇拜太阳的产物，也是人类最早创造

---

① 王守功：《考古所见中国古代的太阳崇拜》，《中原文物》2001 年第 6 期。

② 周华斌：《中华史前文明的太阳崇拜》，《艺术学界》2015 年第 2 期。

的具有完整形象的太阳神具象,这是宁波人崇日信仰的源头。

宁波明代前民间信奉太阳菩萨,各地统一以农历二月十三祭祀。由于明末清初浙东抗清斗争在民间的影响,以农历三月十九崇祯帝忌日为祭祀太阳菩萨之日,这是借太阳与"朱""明"的联系,以此寄托对明代所代表的汉文化的认同和对清朝统治的排斥。

龙王崇拜

古籍《耳雅冀·释龙》对龙有详细描述,"角似鹿、头似驼、眼似兔、项似蛇、腹似蜃、爪似鹰、掌似虎、耳似牛"。人们将理想中多种生灵的局部拼凑出"龙"的形态,使其具备无与伦比的神力:腾云驾雾、行云布雨、主宰天地……①旧时人们普遍认为,龙王掌管天下雨露,若天降大旱,必定是因为得罪了龙王,需要举行一系列祭祀来求雨。

宁波慈溪地区在求雨之前一般都先晒龙王,将家庙中的龙神塑像抬出神龛,将其晒在天井中的烈日底下。农民们焚香膜拜,祈求龙王降雨,若是再不下雨,人们就需到龙潭求雨。选一个良辰吉日,由旗锣开道。旗帐后面由族长手持三炷香,领着龙王前行。后有两个人抬着盛有清水的"龙桶"以作养龙之用。龙桶后面是手持法器的道士。到龙潭之后,先由道士点燃香烛,摇铃念经作法。念咒完毕,农民们用木棒在龙潭里搅拌,将发现的鱼、泥鳅、田鸡、虾等货物作为"龙"抓起来,养在龙桶里贴上封皮符咒抬回。到家庙后将龙桶供在香案上,直到下雨之后才把请来的小动物放回河里。

象山地区的求雨方式与慈溪略有不同。若遇大旱,人们一般都是请算命先生择选定一个"大雨生"的日子。由族长出面召集几百人组成大刀队、棍棒队、长

---

① 沈优优:《传统龙舞在祭祀仪式中的祈雨事象研究》,《浙江艺术职业学院学报》2022 年第 3 期。

枪队、响钗队等进行训练；同时购买供品、制作两顶鼓轿及雨旗、准备瓷瓶、选择龙潭、聘请鼓乐队等，做好祈雨的事先准备。到黄道吉日那一天，由四人或八人组成雨旗队，雨旗的数量与求雨时途经的村庄数量相同，旗上书"向某某神龙祈求降雨，保五谷丰登"等字。雨旗队之后是鼓轿，轿内放有盛着洁净清水的瓷瓶。鼓轿之后跟着由18名背着大刀的青年男子所组成的大刀队，大刀队后是18名响钗队男子，响钗队后是18名男子组成的棍棒队，此三队称为护卫队。护卫队后是鼓乐队、鞭炮队和尾随保驾的武术队。到龙潭之后，供上祭品，由道士念咒施法，并将潭中出现的动物作为"龙"，用网兜捞起后放入鼓轿瓷瓶之中抬回村中。路上的行人要避让一边，并且不可戴帽子和打伞。每过一村，该村村长焚香跪拜轿中"神龙"，将雨旗拆下一截，意为该村会降雨。到本村祠堂后，将"龙神"请入正厅，直到降雨后方才将捕捉来的"龙神"送回龙潭。

此外，关于龙王信仰从宁波地方史志中也可以窥见一斑。据学者统计，仅"龙"字在《宝庆四明志》中就出现了215次，这些带有龙的文字多数表述人名、地名和庙院，如五龙堂、白龙庙、白龙王庙、云龙院等。[1] 民国之前，象山境内原有大小龙王庙20多座，舟山原有龙王宫庙60余座。建于清道光年间的慈溪市掌起镇任家溪村灵龙宫，规模宏大，是一座至今保持完好的龙王庙历史遗存。千百年来，宁波人崇奉龙神风气不减，农民祈祷风调雨顺，渔民祈求航海平安，国泰民安。

随着龙与龙王信仰在吴越当地的日益盛行，大量有关龙的事迹的神话传说也开始在当地广泛传播，其中最为典型的是一些关于龙的出身经历、神通法力，以及龙对人的施恩降福方面的传说故事。[2] 形形色色关于龙的神话传说故事，从某一方面反映了吴越人民崇拜龙、敬仰龙的事实，以及他们迫切希望龙能为自己祈福带来好运的心理。

① 李广志：《宁波海神信仰的源流与演变》，《民间文化论坛》2011年第5期。
② 蔡丰明：《吴越地区的水神信仰》，2007越文化与水环境国际学术研讨会论文集。

床公床婆

图 7-2 床公床婆

床神是住宅神中的重要神灵之一,有公婆两位,称之床公、床婆。《清嘉录》:荐茶酒糕果于寝室,以祀床神,云祈终岁安寝。俗呼床神为床公、床婆。俗传床神有男女之分。床婆贪杯,而床公好茶,所以"以酒祀床母,以茶祀床公",这叫男茶女酒。还要在床头、床后焚香,但不燃点蜡烛,这也是特别之处。宁波在除夕接灶神后,接着祭床神。除了过年祭床公床婆,结婚、育儿、生病、丧葬等都要"祭床"。婴儿出生后第三天,要祭床公床婆,这一天要用两只酒杯合拢蒸糯米,米的上端要安放一粒红枣,意为婴儿"早日成长"。待蒸熟后,供在床神前,然后分送给邻居的小孩,俗称"相谅盏"。海岛人生病或丧葬时,也有一套特殊的祭床习俗。如生病,岛人以棒敲打床神,意思就是逐邪鬼出床。如丧葬,到海边去烧床单,意思为叫床神引鬼魂入海。在婚礼举行的前几天要在洞房内安放新床,其位置要按男女双方的生辰八字、窗向、神位来确定,忌与桌、柜、橱相对。安床要选择吉日良辰进行,安床后当晚要拜床母。婚礼拜床神,是希望新婚夫妻如胶似漆,生活幸福美满。床神手执之物蕉叶、荷花,持物取其谐音"交(蕉)、合(荷)"之义。

百花娘子

明末清初甬上学者高宇泰所撰的《敬止录》中说宁波的风俗,"(农历)二月初二,俗谓之百花娘子生日"。相传,"花朝"作为一个节日盛行,始于武则天执政时期。有据可查的花朝习俗也多和女性有关。《象山县志》上说,"妇女集资煮天外饭,杂以菜食之。谓令人聪慧";《鄞城十二个月竹枝词》中也有"闺女露天烧点心"的说法。在民间,这一习俗被称为"吃露天米饭",女子相聚携米和炊具去郊外,搭起镬灶烧饭,祈求灵聪。

旧时在宁波,每到花朝节这一天,少女们会用绸缎、丝线、棉花缝做百花娘子小布人,以祈求聪慧美貌;妇女们则会停针绣,将绣花绷子供于桌上,举烛焚香膜拜。花朝节最广为流传的传统就是游春踏青赏花。每逢花朝节,文人雅士便会邀上三五知己,赏花之余,饮酒作乐,互相唱和。花朵象征美好、芬芳,更象征繁荣。给百花定"生日"并冠以"花朝节"的,据说只有中国,且早在春秋时期就有了这个节日。关于这个节日的来历,说法不一。有人认为,花朝节的由来与发展同佛教有密切关系。明代田汝成《熙朝乐事》载:"二月十五日为花朝节,盖花朝日事,世俗恒言……寺院启涅槃会,谈孔雀经,拈香者麇至,犹其遗俗也。"有学者则认为,花朝是初民自然崇拜中植物崇拜的遗俗,因古时有"花王掌管人间生育"之说,"花朝"寓意"开枝散叶",故花朝节是生殖崇拜的节日。古人认为万物皆有灵性,"花朝节"便是人们祭祀百花女神,祈求人丁兴旺的日子。

历代文人墨客玩味、吟咏百花,造就出十二个月的花神来。近人左华成先生在其《花语花诗花谱》中列出的花序则为:梅花、海棠、牡丹、芍药、石榴、莲花、紫薇花、木槿、菊花、茶花、红梅、蜡梅。而大多数人认可的十二个月的花神是:正月梅花——寿阳公主、二月杏花——杨贵妃、三月桃花——息夫人、四月牡丹——李白、五月石榴花——钟馗、六月莲花——西施、七月蜀葵——李夫人、八月桂花——徐惠、九月菊花——陶渊明、十月木芙蓉——石曼卿、十一月山茶——白居易、腊月水仙——娥皇女英。可谓是"日日有花开,月月有花神"。花朝节寄托着人们对美好生活的向往,对春日、生命、绿色的亲近和渴望。①

屙缸姑娘

旧时宁波北仑有这样一个习俗:正月十四请屙缸姑娘。屙缸姑娘为当地俗称,其原称是"紫姑"。据传紫姑系山东莱阳人,叫何媚,唐代武则天垂拱年间被寿阳刺史李景纳为妾,因遭正室曹大姑所嫉,于正月十五被溺杀于屙缸中。上苍同情她,封她为厕神。

正月十四夜迎紫姑这一风俗,大约始行于唐朝。至明清时期,宁波地区已有正月十四请屙缸姑娘的习俗。每到正月十四夜,几个未出嫁的姑娘一起把一只淘米筲箕作为轿子到屙缸边去迎请紫姑,筲箕上要嵌一根"骨针",并且盖上一块红布。同时,人们在家里的正堂前放一张八仙桌供上香案,在桌上放一盘米筛,铺满米粒。求神者向屙缸姑娘问道:年成是否丰歉,家人是否平安,乃至于年轻

---

① 任崇喜:《花朝节——百花女神的生日》,《农村农业农民》2018 年第 3 期。

女子和后生的婚姻大事是否有着落,等等。正月十四请厕缸姑娘在旧时作为农村对俗神的信仰而存在,随着城镇化的建设,该习俗也在民间逐渐消失,只有在偏僻的小山村还有请厕缸姑娘这一习俗。

作为我国民间信仰中具有特殊传说和社会功能的女厕神,紫姑信仰是一种历史的记忆和民族文化的遗存,具有跨地域、跨民族的普遍意义。[1] 女厕神的社会功能的流变或消亡与中国文化的流变息息相关,它在历史的长河中,根据具体的社会文化,迎合中国民众心理而不断产生的民俗文化的流变,具有深刻的历史文化内涵。

二、宗教俗信

太平求子拜观音,招财进宝请财神

观音菩萨

观音菩萨是中国佛教四大菩萨之一,自隋唐以来,民间逐渐形成广泛的观音菩萨信仰,并形成以敬奉观音为主的三个佛教节日,即观音圣诞日、观音成道日和观音出家日。观音三个生日分别是农历二月十九、农历六月十九、农历九月十九。其中农历二月十九是观音出生的日子,即观音圣诞日;六月十九日为观音成道日,九月十九日为观音出家日。每逢三大观音节日,各大寺院都会举行盛大的观音法会进行庆祝。观音菩萨生日时,宁波信佛人家或去舟山普陀山朝拜,或去宁波东钱湖小普陀朝拜,妇女多在家供奉观音,戒荤食素,并结队前往佛寺祭拜。

佛教很早就在宁波得以兴盛,西晋年间便创建了阿育王寺和天童寺等佛院

---

[1] 欧阳秀敏:《女厕神的社会功能流变及其历史文化内涵——紫姑信仰的社会文化阐释》,《赤峰学院学报》(哲学社会科学版)2009 年第 3 期。

精舍,观音信仰在宁波具有深厚的民间基础。唐代以来,宁波成为日本僧人渡海求法的重要登陆和中转口岸。日本僧人慧锷从五台山奉观世音菩萨像回国,船经普陀山洋面受阻,以为菩萨不愿东去,便靠岸留下佛像,由张姓居民供奉,称为"不肯去观音院",这是普陀开山供佛之始。此后,落户于海岛上的普陀观音影响越来越大,已远远超出宁波本地观音信仰的范围,遍及整个东南沿海及东亚地区。从此普度众生的观音菩萨,对于宁波人来说又增添了一种新的职能,成为保护岛民渔业、航海舶贾、沿岸渔民的海上保护神。①

除此之外,观音也常常被称为"送子观音",送子观音的信仰,是一个动态的发展过程。古印度的观音信仰,以"求男得男,求女得女"的承诺满足着人们的求子愿望。传入中国以后,受中国文化中浓厚的重男轻女思想的影响,送子观音信仰逐渐发展成为祈求观音送儿子的信仰。② 当然,在中国早期的观音信仰中,由于普通大众有更多的解难消灾的渴求,观音送子的信念在整个民间观音信仰中一开始并不是很突出。后来,随着观音信仰与中国文化不断交融、叠合,观音送子的功能越来越突出,逐渐成为了观音信仰的主要功能之一,并形成了突出的形象——送子观音。

宁波七塔禅寺也曾被认为是观音菩萨的道场,始建于858年,历史上即为浙东佛教四大丛林之一。1983年七塔禅寺被国务院批准为全国首批重点开放寺院,主要建筑有:七佛塔、山门牌楼、天王殿、圆通宝殿、三圣殿、法堂暨藏经楼、玉佛阁、祖堂、钟楼、鼓楼、东西厢房、综合楼等。③ 这些建筑古色古香、翘角飞檐、气势雄伟,实为闹市中的清净兰若,独具特色。殿前古树参天,绿树成荫,令游览者耳目一新,心灵得到陶冶。

———————————

① 李广志:《宁波海神信仰的源流与演变》,《民间文化论坛》2011年第5期。
② 周秋良:《民间送子观音信仰的形成及其习俗》,《中南大学学报》(社会科学版)2012年第5期。
③ 王志宏,赛勤:《浙东古刹七塔禅寺》,《中国宗教》2008年第12期。

明洪武十九年，朱元璋手下将领信国公汤和把普陀山居民遣徙内地，为御倭作坚壁清野计，焚宝陀寺（即普济寺前身）殿舍三百余间，迎观音圣像于宁波府崇寿寺供奉。明洪武二十年，诏改寺额为补陀寺。从此遂成观音道场，素有"小普陀"之誉，七塔寺与普陀山有着这样的一段历史渊源。

财神菩萨

正月初五迎财神，人们挂神纸、燃檀香、点红烛、供糕果、祭供品，希望能通过祭拜得到财运及好运，特别是在宁波这个商帮文化城市，财神信仰在每家每户都有体现。关于财神，第一种说法是五路财神。第一位是终南山的赵公明，他是民间传说中主管财源的，一手持钢鞭，一手持元宝，一身戎装。第二位是增福财神李诡祖，在古时候，李诡祖是最受欢迎的财神之一，几乎所有的年画上财神都是他，锦衣玉带，一手拿着如意，一手拿着聚宝盆。第三位是商圣财神范蠡，自称陶朱公，和蔼可亲，面容平静，一手拿书卷，一手拿金银财宝，宁波人信的比较多。第四位是忠义财神比干，历史上是一位"亘古第一的忠臣"，表达了老百姓对财富公平分配的渴望之心，一般手捧大元宝。第五位是官禄财神孟昶，是五代十国时期后蜀的一位皇帝，据说他是一位管官禄位的财神爷。

关于财神，第二种说法是旧时民间所供的"正财神"赵玄坛、"偏财神"五显财神、"文财神"财帛星君和"武财神"关圣帝君。"正财神"赵玄坛最受尊拜，许多商店、住宅都供奉他的木板印刷神像。神像上的赵玄坛面似锅底，手执钢鞭，身骑黑虎，极其威武。"偏财神"五显财神的信仰在宁波地区流行不多。"文财神"财帛星君也称"增福财神"，他的绘像经常与"福""禄""寿"三星和喜神列在一起，合起来为福、禄、寿、财、喜。财帛星君脸白发长，手捧一只宝盆，"招财进宝"四个字便由此而来。一般人家春节必悬挂此图于正厅，祈求财运、福运。"武财神"关圣帝君即关羽关云长，一般商家以关公为他们的守护神，关公同时被视为招财进宝的财神爷。尤其是合伙经营的商家，往往供奉"武财神"关公，以取其忠义之精神。在关公身上所体现出来的传统文化和道德精神，也是中国商人所追求的目标。商人以追逐利益为目标，但中国人更为欣赏传统的儒商，"仓廪实而知礼节""达则兼济天下"才是中国商人最为看重的。因此，关公对上对下的忠义态度，使他在中国商人中占据了重要地位。

财神庙里的香火依然还是那么兴旺，因为很多人相信财神、依赖财神，渴望财神能够对自己的努力做出丰硕的回报。人们祈求财神庇佑事业成功、家庭富有的期盼也不会停止。在这期盼之上，对生活和未来的美好向往才是真正意义上财神崇拜的目的。[1] 我们不必理会或者计较各种财神的名目由来，只是将这种形式作为心灵上的一种寄托，在现实与理想之间为自己寻找一个心灵的出口。

地藏王菩萨

在汉传佛教信仰中，地藏与观音、文殊、普贤一起被尊为四大菩萨，他以"众生度尽，方证菩提；地狱不空，誓不成佛"的宏大誓愿与自我牺牲精神而著称，更以"幽冥教主"的身份与神秘的死后世界联系起来，从而得到了普遍的崇敬与膜拜，在民众的信仰生活中扮演了重要的角色。[2] 宁波民间认为地藏王生日为农历七月三十，平时地藏王闭目不开，这一天人间插地藏香才开眼。天将暗时，各家先在门槛上就地点香，然后在屋前屋后、门庭院落插遍香棒，谓之"插地藏香"。

相传清朝光绪年间，宁波东钱湖一带连日干旱，太阳强烈，溪水干涸，没有农作物收成，高钱村民望着早已龟裂的大地悲痛不已。其中有户忻姓的人家，因天灾而穷困潦倒，农田青黄不接，然而不幸却又随之而来，家中的次子患上天花，忻家之妻钱氏身为人母，看着孩子即将离开人世却无能为力，因此她只好祈求上天

---

① 单笑寒：《财神与财富观》，《经济研究参考》2012 年第 4 期。
② 尹富：《地藏菩萨诞日的产生时代及其相关宗教民俗活动论述》，《中华文史论丛》2007 年第 1 期。

保佑,但家中穷困之极,连供天灵的神龛也早已变卖,于是钱氏只好将供品置于门前,在地上插上香烛诚心祈福。恰巧,那天是地藏王菩萨开眼之日,因被钱氏感动,施展法力,普度众生。第二天,忻家之子奇迹般痊愈。之后不久,当地乌云密布,下起了雨,往日干裂的土地又长出粮食。后人为了报答地藏王菩萨悲悯的恩情,便将"插地香"这一风俗保留至今。

另外,在浙江余姚还有一种与妇女相关的习俗。清光绪二十五年《余姚县志》载,地藏诞日,"户供香烛、碗水于地,妇女以水洗目,儿童遍地插香"。民国九年《余姚六仓志》载,七月晦日,"户供香烛、碗水于地,妇孺以水洗目,用新捉棉花揩之,遍地插香"。以水洗目当然是希望眼目清亮,此习俗的形成原因待考,或许与月大则"地藏开眼"之说有关。与之相反,还有月小之晦日禁扫香尘的习俗。《余姚六仓志》引谢守稼《地藏王生日诗》中有一首即云:"月大开光月小瞑,今年地府闭双睛(原注:是年七月廿九日)。儿童莫把香尘扫,恐有纤埃污目明。"[1]

关　帝

关帝,民间信仰称其为武神、财神、迦蓝(寺庙保护神)、行业保护神等。关羽崇拜的形成与民间信仰关系密切。宋代以后,皇帝的赐封、三教的利用和多种形式的宣传使关羽在广大民众心目中成了主张正义、驱邪降魔的圣神,因而民间信徒愈益众多,关羽信仰也愈益世俗化。对关羽的崇奉是为了满足人们的浅层思想意识的需要,信仰目的主要是向关羽、祈保平安、植福增寿、求富聚财。但也有一些特殊情况如婚嫁、求子等也有向关羽祈求的把关羽视为财神、保护神及万能之神。一旦这些祈愿得灵,他们就要享神报德、酬神致谢。

民间关羽信仰形式多种多样,最为常见的是在各郡邑村镇建关庙,内有关羽

---

[1] 尹富:《地藏菩萨诞日的产生时代及其相关宗教民俗活动论述》,《中华文史论丛》2007年第1期。

塑像供乡民祭拜,每年的春秋两季和关羽诞辰,各村社都要举行隆重的酬神活动,进献供品并献戏,把祭祀与娱乐融为一体。信徒个人则是在厅堂摆设小型关羽像和关羽牌位进行供奉。

　　还有一种是行业崇拜,即社会生活的许多行业敬奉关羽作为祖师神或保护神。厨业、屠宰业、肉铺业、理发业、成衣业等把关羽当祖师,是以他们从业时均要使用刀具,而关羽兵器亦是刀为依据。糕点业尊关羽因烙制糕点的吊炉形如蟠龙,号曰青龙,与关羽青龙刀相符之故。豆腐业是传说关羽知遇刘备之前曾以卖豆腐为业,盐业因关羽斩蚩尤救解州盐池之困……作为武圣的关羽还被当作主宰文教之神,称文衡帝君,有时与文昌帝君、魁星等合祀,成为五文昌之一。① 关羽被奉为众多行业之神,反映了关羽思想对商贾影响之深远。民间的广泛信仰与各种行业崇拜,说明关羽在整个社会的确起到了敦睦万民、德泽千辈之功效。

　　五月十三日传为关帝生日,旧时里社在此日就会募钱会祭、赛会,称"关帝会"。此日如遇雨天,民间认为这是关帝在磨他的青龙偃月刀,宁波人称此雨为"磨刀雨",有兆丰年之意。宁波关帝庙,位于月湖风景区南侧的柳汀之上,始建于明代崇祯三年(1630),与宁波著名的"佛教居士林"紧紧相依,连为一体,构成了一座气势夺人、宏伟壮观的古建筑群落,每日香客如流,香火极其旺盛。关帝庙的建筑风格独特,由传统的斗拱式建筑演变而来。庙宇内的主要建筑有三进院落,供奉着关羽和其他神祇。整座庙宇以红墙绿瓦、雕梁画栋为特色,融合了江南水乡的建筑风格,给人一种宁静神圣的感觉。而内部的香炉、宫灯、屏风等装饰也都显得精美典雅,为游客们带来视觉上的享受。进入关帝庙,可以看到游客们络绎不绝,许多人手捧鲜花和香烛,虔诚地来此祈福。庙内的大殿,藏龙卧

———————————————

① 刘莲:《关羽信仰的文化内涵》,《中华文化论坛》1995 年第 3 期。

虎,栩栩如生的木雕,威严的关羽像,使人不禁沉浸在历史的氛围之中。每逢重要的节日和纪念日,庙内的香火更是旺盛,众多的香客都会前来参拜。

任何一种民间信仰,都与当地的地理环境和文化内涵密不可分。关公信仰是"一个非常重要的文化资源,尤其是它何以具有深厚坚实的民间根基,包容四裔的融会能力,绵延不绝的历史积淀和跨越时空的现实影响,值得认真研究总结,并重新作出现代性的诠释"①。以关公信仰为代表的一系列民间信仰,对社会和国家的发展起着重要的作用,应当为今人所重视。

孔　子

孔子,我国古代著名儒家学派的创始人,被后世之人尊称为"孔圣人"。

作为我国传统文化荟萃之所的孔庙,以宏大精美的建筑、丰富的文化遗存成为研究古代建筑、研究儒家思想和传统文化的珍贵历史文化遗产。著名的山东曲阜孔庙称得上是一座"考察东方文明的天然博物馆"。建筑群宏大精美,所藏文物丰富,是人们了解历史与传统文化,特别是儒家文化的最佳场所。② 孔庙依托一脉相承、历久不衰的儒家思想,它是一部史书,记载了我国的历史变迁和儒家文化的兴衰史;它是一本古代教育学,记载了儒家教育史、儒家祭祀制度和古代庙堂文化;它也是一册古代建筑史,记录了我国古建筑的科学、艺术风采,记载了碑刻石刻、绘画书法等艺术经典。

在行业神崇拜的影响下,学子文士也供奉孔子、文昌等,作为自己的庇护神。宁波慈城的孔庙,始建于北宋庆历八年(1048),被列为第六批国家重点文物保护单位,浙东地区保存最完整的孔庙。宁波的孔庙有两种职能:一方面是地方官员

---

① 路其首:《明清时期张掖关公信仰研究——以地方志为中心的考察》,第六届中国地方志学术年会论文集 2016 年。

② 李翠芳:《试论曲阜孔庙的文化价值及其保护利用》,《文物鉴定与鉴赏》2021 年第 8 期。

和士子们祭孔的场所;另一方面也是当地的官办学校。县学是先有"庙",再有学。自汉武帝推行"黜废百家,独尊儒术",儒学的统治地位得到确立。唐太宗贞观四年(630),又诏令州县一级建造孔庙。"郡县但立文宣王庙以祀孔子,其时未有学校,故断自唐始。"可见,从唐朝开始,宁波就已设文宣王庙祭拜孔子。① 自汉唐以来儒学兴起,以"修身、齐家、治国、平天下"为宗旨,上行下效,士子科举绵延。慈城人杰地灵,有渊源学风,共出进士 519 人,成为进士之薮,历史上名人荟萃,诸如宋代著名哲学家杨简,明代江南大儒桂彦良,清代翰林院编修、号称"江南三布衣"之一的姜震英等等,很多名彪史册的政治家、教育家、哲学家、军事家、诗人、学者,泽延至今人才辈出。

三、特色俗信

若要夫妻同到老,梁山伯庙到一到

妈祖信俗

妈祖信俗自两宋间传入宁波,主要由于同源于越文化的城市地域文化精神相通和闽浙地理位置的近邻优势。南宋绍熙二年(1191)在宁波城内出现由福建舶商所建的"天妃宫"。以后妈祖信俗在宁波的发展主要形式有:一是纳入"海上丝绸之路"航运业的早期船帮文化,成为海洋运输和内河漕运的保护神;二是以"天妃宫"为主体的民间祭祀活动;三是浙东沿海渔民中的妈祖信俗传播与习俗形成。妈祖文化自其诞生之日起,就有鲜明的特色,与水运、航海事业发生紧密的联系。据不完全统计,宁波地区历史上有天后宫 130 多座。只是随着时代变

---

① 龚维琳,许燕:《旧时宁波的孔庙和府学、县学》,《宁波通讯》2011 年第 16 期。

迁，宁波市区现存的只有"甬东天后宫"（庆安会馆）了。

图 7-3　甬东天后宫

宁波象山的妈祖文化是一种典型的民间信俗，其中以东门岛妈祖信俗、延昌老街妈祖—渔师信俗、渔山列岛妈祖—如意信俗为代表。东门岛妈祖信俗以东门岛妈祖信俗活动为核心，包括东门妈祖庙、东门庙、王将军庙、东门城隍庙的常年活动。延昌老街妈祖—渔师信俗以延昌天妃宫（妈祖庙）和石浦渔师庙活动为核心，包括两庙的活动以及延昌街的传统鱼灯舞、马灯舞、细什番演奏等民间活动。渔山列岛妈祖—如意信俗文化以渔山岛如意娘娘庙为核心，包括东门岛妈祖庙、台湾台东富岗新村海神庙的妈祖、如意往来省亲迎亲习俗等。渔山娘娘庙如意信俗已有300多年历史，其母庙在渔山岛，已流传至台州的椒江、温岭、三门及台湾台东富岗等渔区。

妈祖信俗的主要特征如下：

（1）传承年代长。妈祖信俗肇始于宋朝的福建，经过宋元明清的发展，至今已有 1000 多年的历史，在温州洞头也有 300 多年的历史。

（2）影响地域广。妈祖在中国沿海地区拥有众多信众，不仅从福建传播到台湾，并且随着华人足迹传播到世界各地，成为联系世界华人的重要纽带。

（3）活动内容多。以妈祖信俗为核心，形成了以宫庙建筑、雕刻、文献等有形文化和神话、传说、故事、祭典、民俗、艺术等无形文化为基本内容的民间文化。①

宁波妈祖信俗中，除了三月廿三妈祖生日庙会、六月廿三谢洋妈祖赛会等庙会之外，其他贯穿在生活、生产中的信仰习俗更为奇特。比如送船还愿（渔民许愿脱险后，就制作各种小船送到天后宫，供天后使用，俗称"还愿船"）、泛槎挂席（旧时江浙渔船出海，桅杆上常挂一帆式草席，以利顺风送船，加速行驶）、"祭海"亮旗（祭海是东海渔民的重大庆典，祭海时渔船都要亮出自己的旗帜，其中有一面很大的蜈蚣旗，上书"天上圣母"四个大字的，即为妈祖"圣母"旗）、水族朝圣（东海渔民用面粉彩塑成 36 种鱼、虾、蟹、蚌，放在特制的 36 盘红漆木盆上，供祭在妈祖神像前）、诞辰禁捕、装点烛山、船型发髻等。

妈祖信俗作为闽台及东南亚地区主要的民间信俗之一，其功能作用是这一信俗延续至今并发展壮大的重要原因，其显在的护佑功能以及所隐含的对个体的心理与情感需要，通过灵验这一宗教体验，使得日常生活实践获得了神圣的力量和意义，其所寄托的个体对世俗生活的超越与完善的追求，也是这一信俗长盛不衰的重要原因。② 妈祖信俗寄托着人类社会的价值观念和道德理想，又反过来将社会的规范和价值神圣化，对个人行为有着潜在的引导作用。而个体具有对美善事物的模仿特性，妈祖即是美善的代表。通过个体对神明至上德行的模仿，

---

① 毛海莹：《东海问俗——话说浙江海洋民俗文化》，浙江大学出版社 2018 年版。
② 姜家君：《妈祖信仰对个体的功能作用探析》，《中共福建省委党校学报》2018 年第 5 期。

道德价值拥有了最广大的群体基础,获得普遍的价值认同。

石浦—富岗如意信俗

如意信俗是浙江沿海渔民在歌颂劳作及祈求平安中产生的信仰,起源于象山石浦渔山岛,始于清朝,浙东地区民间有信奉如意娘娘的习俗,据传已有几百年的历史。相传几百年前,一日,有一个采贝人落崖身亡。后他的女儿从家乡赶到,问旁人父亲在何处身亡。当得知确切地点之后,她纵身跃入海中。众人大惊,但见从该女投身处浮上一块木板。人们被她的大孝心感动,于是用木板雕塑少女像,修龛供奉、筑庙祭祀。塑像神通灵验,有求必应,后该庙被称为"如意娘娘庙",也叫"海神庙"。传说这位如意娘娘升天后与妈祖娘娘、瑶池金母结成了三姐妹。与石浦东门岛天后宫里供奉的妈祖娘娘一样,"如意娘娘"成了渔山岛渔民的海上保护神,祭祀如意娘娘以保佑渔民平安出航和归航时候鱼满舱。

1955 年 2 月,国民党军队从浙东大陈岛、渔山岛一带撤退时,将大陈岛居民、渔山岛居民迁至台湾。渔山岛渔民把本岛如意娘娘装箱带到台湾,就这样渔山岛如意娘娘塑身得以跨越海峡到了台湾,在台湾的渔山人建设了台东富冈新村,富冈新村渐被众人称为台湾"小石浦"。2003 年 9 月,"亚洲第一飞人"柯受良率台东县富冈新村("小石浦村")村民代表 10 余人,赴渔山岛祭祖、祭庙。同年 9 月 13 日第十届中国开渔节期间,40 余位台东小石浦村代表护送着如意娘娘真身来到石浦,与石浦东门岛天后宫的妈祖娘娘一起举行了盛大的省亲迎亲仪式,并参与了妈祖巡游、开渔祭典等有关活动。[①] 渔家认为如意娘娘、妈祖娘娘同为海神,在神界也是姐妹相称。于是,如意娘娘就以妹妹的身份,进驻东门岛妈祖庙

---

① 史亚萍:《石浦—富冈如意信俗》,《浙江档案》2013 年第 2 期。

作客省亲，并参加历时 3 天的开渔节渔港巡游，这有力地促进了两岸石浦人的民间文化交流。

2007 年 7 月 27 日，在象山县台办与台东县富冈新村的共同努力下，离别了五十多年的如意娘娘终于第一次踏上了回家认亲的道路，奉持如意娘娘小塑身从台湾转香港飞至宁波，来到石浦渔山岛认亲省亲，与渔山岛村民一起举行盛大的祈福祭典活动，开创了两岸如意娘娘省亲迎亲习俗。此后，"石浦妈祖、台东如意"省亲迎亲仪式就成为每届中国开渔节的重要活动项目。

2008 年 6 月，海峡两岸石浦人一脉相承的古俗"石浦—富冈如意信俗"被国务院列入第二批国家级非物质文化遗产名录。① 这是目前国家级"非物质文化遗产名录"中唯一包含海峡两岸民俗文化的遗产。

前童元宵行会

前童元宵行会，是宁海前童塔山童氏族人每年元宵节期间举办的迎神祭祖、欢庆佳节的传统民俗活动，是一场延续五百年的盛会，鼓亭、抬阁、秋千巡游是活动的主要表现形式。正月十五闹元宵习俗全国各地都有，而宁海闹元宵则别具一格，是在正月十四的夜里进行，主要以抬鼓亭、舞狮子、踏彩船、放铳花、祭祖先为主要形式的行会活动，民间习称"行会"。前童元宵行会 2014 年入选第四批国家级非物质文化遗产名录。

据《塔山童氏族谱》记载，前童元宵行会始于明中叶，盛于明末清初，是为了纪念明代水利功臣童濠带领族人开渠凿碶，灌溉农田的功德。聚民心修水利，祈愿年景丰收。明正德四年(1508)，前童童氏祖先童濠(1472－1543)发挥机智，通融豪门，获取田地，发动全村男女老少开渠凿碶，自白溪引水灌田，农业获得大丰

---

① 史亚萍:《石浦—富冈如意信俗》,《浙江档案》2013 年第 2 期。

收。童氏族人为纪念童濠兴修水利的功德和庆祝丰收年景,决定每年正月十四闹元宵时举行行会活动,从此流传,成了前童人的文化之根。

图7-4　前童元宵行会(史波君摄)

这种为庆祝、祈求丰收而进行的流动灯会,以鼓亭抬阁秋千为特色,热闹精彩,在江浙一带独一无二。由头牌、鼓亭、抬阁和秋千组成的24杠队伍浩浩荡荡地跟在后面,每杠都独具特色,工艺精湛。十几支鼓乐队簇拥相随,激昂的鼓点响彻古镇的每一个角落。

在行会巡游中,最吸引人眼球的当属用朱金漆木雕工艺制作的鼓亭、抬阁和秋千。鼓亭犹如一个个缩小版的亭台楼阁,每层都精雕细琢,流光溢彩,旧时都置一个大鼓,如今虽有些鼓亭底部装上了轮子,方便推动,但依然保留着那份古朴与庄重。抬阁是一个有双层舞台的楼阁,每杠抬阁由五至六个孩童装扮成戏剧人物,在台上或坐或表演,他们灵动的眼神和精彩的演绎,将戏曲中的故事鲜活地呈现在观众眼前。每杠抬阁的名称都有其深刻的含义,有的以当地先祖命名,有的以典故命名,如"帝师亭"是为了颂扬方孝孺教书育人的师恩,"尺木亭"则是勉励子孙后代刻苦读书,"德盛亭"是以祖训为行为准则,传祖先之遗风,激励后人。秋千上,童氏家族中的男娃女娃们身着华丽的戏曲服装,或峨冠博带,或金盔铁甲,随着车轮的滚动上下翻动,人物交替出现,生动地再现了忠孝礼义、儒家耕读等传统文化故事。

前童元宵行会既继承和保留了民间传统元宵节那种狂欢场景和热闹气氛,又因地制宜地融合了童氏宗族中忠孝礼义等传统家族道德和伦理思想。"文革"时因破四旧,前童元宵行会被中止。1995 年纪念前童建村 761 周年而恢复,以后每年举行。走街串巷的巡游队伍,昭显着童姓子孙的兴旺发达,是前童民俗中一道独特的风景线,也是一幅充分体现和展示民间风俗、民众理念和独特地域文化特色的民俗风情生活画。

石浦十四夜信俗

宁波象山石浦的元宵节不过"十五"过"十四",在每年的正月十四,当地百姓必吃象征胜利、欢庆的"糊粒羹"。这一习俗可追溯到明代,相传明嘉靖年间,元宵节的前一天,倭寇突然进犯石浦,驻军当地的戚继光将军和其部下为了尽快投入战斗,将备节的食材切成粒状,再用淀粉拌和成糊,吃完"糊粒"后上阵杀敌,最终大获全胜。此后,石浦百姓便在每年正月十四吃糊粒羹,以纪念这场胜利。同时由当地群众组成鱼灯队、马灯队、龙队进行踩街、巡游,以象征团结、胜利和美满。

石浦当地还流行着这样一句话:"要睡冬至夜,要吃三十夜,要走十四夜。"因此,十四夜还举行各种有趣的民俗活动。如"走十四"(即那天晚上无论男女老少,都要全家出动,抬着菩萨或提着灯进行走庙、观灯和看热闹)、"请簸箕姑娘"(一种类似于其他地方"请水姑"或"请厕姑"的习俗)、"看新媳妇"(新娘婚后第一次在夫家过元宵,需穿婚衣边让亲友、邻居们看,边与他们聊天,此举说能让新娘早怀孩子)、"摇小竹娘"(说是小孩子去摇过后会像小竹一样长得快)、"打生"(将新媳妇带到桃树下,边打树边问"你生不生?"要待新媳妇说"生,生"后才息手)等一系列富有地方特色的民俗活动。

石浦十四夜信俗,是当地人民生活与情感的寄托,它将历史记忆、民俗风情、海洋文化与信仰崇拜完美融合,成为石浦乃至象山地区一张独特的文化名片,吸引着众多游客前去感受这一独特的民俗魅力,也让这一古老的信俗在时代的发展中不断传承与延续。

梁山伯庙信俗

千余年来,位于宁波市海曙区的梁山伯庙成为人们祈求爱情婚姻美满幸福的场所。"若要夫妻同到老,梁山伯庙到一到"的信仰仪式活动,构成了丰富的梁山伯庙婚俗信仰文化空间。宁波还流传着这样一首歌谣:"梁山伯庙去烧香,拜拜多情祝九娘。少年夫妻双许愿,不为蝴蝶即鸳鸯。"因此,夫妻到梁山伯庙祭拜,已成宁波地区人们的普遍行为。但随着时间的推移和信俗的普及,祈求目的也逐渐多样化,原有恋爱、婚姻的信俗文化空间有了进一步的拓展。如朝拜梁山伯庙和墓的男女要带一把墓上的黄土回去,据说放在灶头上能防治蟑螂、蚂蚁等各种小虫。另外,据说青年姑娘拿起祝英台房中的毛巾揩一揩脸,就可以长久保持青春美丽。总之,梁山伯在民间信俗中成了一位家庭幸福的"保护神",老百姓有困难都可以向他祈求。

一个民族之所以作为民族而存在,就在于它有自己独特的文化传统,民族文化凝聚着民族的历史,传承着生活的智慧,集中地反映了一个民族独特的审美情趣、价值取向、思想感情和精神风貌。"梁祝"故事作为中华民族共同的文化遗产,是中华民族智慧的结晶。在不同的历史发展长河中,各民族结合自身的生活

图 7-5　宁波梁山伯庙

实践和发展需要不断地将自己的经验渗透其中,使"梁祝"故事在内容、结构和情节等方面不断完善,在艺术表现形式上不断地创新发展。① 从这种意义上说,梁祝故事也是中华各民族人民共同的情感纽带和文化记忆。

城隍信俗

城隍信俗历史悠久,源远流长,在古代社会城隍神曾是重要的祭祀神之一。作为中国古代城池的保护神,城隍被认为是冥界的地方官,城隍信俗的核心是对城隍神的信仰。杭州供周新,上海敬秦裕伯,绍兴的城隍为庞玉,宁波的城隍却是纪信,史书记载中纪信系刘邦的大将,在荥阳舍生取义计救刘邦,为汉代建国

① 雷文彪:《广西金秀瑶族"梁祝"故事传播变异表征的成因探析》,《广西科技师范学院学报》2019 年第 4 期。

立下了不朽功勋,刘邦也追封纪信"成纪城隍"。

纪信与宁波虽无夙缘,在宁波亦无神威无比的建树,但一直深受宁波百姓的崇敬,城隍庙不仅香火鼎盛,而且歌功颂德的匾额和旌旗遍布,至宋代,甬城百姓对纪信的崇拜更加普及,且被列入官方祭典,逢清明、七月半、十月朔,皆在城隍庙内按时举行祭祀大典。城隍庙除了奉祀主神"城隍菩萨"之外,大殿两侧还有陪祭的八位神灵,分别是韩察、应彪、王元暐、黄晟、沈承业、王安石、张琪、钱肃乐八位历史名吏的神像。韩察系明州刺史,首建子城,功列首位;应彪亦为明州刺史,建东津浮桥,为拓城之始,功不可没;王元暐是鄞县县令,建它山堰,被后世称为明州"乳母";黄晟为明州刺史,率乡兵建罗城,为明州城始祖;沈承业,郡守,在子城西南建城隍神祠,为城隍建庙之"始祖";王安石,鄞县县令,治鄞、修水利、教育、恤民生、兴改革,泽被地方;张琪是明州太守,迁建新庙于今址,是城隍庙发展史上的关键功臣;钱肃乐以"大明孤臣"赴殉国难而名留青史。八人或为名吏或是忠臣,功德昭著,名垂明州,深受百姓崇敬。

城隍信俗发展到今天,形成了独具特色的城隍文化,它的影响已经渗透到社会生活的方方面面。农业、工业、商业都有利用城隍信仰习俗开展活动的现象。就农业生产来说,中国人自古以来就把城隍神当做主管雨水的神灵进行崇拜,向它祈求风调雨顺。旧时由于生产力不发达,人们认识水平较低,只好向城隍神祈求阳光和雨水,为此修建了很多城隍庙,经常举行隆重的拜神仪式。就工业生产来说,人们生产和销售与城隍信仰相关的东西,还喜欢给自己的企业、店面招牌冠以"城隍"名号,如城隍经济开发公司、城隍金饰店、城隍小吃、城隍夜市、城隍饭店、城隍书市等。就商业方面来说,人们利用城隍庙会开展商贸活动。每到举行城隍庙会都有大量商贩聚集,参与民众有时多达数十万。在我国各地,甚至形成了有固定特色的商业区,其规模仍在不断扩大。这种民间信俗,有助于保持和发扬我国的民族特色,也有助于引导和开发旅游业。

图7-6 宁波城隍神

　　作为一种重要的民间信俗，城隍信俗几千年来经历了产生、兴盛、衰败、复兴的过程。它的信仰内容也随着社会的发展、时代的变迁而不断变化着，具有鲜明的时代特征，集中地反映了各个时期人们的愿望和要求。在数千年的历史长河中，城隍神一直被人们视为安居乐业、幸福平安的保障。① 随着社会的不断发展，城隍信俗也会发生变化，不断地自我完善。城隍信俗是一种优秀的文化遗产，我们应该努力保护和继承，使之发扬光大。

---

① 黄超：《城隍信仰初探》，湘潭大学，2011。

葛仙翁信俗

葛仙翁为东晋著名道教炼丹家葛洪,相传他在灵峰修道炼丹时,适逢当地疫病流行,葛洪见此情景,便上山采集草药,捣烂制成药丸,并佐以针灸之法进行治疗,使不少人绝处逢生,并且消除了这一带的疫灾。后来人们为感念葛洪的恩德,在他炼过丹的灵峰寺内,建殿塑像以供奉。俗谚有云:"上有葛仙翁,下有娘娘宫。"

灵峰寺,始建于南北朝,北宋治平元年赐额"灵峰禅寺",经宋、明、清代,寺院不断扩建,在鼎盛时期,拥有山门、天王殿、大雄宝殿、大佛殿、三圣殿、弘法殿、客寮僧房等百余间,1960 年代寺毁殆尽,然遗迹尚存。1992 年,宁波市府批准修复开放"灵峰寺",建有山门、天王殿、大雄宝殿、葛仙殿、圣母殿、丹井亭等。灵峰寺内的布局最为独特之处是佛家和道家的结合,两晋南北朝时期,佛教传入中国之初和道教是紧密结合在一起的,后来佛与道渐行渐远,最终分离,但灵峰古寺还是保留着古代佛、道结合的传统。在寺院后面与弘法殿并排的是"葛仙殿",里面供奉着葛洪的塑像。

灵峰寺葛仙翁信俗在宁波地区有着广泛深入的群众基础,是浙东地区最具代表性和广泛性的群众信俗。葛仙翁信俗由香期、坐夜、点庚申灯、取丹井仙水、请葛牒、顶牒、朝圣母等程序组成。每到农历四月初十(葛洪生日)前后,来自周边的信众到灵峰寺葛仙殿问卜求签,拜神求药,祈祷避虫免灾,祈求福祉。拜谒完毕,信众还会带着戒牒、丹井水、草根和树叶回到家里,企盼新的一年有个好收成。

四、禁忌民俗

吃鱼不翻说掉头，舌头不叫叫赚头

自然禁忌

禁忌可调节人与自然的关系，不仅在人们的心理上，而且在客观事实上都使两者变得更为亲近与和谐。这是化对抗、排斥为顺应的良好方式，显露出人们的生存智慧。① 旧时，有的动植物，因其外形、声音、生活习性带有极大的神秘性，甚至与人们所敬畏的神鬼相纠缠，从而使人们产生了对这些生物的禁忌。

在宁波渔民心中，任何鱼都有自己的头领，不管哪位渔民捕到它，都敬若神明，放生让它回归大海。不杀海龟也是渔人自觉遵守的习俗，在渔民心目中龟蛇同尊，蛇在海岛就是龙的代表，而龟是长寿吉祥的代表，伤害他们就会妨碍渔民海上作业的安全。旧时，宁波人视乌鸦为不祥之物，有俗谚称，"乌鸦当头过，无灾必有祸"，听见乌鸦当头鸣叫，人们就会赶紧吐一口唾沫，或是骂几句，把它轰走，认为这样就可解禳祛祸。宁波人认为老鼠是子神，夜里听到老鼠动静时，不能叫也不能赶，而是口里念念有词，"1万、2万、3万……"直到老鼠活动停止才住口，否则老鼠会把自家的财产转移出去。

尽管这种认知是低水平、不系统、未定型的，但它反映了先民在特定的生存环境下，对天体运行、万物生长与人体生命节律交织状态的心灵感悟和文化展演，蕴含着丰富的生态伦理精神，并成为人们处理自身与自然关系的基本准则和行为标准。② 正如美国人类学家露丝·本尼迪克特所说：谁也不会以一种质朴原

---

① 万建中：《论民间禁忌的功能》，《民间文化论坛》2004 年第 3 期。
② 万建中：《论民间禁忌的功能》，《民间文化论坛》2004 年第 3 期。

始的眼光来看世界,他看世界时,总会受到特定的习俗、风俗和思想方式的剪裁编排,即使在哲学探索中,个人也未能超越这些陈规旧习,个人的真假是非概念也会受到其特有的传统习俗的影响。

出海禁忌

宁波海洋渔业生产发达,旧时出海渔船上的禁忌大多与物质匮乏、风浪危险的环境有关,渔民对海洋充满敬畏,往往将生存寄托在海洋神灵保护上,因此有许多禁忌。

出海前,船上的物品只准进不准出。待发的渔船如果送错物品,食品折钱不退还,物品待返航时再还。船员不可脚踢黄鱼,说话忌带"倒""翻""没"等词语,"倒掉"叫"卖掉","翻个面"叫"转个堂","没有"说成"满发";不可俯睡,碗不可覆,筷子不可搁在碗上,也不可用筷子在船板上戳。船工不得穿草鞋下船,因草鞋无边,有"无边无岸"之嫌。因"袜"与"没"谐音,因而称袜子为"锄头套"。忌问何时可到,因"到"与"倒"谐音。

船上禁忌习俗形成的原因,主要是人们对自然灾害的畏惧、对平安生产的祈求。旧时浙江渔民生产工具简陋,又缺乏必要的通风和气象预报条件,在茫茫大海上讨生可比虎口夺食,因各种原因造成的大小海难时有发生。渔民既感恩大海的慷慨赐予,又惧怕大海的暴戾无情,逐渐在生产和生活中形成了许多特有的禁忌,并进而演变为一种约定俗成的规矩。① 但从生产安全和谨慎行事的角度看,这些禁忌也有它积极的一面。随着科学的不断发展,如今海岛全面实现了机械化,大型的渔轮和运输船基本上由原木质船体转变成钢质船体,行船方式和生产技术实现了现代化。但是,部分历史遗留的海洋民间禁忌习俗至今仍被海岛

---

① 毛海莹:《东海问俗——话说浙江海洋民俗文化》,浙江大学出版社,2018年。

人所沿用。这些海洋禁忌习俗经过千百年的演化,有些不合理的已被抛弃,有些能在生产生活中发挥积极功用的逐渐被留存下来。这些约定俗成的规矩隐含了渔民们祈求平安、趋利避害的心理。

商业禁忌

中国自古以农业立国,素有轻商的观念。据《清稗类钞》云:"《会典》开载,凡农家许著绸、绢、布,商贾之家只许著绢、布。如农民之家有一人为商贾者,亦不许著绸纱。此可见吾国之贱农商,而商尤轻于农也。"民间亦有"农不与商斗""无奸不商"的说法。按旧礼风俗,民间很看不起商人斤斤计较的职业习性。商界处处弥漫着风险,潜藏着杀机,所以旧时各地民间商界就形成了一些旨在避凶趋吉的禁忌习俗。商人希望能通过实施这些禁忌获得财运亨通。尽管有的商贾并不迷信,但为了心安,也奉若圭臬。[①] 宁波商人也有自己的商业禁忌。

店员在店堂忌伸懒腰,忌打哈欠,不可踩踏或坐在地栿上,也不可手托门枋,否则会挡住财神菩萨;店员不能背朝柜台而坐,这种形象本身会引发"背运"的联想,更使得店铺无事可做、无财可发;店员打扫店堂时,要从外往里扫,称"扫财进门",忌往外扫,因为这样就会把财运"扫出去";数钱币要往里数,忌往外数,谓之"招财进宝"。

卖布者忌敲量具;卖酒者忌摇晃酒瓶;卖棺材的忌问死者;药店棺材店的经营者送客时忌讳说"再来坐""欢迎再来"之类的话;药店年初进货需先进"胖大海"和"大连子",取意"大发大利";学徒进店,先称"万金枝""金银花"和"金斗",取意金银满斗。

称呼上要讨彩头,祭神时,人们称猪头为"利市";舌头因与"蚀"谐音,猪舌称

---

① 万建中:《中国民间的经商禁忌》,《财会月刊》2004 年第 7 期。

"赚头";卖猪忌将绳索一起卖出,否则连同运气一同带走;遇到顾客购买结婚用品,失手打碎东西,忌说"碎"字,而要说"先开花,后结籽"。这些商业禁忌在宁波一带沿袭已久,产生的时代也无从考证。

商业禁忌是在商业民俗中,因传统信仰的原因或商人追求功利的目的而形成的某些民间禁忌习俗,其中也包括商业经营者对某些经验教训的总结和汲取。① 旧时商业往来中有很多的讲究或者禁忌,现在看来,其实迎合了商家追求利益的朴素想法。

建房禁忌

古代的建筑营造活动,无论是筑城还是造屋,都是在人的谋划下进行的,不同的地理、气候、社会环境决定了设计时思维的差异,从而也决定设计结果的差异。这种差异的利与弊通过建筑的实践和验证之后,形成了一种观念而沉淀下来,被民间称之为"风水"。② 旧时宁波民间多是自建房屋,建造房屋时,对房屋选址、房门朝向等都有一些禁忌。

根据发掘的仰韶文化遗址及河姆渡文化遗存来看,旧时祖先建巢造屋,首先要选一个干燥良好的建宅基地,其次是房屋周围应该有水,背后靠山,建筑的朝向要坐北朝南。人们这样做都是为了顺应自然,与农业生产发展息息相关。

在宁波房屋选址习俗中,因为庙宇面朝正南,所以建造的房子必须禁朝正南,房屋也忌正西、正北,须略偏东或偏西,否则对神不敬;建宅忌"门对门""门对弄""屋脊对门",否则会"相冲",万一相冲,人们则需在门框上挂米筛、镜子、八卦图或书写"泰山石敢当"或"姜太公在此,百无禁忌"等字样。

---

① 唐永喜:《解读温州商业禁忌民俗》,《浙江工贸职业技术学院学报》2009 年第 9 期。
② 李程:《藏族民居建房风俗研究》,《四川建筑》2015 年第 4 期。

宁波人的房屋开门方向以东为上,称紫气东来;居屋后墙不能靠河流溪水,认为水从后面流淌,不发家;砌房子时,西首不能高于东首,否则会冲撞青龙;自家的房子,不能比后面人家的房子高出太多,不然就会遮挡人家的财气运道,容易引起纷争,同样自家的房子也不能矮人家一截,不然会被人家占了风水。

随着社会的进步和科技的发展,建房也因时制宜,要考虑并结合现代的禁忌元素,如建房用地要远离大型电力发电厂、高压及超高压电线密集区、输变电设备、电视和广播发射系统、通信发电发射台站等,因为这些地点都有不同强度、不同频率的电磁辐射,这些辐射可能对人体健康造成一定的影响。

吉凶禁忌

吉凶禁忌主要表现在人们的生活中,如鬼神禁忌、婚姻禁忌等。

宁波民间认为鬼神大多在夜间或午饭后出来,因此人们忌夜间、午饭后在野外活动,特别是孕妇更忌讳在夜间外出,否则精灵附身,会生怪胎。在宁波,农历七月十五夜,民间称"鬼节"。各家在这一天都要祭祖做"七月半羹饭"或放"焰口"为野鬼安魂。有的人家还要煮熟新谷祭祖后食之,称"尝新"。俗传阴司自七月初一放恶鬼,于是居民集资请祭司诵经念咒,并沿街设祭,用竹篮盛鱼、肉、酒及馒头、南瓜、豆腐、毛豆等12碗祀无主鬼魂。

男女定亲,先问生辰八字,相差六岁为大冲,其他则有"鸡犬不合、龙虎相斗、羊入虎口"的迷信说法,凡五行相克均被人们认为天命相克而不可结合,这些禁忌大多来自合婚时的占卜和八字等活动。

其他还有节日禁忌、生日禁忌、传统历法有关的迷信说法和禁忌,就年份来说,有"牛马年广收田,防备鸡猴饿狗年"的说法。

··· 延伸阅读 ···

著作类：

1. 柴隆：《千年郡庙：宁波城隍庙的前世今生》，宁波出版社 2017 年版。
2. 顾希佳、朱秋枫：《浙江民俗大典》，浙江大学出版社 2018 年版。
3. 黄浙苏：《信守与包容：浙东妈祖信俗研究》，浙江大学出版社 2011 年版。
4. 罗杨、王昱：《中国民间故事丛书——浙江宁波江东卷》，知识产权出版社 2015 年版。
5. 毛海莹：《东海问俗——话说浙江海洋民俗文化》，浙江大学出版社 2018 年版。
6. 宁波市北仑区地方志编纂委员会：《宁波市北仑区志》，浙江人民出版社 2013 年版。
7. 宁波市海曙区档案馆等：《宁波府城隍庙》，西泠印社出版社 2020 年版。
8. 宁波市文化广电新闻出版局编：《甬上风物 宁波市非物质文化遗产调查——北仑》，宁波出版社 2009 年版。
9. 宁波市鄞州区地方志编纂委员会：《宁波市鄞州区志》，浙江古籍出版社 2016 年版。
10. 潘莉：《宁波曲艺与宁波民俗文化》，海洋出版社 2011 年版。
11. 滕占能、余华达：《宁波风俗传说》，光明日报出版社 2019 年版。
12. 王万盈、何维娜、魏亭：《宁波风物志》，宁波出版社 2012 年版。
13. 王万盈、李央琳、张丽娜：《宁波区域文化资源概览——宁波俗卷》，浙江大学出版社 2019 年版。
14. 徐爱华、张远满：《浙江省传统节日民俗传承人口述史研究》，浙江工商大学出版社 2016 年版。
15. 杨清虎：《中国民间信仰学：研究与评述》，中国书籍出版社 2017 年版。
16. 杨卓娅：《石浦-富岗如意信俗》，浙江摄影出版社 2014 年版。
17. 鄞县地方志编纂委员会编：《鄞县志》，中华书局 1996 年版。
18. 俞福海：《宁波市志》，中华书局 1995 年版。
19. 张廷兴、董佳兰：《民间俗信》，山东教育出版社 2016 年版。
20. 张晓欢、李竞生：《天妃文化在宁波》，知识产权出版社 2019 年版。
21. 浙江民俗学会编：《浙江风俗简志》，浙江人民出版社 1986 年版。
22. 周时奋：《宁波老俗》，宁波出版社 2008 年版。

期刊类：

1. 单笑寒：《财神与财富观》，《经济研究参考》2012 年第 4 期。
2. 龚维琳、许燕：《旧时宁波的孔庙和府学、县学》，《宁波通讯》2011 年第 16 期。
3. 黄鹏：《论民间俗信的教育功能》，《湖北经济学院学报》（人文社会科学版）2006 年第 6 期。
4. 姜家君：《妈祖信仰对个体的功能作用探析》，《中共福建省委党校学报》2018 年第 5 期。
5. 孔惟洁、何依：《"菩萨出殿"——宁波陶公山村落民间信仰仪式空间研究》，《建筑遗产》2020 年第 1 期。
6. 雷文彪：《广西金秀瑶族"梁祝"故事传播变异表征的成因探析》，《广西科技师范学院学报》2019 年第 4 期。
7. 李程：《藏族民居建房风俗研究》，《四川建筑》2015 年第 4 期。
8. 李翠芳：《试论曲阜孔庙的文化价值及其保护利用》，《文物鉴定与鉴赏》2021 年第 8 期。

9. 李广志:《宁波海神信仰的源流与演变》,《民间文化论坛》2011 年第 5 期。

10. 刘莲:《关羽信仰的文化内涵》,《中华文化论坛》1995 年第 3 期。

11. 欧阳秀敏:《女厕神的社会功能流变及其历史文化内涵——紫姑信仰的社会文化阐释》,《赤峰学院学报》(哲学社会科学版)2009 年第 3 期。

12. 任崇喜:《花朝节——百花女神的生日》,《农村农业农民》2018 年第 3 期。

13. 沈优优:《传统龙舞在祭祀仪式中的祈雨事象研究》,《浙江艺术职业学院学报》2022 年第 3 期。

14. 史亚萍:《石浦—富冈如意信俗》,《浙江档案》2013 年第 5 期。

15. 唐永喜:《解读温州商业禁忌民俗》,《浙江工贸职业技术学院学报》2009 年第 9 期。

16. 万建中:《论民间禁忌的功能》,《民间文化论坛》2004 年第 3 期。

17. 万建中:《中国民间的经商禁忌》,《财会月刊》(C 财富)2004 年第 7 期。

18. 王守功:《考古所见中国古代的太阳崇拜》,《中原文物》2001 年第 6 期。

19. 尹富:《地藏菩萨诞日的产生时代及其相关宗教民俗活动论述》,《中华文史论丛》2007 年第 1 期。

20. 周华斌:《中华史前文明的太阳崇拜》,《艺术学界》2015 年第 2 期。

21. 周秋良:《民间送子观音信仰的形成及其习俗》,《中南大学学报》(社会科学版)2012 年第 5 期。

硕博论文:

1. 黄超:《城隍信仰初探》,湘潭大学,2011 年。

2. 张莉:《浙东海岛渔区海神信仰研究》,浙江海洋大学,2014 年。

3. 宋韵琪:《清代粤商信仰禁忌习俗的文化研究》,华南理工大学,2010 年。

其他资料:

1. 蔡丰明:《吴越地区的水神信仰》,越文化与水环境国际学术研讨会论文集,2007 年。

2. 路其首:《明清时期张掖关公信仰研究——以地方志为中心的考察》,第六届中国地方志学术年会论文集,2016 年。

3. 宁波非物质文化遗产网.https://www.ihningbo.cn/。

第八章　民俗艺术

　　民俗艺术是劳动人民在社会活动中创造出来的艺术形式,它承载着集体的民俗观念,作为一种社会规范世代传承。

　　宁波民俗艺术发端于河姆渡先民,历史悠久,多元的民间艺术资源富含着一定的象征功能和鲜明的符号意义,其独有的文化价值成为区别于其他地区文化的重要特征之一,是宁波地方文化的重要组成部分,也是宁波地区普通民众普世价值观的集中体现,是宁波精神和地方文化的具体形式和内在要素。对宁波民俗艺术的研究与传播是保护其生命力和影响力的重要方式。

一、曲艺戏剧

信神跪佛脚,唱书对韵脚

　　曲艺,是各种"说唱艺术"的统称,是民间口头文学和说唱艺术经过长期发展演变而来的。戏剧,通常指中国传统戏曲,起源于中国歌舞,主要是由民间歌舞、说唱和滑稽戏这三种不同艺术形式综合而成。两者的区别主要体现在本质特点、艺术形式、语言形式三个方面。

宁波市的传统曲艺主要有宁波走书、蛟川走书、唱新闻、四明南词、宁波评话、余姚莲花文书、岔路道情等。

宁波走书

又名莲花文书、犁铧文书,约诞生于清同治、光绪年间,最早从上虞传入,清末民初传入宁波城区,后又流行于慈溪、奉化、宁海、象山等地。但由于地域文化和方音的不同,其名称也有所区别。宁波走书表演开始为一人自拉自唱的"坐唱",后出现简单的伴奏形式。其曲调通常有四平调、马头调、赋调三种,俗称"老三门"。其中,"四平调"常用作一部书的开头。走书演唱伴奏乐器中,四弦胡琴是必不可少的主乐,也是宁波走书音乐具有独特风格之处。"信神跪佛脚,唱书对韵脚",这是要求在进行曲艺说唱时,书词要讲究韵脚,利用韵脚的音乐性生动流畅地发挥说唱的效果。宁波走书的传统曲目有《白鹤图》《黄金印》等。2008 年6 月 7 日,宁波走书被列入第二批国家级非物质文化遗产名录。

宁波走书表演运用宁波方言,文白兼用,有时因人物表现需要也插用其他地区方言。唱法上,过去男艺人多用"炸音"(逼紧喉咙唱),形成走书特色。[1] 宁波走书的道具主要有惊堂木、折扇、手绢等。惊堂木也称醒木,既代替县官老爷坐公堂时拍桌的惊堂木,又可用来模拟和制造各种声音,同时兼作演唱开场起板。折扇用来代替笔墨纸砚、刀枪剑戟、金锄本橹担鞭等道具。手绢用来代替女人的手袋、披肩等,亦用作布、绳、包袱等,如店小二的揩桌布,客商和小贩的搭肩袋,以及悲剧中女性人物自尽时的上吊绳等等,灵活多变。鲜活生动的当地农村生

---

① 宁波海曙群艺馆:《宁波走书》,《浙江档案》2009 年第 3 期。

活语言、简单便捷的表演形式、浓郁的乡土气息,反映了广大农民的审美情趣追求。到了光绪年间,由农民、小贩、手工业者组成的宁波走书表演者发起,成立了"杭余社"行会组织。① 他们经常性交流演唱心得,研究扩展曲艺书目,同时吸收引进其他乐种的曲调,表演开始职业化,演唱活动范围也逐渐扩展到宁波、舟山、台州等城镇乡村地区。宁波走书在宁波地区及周边地区的影响也日益扩大。

蛟川走书

是宁波地方曲艺中一个乡土气息浓郁、风格独特的曲种,流传于镇海及宁波城区一带,迄今有一百多年的历史。之所以叫蛟川走书,是因为光绪年间一个名叫谢阿树的蛟川走书艺人居住地的拱形城墙上刻着"蛟川"二字。与宁波走书不同,蛟川走书的曲调有 30 余种,常用的也有 20 余种,如小起板、基本调(蛟川本调)、赋调、抗调、词调等。蛟川走书大多演唱演义类长篇大书,传统书目有《大明英烈传》《杨家将》等。2007 年 5 月,蛟川走书申报省级非物质文化遗产成功。

"蛟川走书"是宁波人民喜爱的民间音乐艺术之一。"蛟川走书"由早期一人"自敲自唱"的无伴奏演出形式,逐渐演变成一人主唱兼表演,乐队进行乐器伴奏与和唱的演出形式。这种以说说唱唱来演故事和刻画人物形象的民间艺术形态,以口口相传、师徒传承为流传脉络,以通俗易懂、诙谐情趣吸引受众,以抑恶扬善、因果报答为演绎内容,以田间地头、酒肆茶楼为传播途径。在表演上,篇幅有长有短,故事情节常用韵文形式表现,有辙有韵,唱词妙趣横生,有腔有调。配器精炼明快,起板、丝弦、响器等伴奏,一点点烘托着演出的气氛。

唱 新 闻

又称"锣鼓书",流行于浙东地区,在奉化、北仑、镇海、鄞州、象山一带尤为普

---

① 李蔚波:《宁波曲艺志》,宁波出版社,1999 年。

遍,距今约有百余年历史。南宋时期已有盲人唱"朝报"(官方新闻),后来演变为唱社会新闻。新闻的内容多是当地街头巷尾流传的古今故事和流行小调。其演唱形式有唱门头、逻便场、唱航船、唱灯头、唱场子。新闻以一人进行演唱为主,但也有双人对唱。新闻书目可分为小书目和大书目,小书目如《光棍调》,大书目如《三县并审》。2011 年 5 月 23 日列入第三批国家级非物质文化遗产名录。

"唱新闻"作为一种在民间生根发芽的艺术,具有鲜明的艺术特色。其运用方言进行演唱,具有浓郁的乡土气息,同时唱词内容通俗易懂,富有艺术感染力,能很好地吸引当地观众。其唱腔曲调多样,多从地方戏曲中提取相应的元素,并与地方小曲相结合(如马灯调、嗳嗳调、四季调等)。[1] 表演说唱相间,能很好地把握"唱新闻"内容的推进,唱腔自然,富有感情,同时辅以表演者的神态与动作,这种曲艺特色显著,能够一人将故事中的环境与人物生动地表现出来。

四明南词

俗称"宁波文书",属弹词类。由于词章华丽和曲调优雅,四明南词为士大夫们所欣赏,一般不进入书场、茶坊,多在寿诞、喜庆的会堂上演唱。据老艺人介绍,乾隆皇帝下江南时在宁波听到了宁波文书,十分欣赏,说"此乃是词,不应称书",由此宁波文书改名"四明南词"。四明南词实证可考的时间约 300 余年,唱、奏、念、白、表相间,主唱人要有"一白、二唱、三弦子"的功夫。南词常用曲调有词调、赋调、紧赋、平湖、紧平湖,俗称"五柱头"。其主要书目有《珍珠塔》《玉蜻蜓》等。2008 年 6 月,四明南词列入第二批国家级非物质文化遗产名录。

四明南词的演出书目,"一般出自史书、元明杂剧、明清传奇、小说等,还有对佛教故事、民间传说等加以改编而来的",有固定的表演脚本,要求表演具有一定

---

[1] 沈伟伦:《宁波象山曲艺"唱新闻"的传承与保护现状研究》,《艺术评鉴》2023 年第 6 期。

的程式和规范。由此可以看出,四明南词的创作者专业、严谨的创作思想。① 为了切磋技艺并调整利益冲突,四明南词的艺人们很早就组建了自己的会社。"由专业演唱和伴奏人员成立的'崇德社'、'永裕社',邀请了一些文人加入,参与行会的组织和管理工作,另外还对书目的内容、情节进行修改抄写。"②另据《鄞县通志》记载:"文书极盛之时,邑中有数十家之多。"这里是指在道光年间,崇德社(又称老同行)、永裕社(新同行)、引风轩(业余票房)等行会组织,在宁波新街一带,每天丝竹笛箫悠扬,热闹非凡,这是四明南词发展的鼎盛时期。

如今,四明南词只剩下屈指可数的几位老艺人,只在宣传非物质文化遗产保护、地方文化特色的重大活动中偶然亮相。③ 而宁波走书还经常活跃在市区的专业书场,以及鄞州、北仑等乡镇进行商业演出,并在宁波鄞州等地方电视台的电视书场栏目中长期播出,拥有一批忠实的观众。

宁波评话

地方曲艺形式的一种,俗称"讲武书"或"单拍",相传在宋、元时代有艺人在"瓦舍"(书棚)里"讲史"的。评话演出道具仅需醒木、折扇、手帕各一,不配音乐,没有伴奏。主要书目有《水浒》《三国》等。2009 年 6 月,宁波评话被列入第三批浙江省非物质文化遗产名录。

评话演出时,演员仅用醒木和扇子作道具,不配音乐,不带伴奏。说书的单凭一张嘴,要靠真功夫。一个人分饰几个至十余个角色,要把生旦净末丑、三教九流、星相医卜及故事中人物的形态、个性和口吻描述得惟妙惟肖,栩栩如生。

---

① 潘莉:《宁波"国宝"——四明南词的前世今生》,《浙江艺术职业学院学报》2009 年第 1 期。
② 潘莉:《宁波四明南词的行会组织》,《新西部》2008 年第 22 期。
③ 徐志斌:《"文"与"野"——四明南词与宁波走书审美心理比较》,《宁波大学学报》(人文科学版)2012 年第 5 期。

手中一把扇子,可以作刀枪,可以做笔纸;一块醒木,既要用作静场,又可用于烘托书中情节气氛。① 宁波评话说的大多是长篇演义书和公案书,讲历代兴衰和传奇故事,人们称为讲大书,《水浒传》《三国演义》《包公案》等都讲。其实评话艺术的关键在于"评",每讲完一段,或者在故事的紧要处,都要有一个评论。是非善恶,评话艺人自有判断,需要传递一种社会公序良俗正义之声,所谓"说书看戏劝人方"。同时也可以插入许多小故事进行评比,这些书中书,都能考验一个评话艺人的艺术控场能力。

余姚莲花文书

早年属原余姚横河一带的弹子弯调。因其内容具有反对封建压迫和剥削的斗争精神,深受帮工们的喜爱。后来传入余姚,经几代艺人的努力,改进为余姚莲花落,定名为"余姚莲花文书"。声腔以余姚弹子弯调为主,融合各种流派和小调而成。莲花文书作为宁波地区走书曲艺的最早形式,它的存在对研究宁波曲艺历史、风格特点都有比较深远的意义。代表书目按其内容可分为四类:第一类公案戏,如《绿龙袍》;第二类英雄戏,如《狄青五虎平西》;第三类侠义戏,如《金龙鞭》;第四类爱情戏,如《玉莲环》。2018 年 5 月列入第五批宁波市非物质文化遗产名录。

岔路道情

宁海县的岔路道情历史悠久,起源于唐代的《承天》《九真》等道曲。道情艺人表演时用渔鼓、简板伴奏,故又称道情渔鼓。"岔路道情"是岔路镇特有的曲艺形式,演唱内容除了地方民间故事、传说等传统曲目外,也可临场发挥,唱一些现

---

① 周东旭:《南词走书评话,宁波人的乡音艺术》,《文化交流》2020 年第 11 期。

实生活中的现象。上世纪 60 年代中后期以后，岔路道情渐渐淡出人们视野，目前濒临失传危机。2018 年 5 月，列入第五批宁波市非物质文化遗产名录。

戏曲的形成，最早可以追溯到秦汉时代，但到了宋元之际才成型。成熟的戏曲要从元杂剧算起，经历明清的不断发展成熟而进入现代，历经八百多年繁盛不衰，如今有 360 多个剧种。在宁波地区，传统剧种主要有甬剧、宁海平调、姚剧等。

甬　剧

甬剧是用宁波方言演唱的地方戏曲剧种，音乐声腔属于滩簧，最早称"串客"。不同于其他剧种，甬剧是没有脸谱的。1938 年后，这一戏曲剧种正式被人称为"甬剧"或"改良甬剧"，直到 1950 年，这一剧种才正式定名为"甬剧"。其主要曲调为"基本调"（叙述故事情节）、"四明南词"曲调（抒发人物感情）、"快二簧"（描绘高亢激昂的情绪）、"慢二簧"（表现特殊情感和情景）及一些地方小调。2008 年 6 月 7 日，列入第二批国家级非物质文化遗产保护名录。

甬剧在初期发展阶段，经常演出的剧目主要是传统的"七十二小戏"，这是甬剧传统剧目的早期形态，是起步阶段的代表作。从历史角度看，甬剧和全国大多数戏曲剧种一样，是从小戏发展而来的。可以说"七十二小戏"是甬剧的前身，体现了宁波地区代表性剧种的原始风貌和民间品格，是甬剧后来形成独特艺术风格的重要母体。剧目多以表现男女恋情，抨击封建礼教，描述底层人民生活，揭露封建统治阶级的腐朽为主要内容。[1] 这些剧目适应了当时底层百姓和城市小市民的社会心理和审美需求，造就了传统小戏在剧目内容和表演形式上的鲜明

---

[1]　马敏：《甬剧"七十二小戏"的民间品格探析》，《今古文创》2021 年第 34 期。

特色,形成了这类演出剧目的民间品格,表现出草根性、现实性、娱乐性的特质。

宁海平调

宁海平调属于新昌调腔的分支,起源于明末清初,流行于宁波附近,至今已有三四百年的历史。平调中的耍牙绝艺是清末宁海艺人独创的一门绝技,有一百多年的历史。这是一种粗犷中不失细腻,野性中凸现灵动的"变口"技艺,堪与川剧的变脸艺术相媲美,其代表作有《小金钱》等。2006 年 5 月 20 日,宁海平调列入第一批国家级非物质文化遗产名录。值得一提的是,宁海县是国内古戏台存量最多、保护最完好的地区之一。目前,全县共存有古戏台 125 座,为全国唯一的"古戏台文化之乡"。

所谓"耍牙",是将猪的獠牙放入口腔与鼻腔中,演员在唱念做打之间,用獠牙的变化来表现角色的内心与情绪。"耍牙"表演有五种技法:一含,将多颗獠牙含在口中,又唱又念,观众却看不出表演者有任何异样;二咬,伸出口中獠牙,上下对咬,发出"格格"的声响;三舔,用舌头驱动獠牙,上下左右动作变化,形成口腔里的"小王国",好似獠牙与獠牙之间在格斗;四吞,将獠牙吸入口腔;五吐,忽地吐出獠牙。[1] 在演员舌、齿、唇、气的辅助下,獠牙仿佛就是表演者的天生之物,两颗牙一进一出,轻轻咬动,说明人物心情平和;上下动作,说明他有些火了;用到六颗牙时他已经大怒;而观众看到八颗牙时,说明人物已经到了怒不可遏的程度。"耍牙"技艺的最高境界,演员的鼻腔与口腔中要有十至十二颗獠牙,最能展现此技巧的是剧目《小金钱》中《金莲斩蛟》的"独角龙"一角。历年来,宁海平调"耍牙"传承人在完美表现该角色后,才算是真正地领悟与掌握了这门技巧。《小金钱》中的独角龙是一个长满坚硬鱼鳞的恶人,要在舞台上具象地表现这样一个

---

[1] 朱旭:《宁海平调的野性与阳刚之美》,《今日浙江》2015 年第 1 期。

骄横、凶残的人物形象,除了依靠服装造型或"神形"演绎,更需要在外形造型上做出极大突破,以凸显出这条人格化的龙亦人亦兽的特点。

图 8-1 宁海平调耍牙

姚　剧

姚剧是滩簧类地方剧种,用余姚方言演唱,是在民间歌舞"马灯""旱船""采茶篮"的基础上发展起来的,其前身为"余姚滩簧",又曾被称为"鹦哥戏"。起源于 18 世纪上叶,形成于 18 世纪中叶。姚剧传统剧目共计有 72 出,多为反映平民生活、男女爱情的"对子戏""三小戏"和少数"多角戏"。2008 年 6 月 7 日,列入第二批国家级非物质文化遗产名录。

姚剧表演通俗易懂,剧目贴近民众心理,民间语汇丰富,表演风格不受戏曲程式的严格约束,注重人物性格刻画和真情实感的体现,并寓幽默、风趣、诙谐于唱、念、表演中,富有浓郁的乡土生活气息。姚剧音乐声腔独特,有"平四"和"紧板"两种基本调。① 既能独立运用,又能互相转换,抒情叙述兼备,生旦同宫异腔,并较早采用男女合演。姚剧有数十种小调杂曲作为辅助性曲调,音乐唱腔以节奏明快、活泼流畅见长,独具民间性。经过 200 多年的传承,姚剧已具有了很强的时代适应性,能够演出各类剧目,尤其擅长表演各个时期的现实生活题材,颇受老百姓的欢迎。

二、音乐舞蹈

渔民号子粗犷美,奉化布龙舞不停

传统音乐是音乐思想的集中体现,对一个民族的思维习惯、审美意识的形成与发展有着不可估量的作用。河姆渡遗址出土的骨哨、陶埙证明,宁波的音乐历史源远流长。比较典型的有象山渔民号子、余姚十番、奉化吹打、越窑青瓷瓯乐等。

象山渔民号子

象山渔民号子在唐宋时期已初步形成,清康熙年间至民国期间达到繁荣程度。它主要由传统渔业生产上的渔民号子和海洋运输业中的船工号子等组成,品种相对较全、曲调粗犷优美,有着鲜明的海洋文化特征,具有厚重的历史价值和独特的艺术价值。2011 年 5 月,列入第三批国家级非物质文化遗产名录。

渔民号子有非常突出的"吼叫宣泄"的特征,这种"吼叫宣泄"在调节渔民情绪方面有多种功能,它大多产生于渔民的情绪紧张时刻,但有时候也起到一种海

---

① 余姚市档案局:《姚剧》,《浙江档案》2010 年第 3 期。

上劳动"苦中作乐"的功效,可调剂劳动者的心情,减轻劳动的困苦。① 象山渔民号子通过各种不同作业的号子歌唱来振作精神,统一节奏,大大减轻劳动者的体力消耗,增强了劳动者的劳动热情。同时,又代表着象山地区渔民日常作业时的娱乐消遣,融入了象山地区的民歌、渔歌、戏曲等地区音乐元素。② 每一个号子都是一幅生动的渔民劳动实景,让人真真切切地感受到渔民那种豪迈、粗犷、开朗的性格。

象山渔民号子代表了象山渔民的文化传统,也为宁波市及整个社会带来了丰富的文化内涵和艺术享受,具有重要的历史价值和独特的艺术价值,见证了宁波象山地区千百年来渔业生产的发展。20世纪60年代中期,随着手工化捕鱼逐渐被机械化所替代,号子的生存空间不断萎缩,逐渐消失。如今,象山县文化部门已将渔民号子列入抢救、保护的重点对象,通过各种办法和手段取得了实质性的保护成果。象山渔民号子对于保护宁波市民间文化、加强音乐文化的发展、维系民族精神纽带都具有重要的历史意义和现实意义。

余姚十番

十番其实是一种民间器乐的表演样式的统称,据传始于明代中叶,后在余姚一带广泛分布和流传。余姚粗细十番具体可分粗十番、细十番,粗十番是唢呐加锣鼓的演奏形式,细十番是丝竹乐队。十番的演奏形式分为行姿和坐姿两种。2012年6月,入选第四批浙江省非物质文化遗产名录。

粗细十番最早可追溯到大禹治水的年月,是民间歌颂大禹治水功德的乐曲,后成为宫廷音乐,以工尺谱记录,以言传身教方式传承。明朝中后期,渐渐流落

---

① 倪浓水、陈小观:《舟山渔民号子的特征及功能研究》,《文化艺术研究》2014年第1期。
② 程超:《行走在视线边缘的浙东渔歌——浙江象山地区渔民号子音乐形态分析》,《大众文艺》2017年第5期。

民间,盛行于江南。根据有关史料记载,明嘉靖后期,浙东打击倭患有成,人们欢庆太平,祈求丰收,纷纷举行迎神赛会活动。各种形式的民间艺术在庙会上缤纷登场,争奇斗艳,粗细十番就是其中备受称道的一道亮丽风景。

专业人士称:"粗细十番的魅力不在一人一器,而是依靠全体演奏人员的默契配合,高低轻重、强弱缓急,都要调度得当。将击打器乐与丝竹器乐有机配合,音色丰富,音调动听,粗犷与优雅相间,高亢与婉转并存。"[1]粗十番通常由唢呐两人、锣鼓四至六人组成。由唢呐和锣鼓配合演奏,当唢呐吹奏时,锣鼓疏而轻;当唢呐停奏时,锣鼓密而重。唢呐常用曲目有《过场》《大小开门》《骑马》《辕门》《云庆》《进城》《双子》《出家行》等。细十番人员十余人至几十人不等,通常使用的管乐器有笛、箫、笙、小唢呐等,弦乐器有板胡、二胡、高胡、中胡、四弦胡等,弹拨乐器有月琴、琵琶、三弦、金刚腿、秦琴等。

奉化吹打

据史料记载,奉化吹打盛行于明代中叶,其所用乐器以唢呐、笛子、锣、鼓等吹打乐器为主,创造性地使用了定律的"十面锣"。奉化吹打对研究浙东地区的政治、经济、文化、宗教及风土人情具有较大的作用,对于挖掘、整理、传承、发展我国民族乐器也具有不可替代的艺术价值。其代表作有《将军得胜令》《万花灯》《划船锣鼓》等。2005 年 6 月,列入首批浙江省非物质文化遗产名录。

奉化市位于浙江东部沿海,东面海,西枕山,北接宁绍平原。农、林、牧、渔、手工业发展较为全面,为"奉化吹打"的起源和发展提供了一定的便利条件和经济基础。在漫长的社会发展过程中,奉化城乡民间器乐活动代代相传,它常与民俗礼仪相伴相随,多用于庙会节日、喜庆婚嫁、丧葬祭祀等。因而,职业、半职业

---

① 方其军:《在江南遇见烟火气的"交响乐"——省级非遗项目"粗细十番"传承侧记》,《宁波日报》2023 年 5 月 22 日。

性的民间乐队(堂、班、社、会)应运而生,从事吹打乐演奏的班社组织遍布城乡。民国时期,奉化吹打以大桥九韶堂、萧镇白柞杨徐鑫堂、吴家埠张潮水班等较为有名。另有南浦利星社、方桥阮家奉光社、董李永昌会、永丰会等小乐队。职业性乐队的从业人员多来自农民及理发师等服务业从业人员。① 乐器以唢呐、笛子、锣、鼓等吹打乐器为主。集民族吹管乐、丝弦乐和打击乐于一身,最大的特点是创造性地使用了定律的"十面锣"。奉化吹打使用的"十面锣"具有创造性艺术价值,现已成为我国一种独特的民族乐器,被器乐界广泛使用。

越窑青瓷瓯乐

又名上林青瓷瓯乐。古代人称青瓷茶碗为"瓯",以此作乐器击打成音乐的则称为"击瓯"或"瓯乐",俗称碗乐,其历史可追溯到 3000 年以前,后历经商、周、秦、汉而盛行于唐宋。根据出土和文献考证,古代"越窑青瓷瓯乐"的乐器主要有瓷瓯、瓷鸟哨、瓷埙、瓷腰鼓、瓷编钟、瓷大鼓、瓷排鼓等。但后来,随着越窑的衰落,越窑青瓷瓯乐也逐渐退出了音乐舞台,湮没和失传了一千余年。2001 年后才在各方努力之下,重新获得了勃勃生机。2009 年 6 月,列入第三批浙江省非物质文化遗产名录。

青瓷瓯乐器均由陶瓷土烧制而成,其"形如冰,声如磬"的固有特点,使所演奏之乐声清脆透明、婉转悠扬、古风浓郁,颇具艺术性。旧时的青瓷瓯乐器,种类繁多,但至今尚未进行系统而精确的统计。目前,已复制有瓷瓯、瓷钟、瓷鼓、吹奏(其中包括瓷埙、瓷箫、瓷笛)等 4 个系列近 20 多个品种的青瓷瓯乐器。② 随着发掘的进一步深入,乐器的品种还会增加。代表性的有瓷瓯:形同碗、盘、盆、杯的青瓷乐器,其音域宽广,音色清脆,有钟磬之韵味,金石之音质,适用于多种形式的演奏。瓷管钟：原由 13 根悬挂的长短不一的金属管组成，按长短、洞径大小决定音高，现改用瓷质长条形管身，按半音阶音列排列。瓷编磬：制作材料是石材或者玉材，十二平均律排列，悬于木架上，木槌击奏，音色清脆明亮。

舞蹈是人类最古老的艺术形式之一。宁波传统舞蹈历史源远流长，在鄞县太白山下沙堰村出土的东汉谷仓上，就有"拿大顶"的杂舞造型。宁波的传统舞蹈主要有龙舞、狮舞、灯舞、风俗祭祀舞蹈等。

奉化布龙

龙是中华民族图腾，龙文化也是汉族最具代表性的传统文化之一。龙舞的寓意概括起来大致可分为四个方面：求雨祈福、娱人娱神、彰显威力、兴丁旺族。奉化布龙，因起源于奉化而得名，其历史渊源至少可追溯到南宋时期，迄今已有800 余年的历史。2006 年 5 月 20 日，奉化布龙被列入第一批国家级非物质文化遗产名录。

奉化布龙是全国很有影响的代表性龙舞之一。奉化布龙以竹篾制成骨架，又以布料作龙面、龙肚，故得名布龙。奉化布龙在形式上有九节、十二节、十八节、二十四节、二十七节不等，一人持一节。龙身既有龙面布，也有龙肚布，外形美观。十二节以上的布龙制作得粗大结实，各节可以点燃红烛，夜间起舞时，五彩斑斓，犹如真龙凌空飞舞，但因其形体庞大，演出场所受限，唯有九节龙由于节数适中，舞动起来显得灵活矫健，不择场地，在院子、厅堂随处可舞，故最受群众欢迎。

奉化布龙由敬神、请神、娱神逐步演变成为富有特色的民间舞蹈，舞得活、舞得圆、神态真、套路多、速度快是奉化布龙的主要艺术特征。整个舞蹈由盘、滚、游、翻、跳、戏等基本套路和小游龙、大游龙、龙钻尾等过渡动作组成。舞者动作矫健,舞姿变化多端,技艺娴熟。所有舞蹈动作都在龙的游动中进行,能做到"形变龙不停,龙走套路生","人紧龙也圆,龙飞人亦舞",造型生动,转换巧妙,动作间的衔接和递进十分紧凑。① 由于龙身轻,舞动起来速度快,龙圈环环相扣,龙身紧紧缠绕。

图 8-2 奉化布龙表演

奉化布龙出场表演分三种场合。第一种是农历除夕前五天、正月初一至正月初五这五天、正月十三上灯至正月十八落灯夜这六天;第二种是按庙会上的表演时间来定的;第三种是民间流行的年复一年的"请龙""送龙""行龙会"时间,一般为3—6天。按照老宁波人的习惯,逢年过节都要请舞龙队来表演一番,来表演的大多是来自奉化的布龙表演队,也有个别来自宁波四里八乡的农民自发组织的舞龙队。奉化布龙经过300多年的千锤百炼,在原有20多个动作的基础

---

① 宁波市非物质文化遗产网——非遗名录 https://www.ihningbo.cn/directory。

上,精益求精,不断创新,现已有 100 余种套路,在全国丰富多彩的"龙舞"中尤为罕见。具体舞蹈动作有盘龙、直伸龙、快跳龙、滚沙龙、大游龙、小游龙和龙钻尾等。其中许多不同的跳跃动作和躺在地上滚舞的技巧,都是民间艺人通过丰富的想象力创造出来并在实践中不断充实、提高和完善。舞者速度快,调动的幅度也相当大,技艺娴熟,动作利落,灵活敏捷,再加以热烈而奔放的锣鼓,只见龙在飞腾,人在翻舞,龙身迎风,呼呼有声,煞似蛟龙出海,有一种翻江倒海的磅礴气势。

梅山舞狮

在宁波北仑区梅山,有一种传统艺术跨越岁月长河,以独特的魅力扎根民间,它就是梅山舞狮。梅山舞狮是远近闻名的梅山民间节庆习俗,它起源于清道光年间(1821 年),距今已有 200 多年的历史。梅山最早的舞狮属于北狮,俗称"红毛狮子",其红色代表喜庆、吉祥、英俊、威武。曾经海盗猖獗的浙东沿海,与武术相结合的舞狮,成为梅山人保家护岛的手段,并逐渐演变成岛上群众喜庆娱乐的活动。

旧时,每逢春节和元宵节,由村民们自发集合的民间文艺团队,穿起狮服敲锣打鼓,到表演场地与武术队轮流表演。表演时,舞狮队视接狮人家场地大小、职业门第等条件选择造型内容,一般均以"元宝""利市"开场。乐器主要有锣、鼓、钹等,根据舞狮的节奏演奏,一般以铿锵高昂激烈的乐曲为主,表现红毛狮子的威武和灵活。各类表演都体现了老百姓消灾纳福、吉祥如意的愿望,接狮人家都笑脸相迎,备钱物致谢。

作为一项极具地域特色的民俗活动,梅山舞狮不仅是力量与技巧的展示,更是当地文化传承的重要载体。经过多年的不断创新和提高,梅山舞狮在高桩设计、舞狮动作设计形成了自己的特色。睡姿、觉醒、翻浪、跳跃、喷火等独具特色的"开四门"舞法,将雄狮沉稳威猛坚毅的习性表现得栩栩如生。

梅山舞狮技巧性强,运动量大,舞者动作矫健敏捷,将狮子的喜怒哀乐、跳跃翻腾等形态演绎得淋漓尽致。舞者通过高难度动作展示力量与勇气,如爬高杆、踩梅花桩等,惊险刺激,令人目不暇接。表演中还伴有激昂的锣鼓声,节奏明快多变,时而如海浪澎湃,时而似细雨润物,为舞狮增添了热烈的氛围,紧密配合着狮子的一举一动,将现场气氛推向高潮。

梅山舞狮承载着梅山人民的情感与记忆,见证了海岛的变迁与发展。它是当地文化的活化石,每逢重大节日、庆典,舞狮表演必不可少,成为凝聚人心、传承文化的重要方式。如今,在保护与传承传统文化的浪潮下,梅山舞狮走进校园、社区,培养了一批又一批爱好者,这一古老的艺术在新时代焕发出新的生机与活力,继续舞动着梅山的海韵传奇。

图 8-3　北仑梅山舞狮

余姚犴舞

犴舞是余姚独有的,是极具地方特色的民间舞蹈。传说东海龙王生九子,第九子不成龙却为犴,犴生性凶猛,食虎豹,镇邪恶,是余姚河姆渡先民的图腾。余姚犴舞是越地先民在社会生产和生活中,为表达对犴的崇拜而衍生出来的一种民间舞蹈,是河姆渡稻作文化的产物。2007 年 6 月,列入第二批浙江省非物质文化遗产名录。

余姚犴舞源于河姆渡远古先民的图腾崇拜,在传统的民俗活动、宗教仪式等民风习俗中保留下来。近代犴舞,由公元 1700 年前后的余姚张氏家族继承下来,已传到第五代。根据《四(泗)门谢氏二房谱》中记载,舞犴为秦朝时的一种风俗,余姚犴舞已有 2000 多年的历史。它是一种集先民们古朴的哲学思想——五行相生相克原理和祈神娱神民俗内涵于一体的独特的民间舞蹈。在余姚民间,犴舞不但有祈神、娱神的功能,而且还有娱人的功能。犴舞的表演,有其独特的阵法和招式。犴舞队伍以一面三角"令"字旗开路,紧接着一面特大黄色帅旗,上绣一巨大的篆体"犴"字,鲜艳夺目,在队伍中,大旗高擎,迎风招展,气势雄壮。[1] 五面五色长杆三角旗,旗的周边镶有犬牙花边,旗上分别绣有"金、木、水、火、土"字各一个,以代表"五行",以此引领犴舞队伍的出行,浩浩荡荡,威风凛凛。古时,在出现天灾或不吉利状况时,人们往往会借助犴舞来祈祷神明,驱灾消难,希望神明赐雨露滋五谷。

历史上犴舞分布于余姚市西部平原及西北一带,以马渚境内为主,还包括与马渚西北部相邻的牟山和泗门。至今只有泗门一带还留存有犴舞迎新年的习俗。犴舞以唢呐、锣、鼓、钹等乐器为伴奏,又有独特的舞蹈阵式,是人们喜闻乐

---

[1] 梁宇:《浅谈吴越地域的舞蹈文化》,《安徽文学》(下半月)2010 年第 3 期。

见的一种传统民俗表演。

大头和尚

大头和尚起始于清道光二十年,亦称"民间哑舞""大头和尚舞"等,历来广受社会各界的喜爱和欢迎。表演者通常扮成出家人模样或扮成女性,与其他传统舞蹈相比别具韵味。2012 年 6 月,列入第四批浙江省非物质文化遗产名录。

"大头和尚"是一种民间哑舞,俗称"抛大头",是宁波市鄞州区集仕港镇翁家桥村民间艺人演出的一个传统节目。所谓哑舞,就是演员戴着面具,穿上彩服,不讲道白,不唱腔调,表演全用舞蹈动作,乐队也无须吹、拉、弹、拨,只用大鼓、大锣、钹、小锣等打击乐器,演员随着打击乐的各种节奏,用各种舞蹈动作来表示言语和思想感情,从而展示整个故事的内容。① 《大头和尚》是哑舞中的代表作品,取材于民间故事,根据明代传奇小说"三言二拍"中的"月明和尚度柳翠"改写。哑舞从小和尚跳着开山门的舞步开始,到老和尚背出了柳翠婆到村外结束。故事虽然简单,但正符合了人民群众"驱灾星、保太平"的心理,所以各村、各族为保太平,每年都要请太平会演出这个节目,这也就是过去太平会久盛不衰的主要原因。

瀣浦船鼓

始于清中后叶嘉靖年间(公元 1810 年)前后,是一种集打击(鼓)、船型道具舞、民歌小调三种艺术形式于一体的、具有浙东渔区风俗特色的民间表演艺术形式。起初为渔民"开洋""谢洋"专用,后融入庙会以及社会各项节庆活动。建国前,表演者均为男性(旧俗,严禁女性参与),在 20 世纪中叶逐渐湮没失传。改革

---

① 陈科峰:《大头和尚》,《宁波通讯》2013 年第 2 期。

开放后,这一艺术形式又以崭新的姿态重现青春。2009 年 6 月,列入第三批浙江省非物质文化遗产名录。

镇海澥浦镇在明清年间是个很大的渔港,长年停靠着 300 多条渔船和 40 多艘商船,店铺、鱼市很是热闹。每逢渔船满载而归,渔民们就以"船鼓"的表演形式来庆祝丰收,可以说,澥浦船鼓是澥浦民间流传百余年的一种群众性的文艺表演形式。旧时的"澥浦船鼓"演出场地多为渔港空旷地,演出人数可多可少,多则数十人,少则七八人,由龙头作导,众人相随,表演者服饰以画有龙、虾、鱼等图案的渔民对襟衫为主,背景常常是画有与海洋相关图案的渔船,表演的乐器由唢呐、大堂鼓、小京鼓和锣铙等响器组成。① 船鼓演奏极具浓厚的喜庆气氛,曲调高亢,节奏有力且起伏跌宕,兼以粗犷奔放的舞蹈动作,闻其音令心震撼,观其舞使情愉悦。

鱼 灯 舞

宁波象山鱼灯舞是一种具有深厚历史和文化背景的民间舞蹈,主要在石浦古镇及其周边地区表演。鱼灯舞起源于东汉时期,距今已有 1800 多年的历史。鱼灯的名字与"富足有余"的"余"字谐音,象征着幸福、美满和吉祥。鱼灯舞不仅是渔民庆祝丰收和"年年有余"的象征,还在当地人民的日常生活中占据了重要地位。

经过千年的发展演变,如今鱼灯舞已成为集娱乐和祭祀于一体的庆典活动。鱼灯的制作工艺非常讲究,从设计图纸到骨架制作,再到糊布上色,每一个步骤都充满了对大海的热爱和敬畏。鱼灯通常呈鲤鱼状,用竹篾绑扎,糊裱白纸并用各种色彩绘制而成。鱼灯舞通常在逢年过节时表演,以庆祝风调雨顺和渔业丰收。鱼灯舞的表演形式多样,表演时通常由十八条鱼组成,以舞龙、跑马等为主

---

① 毛思洁:《聆听浦船鼓的故事》,《宁波通讯》2011 年第 20 期。

要形式,伴奏音乐包含锣、鼓、钹、唢呐等,整个表演充满了浓厚的喜庆气氛。在象山石浦,鱼灯舞是当地元宵"十四夜"民俗队伍大巡游的重要组成部分,有着"十三上灯、十八落灯"的传统。

石浦鱼灯舞作为非物质文化遗产,不仅是一种文化传承,更是一种浪漫的象征。在石浦古镇,保留了最原始的鱼灯制作技艺,游客可以观赏鱼灯、体验鱼灯巡游,甚至亲手制作鱼灯。当地政府和文化机构也在积极保护和传承这一文化传统,通过展览、表演等活动,让更多的人了解和参与鱼灯舞。

沃家狮象窜

沃家狮象窜是活跃在宁波北仑区一带以狮子和大象为造型进行表演的民间传统舞蹈。据传始于明清时期,迄今已有三百多年历史。表演时有一只雄狮、一头大象和两名大头和尚。按佛教传说,狮子是文殊菩萨坐骑,白象是普贤菩萨坐骑,均属吉祥之物。民间传说"文狮卫家,白象和谐,二者合一,国泰民安"。2012年 6 月,沃家狮象窜被列入第四批浙江省非物质文化遗产名录。

作为一种民间舞蹈,"狮象窜"有其自身独特的表演形式。现在"狮象窜"表演队伍一般由一狮、一象、一个大头和尚和一个打击乐队组成。狮子和白象各由两人掌控,一人舞头,一人舞尾。[①] 狮子头、白象头用竹篾结扎而成;狮皮、象皮用绒布制作,并贴上用彩纸剪出的各种花纹图案。演员身穿白色武术衣,脚穿上山袜,腰束武术带,英姿飒爽。大头和尚是引舞人,身着长袍,手执蒲扇,边摇扇边扭腰,在狮子和白象之间穿行,动作文气,表情和蔼,其作用一是指挥狮象的动作,二是维持表演秩序。"狮象窜"刚柔兼备,动静结合,形式生动活泼,表演惟妙惟肖,长期以来深受群众喜爱。时至今日,沃家"狮象窜"仍会在春节拜年、闹元宵、迎亲、祝寿、武术

---

① 胡萍萍:《从宁波柴桥"狮象窜"谈民间艺术传承与品牌形象塑造》,《浙江工商职业技术学院学报》
　2015 年第 2 期。

健身等民间活动中亮相,为丰富当地娱乐文化生活做出了自己的贡献。

造　跋

造跋,又名"肩背戏",亦称"造型"与"造脸",俗称"马嘟嘟",始于清道光十九年。由 10 名十岁左右童男童女站在青壮年男子肩上,边舞边唱、念、做、打,常见于庙会及重大庆祝活动中。2009 年 6 月,列入第三批浙江省非物质文化遗产名录。

男童女童打扮成"猪八戒""美猴王""弥勒佛"等中国古老神话故事里的角色进行表演。站在大人肩上的小孩叫"天盘",扶着孩子双脚的大人叫"地盘",表演的时候,"天盘"和"地盘"配合默契,舞蹈协调统一。[①] 造跋表演时,先是全体出场,继之绕八字,走圆场,然后逐对表演。人们欣赏的不只是人物的造型,而是惟妙惟肖的表演。

北仑柴桥造跋这一民俗文化不仅保持了原始的艺术形象,随时代进步,其演出规模、表演形式与节目内容等方面也在不断创新。它根据中国传统神话和民间故事发展了一系列典型形象,如《孙悟空三打白骨精》《岳云与金国公主交战》《薛丁山三请樊梨花》等一系列作品人物。现在每逢春节或元宵节,人们就用这种独特的方式庆贺节日,场面热闹非凡。

三、传统技艺

三分雕刻七分漆,三金一嵌传如意

朱金漆木雕

宁波朱金漆木雕简称"朱金木雕",它以浙江省宁波市为中心,延及慈溪、余

---

① 严春晓,徐凤:《北仑穿山半岛的民俗文化探究》,《考试周刊》2011 年第 86 期。

姚、奉化、象山、宁海、镇海、鄞州等地,距今有一千多年的历史。汉唐以来,随着木结构建筑的发展,出现了彩漆和贴金并用的装饰建筑木雕。宁波的朱金漆木雕艺人有句老话:"三分雕刻,七分漆匠。"所以,朱金木雕的特色主要在于漆而不在于雕,因此雕刻并不十分精细。朱金木雕从明清以来普遍应用于民间日常生活,特别是婚庆喜事中的"千工床""万工轿"等。关于"万工轿"在宁波民间流传着这样的说法:南宋小康王赵构被金兵追杀,一个宁波村姑救了他。脱险后,赵构答应来年接村姑入宫,但两人所约暗号泄露,于是赵构下旨,"浙东女子皆封王",出嫁时,都要戴凤冠霞帔,乘龙凤花轿。倘若路遇官员,文官要下轿,武官要下马。于是从南宋开始,宁波姑娘出嫁坐花轿的民风愈来愈盛,花轿制作也愈来愈考究。2006 年 5 月 20 日,列入第一批国家级非物质文化遗产名录。

图 8-4　朱金漆木雕万工轿(陈素君摄)

　　中国尚红文化与浙东地域"崇红尚金"的民俗色彩观不仅体现了中国人的审美情趣和文化情感,也是朱金漆木雕主要的设计理念。朱金漆木雕装饰艺术的形成不是割裂木雕构造、色彩搭配和画面空间人、物的布局,而是通过抽象的空间布局整体把握它所要展现和表达的事物及情感。[1] 将世俗伦理道德作为各种

---

[1] 姚晓宇:《朱金漆木雕艺术的民俗美学价值再利用》,《文物鉴定与鉴赏》2020 年第 1 期。

艺术造型和整体构造的精神依托,以哲学审美情感来表达实用主义内涵。这种寓意深刻、造型新颖、构图巧妙、色彩突出、多种丰富纹饰相搭配的装饰艺术,不单是浙东学派"经世致用"思想和实用主义的体现,满足了浙东沿海人民的世俗消费心理和消费需求,也打破了传统单一的木雕装饰的形式,表现了自由不拘的创作手法,凸显出深厚的人文情结与区域特征,深受浙东地区世俗社会各阶层人士的喜爱。

骨木镶嵌

骨木镶嵌是民间工艺与家具、建筑相结合的一种装饰形式,最早出现在隋唐时期,清乾隆中叶时进入鼎盛时期。它主要采用牛骨片、木片等为原料,用钢丝锯成各种纹饰,在木坯上起槽后用黄鱼胶粘结嵌入花纹,再经打磨雕刻,髹漆而成。在制作方法上有高嵌、平嵌、高平混嵌三种。代表作品有红木镶嵌大地屏《群芳雅集》、博古组合橱《西湖春泛图》。2008 年 6 月,列入第二批国家级非物质文化遗产名录。

传统的宁波骨木镶嵌常用的题材大体可分为民间传说、历史故事、戏曲片段、生活风俗等,如姜太公八十遇文王、郭子仪拜寿、泥马渡康王等;或取古人画面,或用唐诗意境,如西湖十景、桃源寻春、牧童遥指杏花村等;花鸟静物如梅、兰、竹、菊"四君子"、桃李佛手、凤凰牡丹、松鼠葡萄等都是常用题材。装饰纹样方面如博古、回纹、香草、洋花、暗八仙等,保留了大量传统图案。[1] 在象山县岳头村的一家祠堂内,有一根跨度三米多的鱼骨,架在梁下,那鱼骨上墨迹犹在,"大清乾隆贰拾年乙亥正月朔自入本港门海鳅颌骨"。传说当年海上漂来了一条已经死亡的大鱼,搁浅在沙滩,于是就有了两根巨大的鲸鱼下颌骨,一根架到祠堂

---

① 李建荣:《宁波骨木镶嵌艺术的传承之道》,《民艺》2023 年第 1 期。

的栋梁，一根做了村外亭子的脊檩。以鱼骨为梁柱的象征，表达了宁波人对海神的崇拜。

图 8-5　骨木镶嵌千工床(紫林坊艺术馆提供)

金银彩绣

宁波金银彩绣，又称"金银绣"，始于唐宋，即以金银丝线与其他各色丝线一起，在丝绸品上绣成的带有不同图案的绣品，主要用于官府、民间喜庆、服饰、宗教、室内陈设五大方面。它的主要技法以"盘金(银)"和"填金(银)"为主。2011年5月23日，列入第三批国家级非物质文化遗产保护名录。

宁波金银彩绣的纹样题材大多取决于民间传统的龙凤、狮子、如意、牡丹等吉祥图案，还有山水人物、神话传说、戏曲故事等。祈福纳吉与伦理教化是民间刺绣文化的核心内容。① 比如,常用蝙蝠、鹿、喜鹊等祥瑞动物来代表福、禄、喜;用龙、凤、仙鹤等神异瑞兽表达吉祥如意;以"桃"来象征寿,用百合花、柿子、玉如意来表示"百事如意"。宁波金银彩绣的纹样也与本地风俗密不可分。如宁波当地流行为小孩制作"周岁袄","周岁袄"的胸前绣有两个童子,一个手捧毛笔,另一个双手捧笙,"笔"与"笙"组成"必胜"的谐音,寓意小孩长大后做任何事都会"必胜"。衣领上则用"卍"字符组成连续纹样,寓意岁岁平安。② 另外,宁波的沿海区域有一种特殊习俗:在开渔前一天,渔民们会举行祈求平安的仪式,渔船主人穿着带金银彩绣的"豪华龙裤"以示虔敬。

图 8-6 金银彩绣甬上风情图(金银彩绣艺术馆提供)

泥金彩漆

宁波泥金彩漆,与金银彩绣、朱金木雕、骨木镶嵌并称为"三金一嵌",是一种泥金工艺和彩漆工艺相结合为主要特征的漆器工艺,明清之际达到鼎盛。泥金彩漆以中国生漆和金箔为主要原料。制作方法分为"堆泥""沥粉""泥金彩绘"三种。现仅宁波市辖县宁海还保留此项传统手工艺。2011 年 5 月,泥金彩漆列入

---

① 严则勋,张康夫:《宁波金银彩绣的审美特征及婚庆应用》,《教育现代化》2019 年第 72 期。
② 虞盛儿,张冰钰:《宁波金银彩绣的视觉元素及其文化内涵研究》,《创意设计源》2022 年第 3 期。

第三批国家级非物质文化遗产保护名录。

图 8-7 泥金彩漆(陈素君摄)

泥金彩漆从家具到生活器具都有,用途广泛,工艺精美,图饰多变,色彩浓厚。宁波的传统泥金彩漆家具,有着汉唐时代雕刻艺术风韵和江南地区民间工艺的清新优雅,是中国传统家具发展史中重要组成部分之一。《髹饰录》中有记载,春夏两季做出的漆鲜艳明亮,秋季所做的颜色深老,冬天就不适合做漆了。[①] 泥金彩漆技艺特殊复杂,每件器物都需要制作者投入极大的人工成本制作。从现存的器物来看,泥金彩漆工艺在清代至民国时期运用最为广泛,品种多样,这是由那个时期的审美风格决定的。[②] 在传统宁式家具以及生活用品中,泥

---

① 黄成,杨明:《髹饰录》,《中国生漆》1991 年第 4 期。
② 潘垒,邵良,魏怡菲:《宁波泥金彩漆的传承与发展》,《中国生漆》2020 年第 3 期。

金彩漆的美更是被发挥到了极致。泥金彩漆制品精美绝伦,因此价格也不菲,其中最知名的一种就是朱漆泥金。古言"良田千亩,十里红妆",描述的是古时候江南地区大户人家小姐出嫁时的绵延十里的热闹豪华场景,其中的"红妆",指的就是朱漆泥金制作的嫁奁。清代时期,奢华的红妆婚嫁习俗发展至顶峰,"红妆"可以说是那个时代的奢侈品。由此可见,泥金彩漆工艺品华贵美艳,价值不菲,人们喜好将其运用在比较大气贵重的家具器物上,无论是"千工床"还是"万工轿",其做工之繁复、价格之高昂使得普通民众负担不起,泥金彩漆的贵重也体现于此。

越窑青瓷烧制技艺

传统技艺是有着悠久文化历史背景的技术技能,须经过一定的深入研究学习才能掌握,每一门技艺都烙下了民族的印记。越窑青瓷烧制技艺是宁波地区影响力较广的传统技艺之一。

越窑青瓷始烧于东汉,中国原始青瓷向成熟青瓷的转变就发生在越窑的龙窑里。因此,宁波慈溪上林湖越窑青瓷被称为"母亲瓷"。越窑青瓷包含着区域内民间各阶层在千余年历史演变中所积淀的理想、愿望、民俗心理、审美情趣和艺术传统,富有浓郁的乡土气息,显示出鲜明的地域特色,蕴涵着浙东传统造型文化的精髓。2011 年 5 月,列入第三批国家非物质文化遗产保护名录。

越窑青瓷的装饰艺术不仅展现了高超的工艺水平,这些文化符号还比较充分地折射出当时人们的审美观、社会风尚演变和宗教、民俗等精神追求。[①] 两汉时期西域胡人已经进入我国沿海地区,常有商贸文化往来,青瓷的堆塑罐上就多见高鼻深目的胡人形象,这是古代江南文化与西域文化交融的真实刻画和生动体现。三国两晋时期祥瑞之说盛行,受其影响,越窑青瓷上出现大量祥瑞动物造

---

① 方丽川:《略论越窑青瓷的文化形态》,《宁波经济》(三江论坛)2006 年第 2 期。

型和纹饰,祥龙的威严,狮虎的力量,花鸟的祥和,还有羊者"祥"、鹿者"禄"、蝠者"福"、喜(鹊)上眉(梅)梢、龙凤呈祥等寓意,一件看似简单的瓷器,却蕴涵了丰富的民俗文化,寄托了人们的美好愿望。

象山竹根雕

象山竹根雕是象山竹艺工匠利用毛竹根及其天然形态和肌理,通过艺术构思、随形施雕,实现自然美和人工美、思想性和艺术性的完美统一。刀工寥寥而妙趣盎然,创作出各种生动造型的传统工艺品。象山竹根雕秉持变废为宝的理念,体现出积极的生态保护意义。

象山竹根雕题材广泛,艺术个性鲜明,富有海洋渔文化特色内涵。品种多样,有摆件、挂件等;技法有圆雕、镂空雕、写意雕、组合雕等;作品形态有文人仕女、笔筒等。制作工序有选材、构思、施雕等10余道,用美兼具,风格独特。早期以笔筒和人物摆件为多,改革开放后在传承中不断发展,丰富技艺和品类。象山竹根雕以师授徒传承,建有一支百余人的老中青人才梯队。县内建有竹根雕专业艺术馆"象山德和根艺美术馆"。1996年象山县被文化部命名为"中国民间艺术(竹根雕)之乡",2021年象山竹根雕被列入第五批国家级非物质文化遗产保护名录。

象山竹根雕随形施雕,因材施艺,是天趣与人工的有机统一,是"奇"和"巧"的完美结合,其本质是"雕而不雕""不雕而雕"。"雕而不雕"就是庄子讲的既雕既琢,复归于朴。艺人在创作构思时根据竹根形状、肌理的特点设计艺术形象和处理细节,在局部巧雕后,呈现的作品与根材的自然形态融为一体,让观赏者认为这个竹根生而为此,手艺人不是根材的改造师,而是自然的解码人,再现返璞归真妙趣。而"不雕而雕",是因为作品人工和自然浑然一体后,有些部位没有雕过,但给人的错觉就像雕过一样,手没雕,心里雕。"雕而不雕""不雕而雕"是象山竹根雕技艺水平和艺术效果的最高要求。

其他还有红帮裁缝技艺、灰雕技艺、剪纸技艺等。2021 年,红帮裁缝技艺入选第五批国家级非物质文化遗产保护名录,这是来之不易的。红帮裁缝技艺拥有深厚的历史底蕴。清末民初,奉化本帮裁缝随宁波商帮外出闯荡,形成了中西合璧、中体西用的制衣工艺。在 170 多年的发展进程中,奉化红帮裁缝技艺形成了西服制作的"四个功""九个势""十六字标准",成为中国缝制西服的经典。红帮裁缝产生了王才运、余元芳、蒋楠钊等一批红帮裁缝的领军人物,影响遍布上海、北京、天津、沈阳等地,同时也孕育了罗蒙、爱伊美、雅楚、龙飞等奉化知名服装纺织品牌和企业。国务院经济发展研究中心于 1997 年命名奉化为"中国服装之乡"。经过多年努力,红帮裁缝技艺实现了较好的活态传承。

灰雕工艺历史悠久,源远流长,自汉晋以来,尤其在明清两代最为盛行,各地凡祠堂、庙宇、寺观、邸宅等建筑,都需要灰雕装饰。灰雕的主要原材料——蛎灰,是用从浅海中捞上来的贝壳烧制而成,能经风雨数百年不坏。清代至民国期间所有新建宅院都需要灰雕装饰,灰雕成为房屋建筑的不可缺少的组成部分。宁波灰雕主要装饰在古建筑的山墙、墙头、屋脊、檐角、照壁、门楼、门窗上,既牢固墙体又有观赏价值,更有通风、采光、防盗、辟邪之功效,象征吉祥喜庆、接福纳瑞等浓厚的文化内涵,故为人们所喜爱。

宁波的剪纸技艺丰富多样,不同区域有不同特色。主要以象山、北仑、鄞州、余姚、慈溪等地为代表。象山剪纸是象山县的传统民间艺术,于 2012 年 6 月被列入浙江省第四批非物质文化遗产保护名录。它流布于象山县 18 个镇乡(街道),东陈乡尤为活跃。据塔山遗址出土陶器文物饰样推测,象山剪纸至少有百余年历史。选图多用象征、借喻手法并变形、夸张处理;色彩除红、白外,还采用蓝青色纸;题材除传统民俗外,海洋渔文化题材鲜明,如大海、波浪、渔网等。

5000 余平方米的才华剪纸艺术馆陈列的作品题材多样、富有时代特色,是象山剪纸的代表。北仑新碶民间剪纸历史悠久、题材广泛、内容丰富,主要分为花样、窗花、礼花和祭祀花四种形式。鄞州剪纸线条细腻流畅、图案精致,融合了剪、刻、染等多种技艺。余姚剪纸图案多样,有花卉、动物、人物等,形成传统与现代结合的风格。慈溪剪纸融合了慈溪当地的文化特色和审美观念,造型简洁质朴,形成了独特的地域风格。剪纸技艺曾是旧时宁波女性女红必修课,主要由女孩子世代相传,在当地家居装饰美化、婚丧嫁娶等领域应用广泛。

宁波是中国古代海上丝绸之路的"活化石"。千百年来,勤劳而智慧的宁波先民创造了朱金漆木雕、骨木镶嵌、金银彩绣、泥金彩漆、越窑青瓷、象山竹根雕、红帮裁缝技艺、灰雕等丰富多彩的"宁波技艺"。"宁波技艺"不仅是宁波先民千百年来维持生活、改善生计的重要手段,更是他们用具有地域特色的思想、情感、审美创作出的优秀传统文化。"宁波技艺"是宁波代表性优秀传统文化,如何在原有基础上,找出适应时代发展的路子,推陈出新,挖掘、保护、传承、发展好"宁波技艺",讲好宁波故事、增强文化自信,这是未来要不断探索的一项系统工程。

··· 延伸阅读 ···

著作类:
1. 姜彬:《吴越民间信仰民俗——吴越地区民间信仰与民间文艺关系的考察和研究》,上海文艺出版社 1992 年版。
2. 李蔚波:《宁波曲艺志》,宁波出版社 1999 年版。
3. 周时奋:《宁波老俗》,宁波出版社 2008 年版。

期刊类:
1. 蔡课颖、王计平:《基于游客感知的传统手工艺开发研究——以宁波泥金彩漆为例》,《中国商论》2020 年第 3 期。
2. 陈科峰:《大头和尚》,《宁波通讯》2013 年第 2 期。
3. 陈科峰:《宁波灰雕》,《宁波通讯》2013 年第 20 期。
4. 陈立萍:《宁波金银彩绣民间艺术的传承与创新研究》,《包装世界》2015 年第 2 期。
5. 陈立萍:《区域民间艺术资源的文化价值与产业开发思考——以宁波为例》,《美与时代

（上）》2019 年第 2 期。

6. 程超：《行走在视线边缘的浙东渔歌——浙江象山地区渔民号子音乐形态分析》，《大众文艺》2017 年第 5 期。

7. 董鸿安、苏勇军、丁镭：《奉化布龙的传承与发展研究》，《民族论坛》2017 年第 2 期。

8. 方丽川：《略论越窑青瓷的文化形态》，《宁波经济》（三江论坛）2006 年第 2 期。

9. 傅珠秀：《奉化吹打》，《浙江档案》2008 年第 5 期。

10. 胡萍萍：《从宁波柴桥"狮象窜"谈民间艺术传承与品牌形象塑造》，《浙江工商职业技术学院学报》2015 年第 2 期。

11. 黄成、杨明：《髹饰录》，《中国生漆》1991 年第 4 期。

12. 黄树炎：《宁波的民间舞蹈》，《宁波党政论坛》1997 年第 4 期。

13. 江辛宇、袁佳乐：《宁海粗十番音乐研究》，《艺术评鉴》2023 年第 8 期。

14. 李建荣：《宁波骨木镶嵌艺术的传承之道》，《民艺》2023 年第 1 期。

15. 梁宇：《浅谈吴越地域的舞蹈文化》，《安徽文学》（下半月）2010 年第 3 期。

16. 廖佰翠、伍鹏：《关于开发式保护非物质文化遗产的若干问题思考——以宁波为例》，《商场现代化》2010 年第 12 期。

17. 陆丽君：《宁波金银彩绣的特色与传承》，《纺织学报》2010 年第 1 期。

18. 罗宣：《来自"乡土"的艺术——试论宁波朱金漆木雕艺术》，《镇江高专学报》2008 年第 2 期。

19. 马敏：《甬剧"七十二小戏"的民间品格探析》，《今古文创》2021 年第 34 期。

20. 毛思洁：《聆听浦船鼓的故事》，《宁波通讯》2011 年第 20 期。

21. 毛雨辰、郭泉江：《探析海丝文化与宁波帮艺术传承》，《戏剧之家》2020 年第 11 期。

22. 倪浓水、陈小观：《舟山渔民号子的特征及功能研究》，《文化艺术研究》2014 年第 1 期。

23. 宁波海曙群艺馆：《宁波走书》，《浙江档案》2009 年第 3 期。

24. 帕蒂古丽：《余姚泗门镇　不让草根断根》，《宁波通讯》2011 年第 6 期。

25. 潘垒、邵良、魏怡菲：《宁波泥金彩漆的传承与发展》，《中国生漆》2020 年第 3 期。

26. 潘莉：《宁波"国宝"——四明南词的前世今生》，《浙江艺术职业学院学报》2009 年第 1 期。

27. 潘莉：《宁波四明南词的行会组织》，《新西部》2008 年第 22 期。

28. 裴秀颖：《融合现代产品设计理念的宁波朱金漆木雕的设计与开发》，《生态经济》2012 年第 9 期。

29. 沈伟伦：《宁波象山曲艺"唱新闻"的传承与保护现状研究》，《艺术评鉴》2023 年第 6 期。

30. 施王伟：《宁波走书之曲目曲调》，《曲艺》2019 年第 7 期。

31. 孙悦湄：《宁波象山曲艺"唱新闻"文化生态与社会生态研究》，《艺术百家》2010 年第 6 期。

32. 田燕：《甬剧的现代性蜕变》，《美术教育研究》2015 年第 2 期。

33. 万剑：《国家非遗"三金一嵌"的可持续性发展及对策研究》，《吉林省教育学院学报》（上旬刊）2014 年第 11 期。

34. 魏敏：《浙江慈溪青瓷瓯乐调查与研究》，《吉林省教育学院学报》2011 年第 5 期。

35. 徐莉萍：《宁波骨木镶嵌传统工艺的传承与发展》，《宁波教育学院学》2014 年第 2 期。

36. 徐志斌：《"文"与"野"——四明南词与宁波走书审美心理比较》，《宁波大学学报》（人文科学版)2012 年第 5 期。

37. 严春晓、徐凤:《北仑穿山半岛的民俗文化探究》,《考试周刊》2011 年第 86 期。

38. 严则勋、张康夫:《宁波金银彩绣的审美特征及婚庆应用》,《教育现代化》2019 年第 72 期。

39. 姚晓宇:《朱金漆木雕艺术的民俗美学价值再利用》,《文物鉴定与鉴赏》2020 年第 1 期。

40. 友燕玲:《宁海平调生存发展三论》,《中国戏剧》2021 年第 1 期。

41. 余姚市档案局:《姚剧》,《浙江档案》2010 年第 3 期。

42. 虞盛儿、张冰钰:《宁波金银彩绣的视觉元素及其文化内涵研究》,《创意设计源》2022 年第 3 期。

43. 张玥:《基于文旅融合的宁波非物质文化遗产活化路径探析》,《宁波经济》(三江论坛)2019 年第 5 期。

44. 周东旭:《南词走书评话,宁波人的乡音艺术》,《文化交流》2020 年第 11 期。

45. 朱旭:《宁海平调的野性与阳刚之美》,《今日浙江》2015 年第 1 期。

硕博论文:

1. 柳依依:《蛟川走书活动及其音乐的调查与研究》,宁波大学,2018 年。

2. 钱玥旨:《文化变迁视野下的四明南词音乐活动与传承研究》,南京艺术学院,2014 年。

3. 张莹:《四明南词伴奏音乐与宁波丝竹乐比较研究》,上海音乐学院,2020 年。

参考文献

著作类:

1. 蔡敏华:《浙江旅游文化》,浙江大学出版社 2006 年版。
2. 柴隆:《宁波老味道》,宁波出版社 2016 年版。
3. 柴隆:《宁波人》,宁波出版社 2021 年版。
4. 柴隆:《千年郡庙:宁波城隍庙的前世今生》,宁波出版社 2017 年版。
5. 陈高华、徐吉军:《中国风俗通史》,上海学林出版社 2004 年版。
6. 慈溪地方志编纂委员会编:《慈溪县志》,浙江人民出版社 1992 年版。
7. 《发现鄞州》编委会编:《发现鄞州乡味》,宁波出版社 2020 年版。
8. 顾希佳、朱秋枫:《浙江民俗大典》,浙江大学出版社 2018 年版。
9. 何晓道:《十里红妆女儿梦》,中华书局 2008 年版。
10. 黄浙苏:《信守与包容:浙东妈祖信俗研究》,浙江大学出版社 2011 年版。
11. 简涛:《立春风俗考》,上海文艺出版社 1998 年版。
12. 姜彬:《吴越民间信仰民俗——吴越地区民间信仰与民间文艺关系的考察和研究》,上海文艺出版社 1992 年版。
13. 宁报传媒:《食在宁波》,宁波出版社 2004 年版。
14. 李蔚波:《宁波曲艺志》,宁波出版社 1999 年版。
15. 刘尚才:《十里红妆婚嫁传说》,宁波出版社 2010 年版。
16. 罗杨、王昱:《中国民间故事丛书——浙江宁波江东卷》,知识产权出版社 2015 年版。
17. 马任、周娴华,周达章编:《宁波民俗文化撷谈》,宁波出版社 2022 年版。
18. 毛海莹:《东海问俗——话说浙江海洋民俗文化》,浙江大学出版社 2018 年版。
19. 毛海莹:《江南女性民俗的文学展演研究》,中国社会科学出版社 2015 年版。
20. 宁波市地方志编纂委员会编:《宁波市志》,中华书局 1995 年版。

21. 宁波市北仑区地方志编纂委员会:《宁波市北仑区志》,浙江人民出版社 2013 年版。

22. 宁波市海曙区档案馆等:《宁波府城隍庙》,西泠印社出版社 2020 年版。

23. 宁波市文化广电新闻出版局编:《甬上风华:宁波市非物质文化遗产大观》,宁波出版社 2012 年版。

24. 宁波市文化广电新闻出版局编:《甬上风物:宁波市非物质文化遗产调查——北仑》,宁波出版社 2009 年版。

25. 宁波市鄞州区地方志编纂委员会:《宁波市鄞州区志》,浙江古籍出版社 2016 年版。

26. 潘莉:《宁波民俗与宁波人》,浙江大学出版社 2013 年版。

27. 潘莉:《宁波曲艺与宁波民俗文化》,海洋出版社 2011 年版。

28. 沈潇潇:《品味宁波湾》,宁波出版社 2021 年版。

29. 石应平:《中外民俗概论》,四川大学出版社 2002 年版。

30. 陶思炎:《南京民俗》,南京出版社 2016 年版。

31. 滕占能、余华达:《宁波风俗传说》,光明日报出版社 2019 年版。

32. 童达编:《味道宁波》,宁波出版社 2023 年版。

33. 肖萍:《浙江方言资源典藏·宁波》,浙江大学出版社 2019 年版。

34. 徐爱华、张远满:《浙江省传统节日民俗传承人口述史研究》,浙江工商大学出版社 2016 年版。

35. 杨清虎:《中国民间信仰学:研究与评述》,中国书籍出版社 2017 年版。

36. 杨天宇:《礼记译注》,上海古籍出版社 2007 年版。

37. 杨卓娅:《石浦—富岗如意信俗》,浙江摄影出版社 2014 年版。

38. 鄞县地方志编纂委员会编:《鄞县志》,中华书局 1996 年版。

39. 俞福海:《宁波市志》,中华书局 1995 年版。

40. 郁伟年:《阿拉宁波人》,宁波出版社 2019 年版。

41. 汪志铭:《甬上风华:宁波市非物质文化遗产大观鄞州卷》,宁波出版社 2011 年版。

42. 王万盈,何维娜,魏亭:《宁波风物志》,宁波出版社 2012 年版。

43. 王万盈:《宁波区域文化资源概览(宁波俗卷)》,浙江大学出版社 2019 年版。

44. 乌丙安:《中国民俗学》,辽宁大学出版社 1988 年版。

45. 张传保、赵家荪修、陈训正等:《鄞县通志》,鄞县通志馆(民国 24 年至 1951 年版)。

46. 张廷兴、董佳兰:《民间俗信》,山东教育出版社 2016 年版。

47. 张晓欢、李竞生:《天妃文化在宁波》,知识产权出版社 2019 年版。

48. 赵福莲:《"十里红妆"初探》,社会科学文献出版社 2013 年版。

49. 赵闻德:《宁波谚语》,宁波出版社 2021 年版。

50. 浙江民俗学会编:《浙江风俗简志》,浙江人民出版社 1986 年版。

51. 钟敬文:《民俗学概论》,上海文艺出版社 1998 年版。

52. 周朝晖编:《精品宁波菜》,宁波出版社 2013 年版。

53. 周时奋:《宁波老俗》,宁波出版社 2008 年版。

54. 周时奋:《话说鄞州》,浙江摄影出版社 2010 年版。

55. 周娴华、周达章:《宁波饮食文化》,宁波出版社 2021 年版。

56. 周志锋:《周志锋解说宁波话》,语文出版社 2012 年版。

57. 朱惠民:《宁波菜与宁波饮食文化》,香港国际学术文化资讯出版社 2009 年版。

论文类:

1. 阿颖:《风筝飘飘入"梦"来》,《文史知识》2014 年第 5 期。

2. 敖运梅:《"十里红妆"的婚俗文化向度》,《宁波大学学报》(人文科学版)2012 年第 6 期。

3. 蔡罕:《宁波农业生产风俗考述——宁波饮食生产风俗研究之一》,《浙江万里学院学报》2003 年第 1 期。

4. 蔡课颖、王计平:《基于游客感知的传统手工艺开发研究——以宁波泥金彩漆为例》,《中国商论》2020 年第 3 期。

5. 陈科峰:《大头和尚》,《宁波通讯》2013 年第 2 期。

6. 陈科峰:《宁波灰雕》,《宁波通讯》2013 年第 20 期。

7. 陈立萍:《宁波金银彩绣民间艺术的传承与创新研究》,《包装世界》2015 年第 2 期。

8. 陈立萍:《区域民间艺术资源的文化价值与产业开发思考——以宁波为例》,《美与时代》(上)2019 年第 2 期。

9. 程超:《行走在视线边缘的浙东渔歌——浙江象山地区渔民号子音乐形态分析》,《大众文艺》2017 年第 5 期。

10. 邓玉霞:《立春迎春咬春》,《中医健康养生》2018 年第 4 期。

11. 邓玉霞:《立夏是个"吃"节》,《中医健康养生》2018 年第 4 期。

12. 丁洁雯:《大运河(宁波段)与海上丝绸之路的重要衔接——论庆安会馆的起源、价值与保护对策》,《宁波大学学报》(人文科学版)2019 年第 29 期。

13. 丁洁雯:《庆安会馆:大运河(宁波段)与海上丝绸之路的文化衔接》,《宁波通讯》2018 年第 10 期。

14. 董鸿安、苏勇军、丁镭:《奉化布龙的传承与发展研究》,《民族论坛》2017 年第 2 期。

15. 方丽川:《略论越窑青瓷的文化形态》,《宁波经济》(三江论坛)2006 年第 2 期。

16. 冯盈之:《宁波地区诞生礼俗中的服饰文化》,《浙江纺织服装职业技术学院学报》2010 年第 3 期。

17. 傅勤峰:《历史悠久的宁波酒文化(一)》,《中国酒》2007 年第 2 期。

18. 傅珠秀:《奉化吹打》,《浙江档案》2008 年第 5 期。

19. 龚成:《千年传奇古林草席》,《宁波通讯》2010 年第 7 期。

20. 龚维琳、许燕:《旧时宁波的孔庙和府学、县学》,《宁波通讯》2011 年第 16 期。

21. 何宏:《宁波名菜总体特征的量化分析》,《宁波广播电视大学学报》2007 年第 3 期。

22. 贺紫君:《月神崇拜与中秋节的文化价值》,《文化软实力研究》2023 年第 8 期。

23. 胡萍萍:《从宁波柴桥"狮象窜"谈民间艺术传承与品牌形象塑造》,《浙江工商职业技术学院学报》2015 年第 2 期。

24. 胡一旻:《宁波传统饮食文化旅游资源开发的思考》,《北方经济》2009 年第 20 期。

25. 黄成、杨明:《髹饰录》,《中国生漆》1991 年第 4 期。

26. 黄鹏:《论民间俗信的教育功能》,《湖北经济学院学报》(人文社会科学版)2006 年第 6 期。

27. 黄树炎:《宁波的民间舞蹈》,《宁波党政论坛》1997 年第 4 期。

28. 黄渭金:《浅析河姆渡遗址的原始农业生产》,《农业考古》1996 年第 3 期。

29. 黄文杰：《从药行街到江厦街》，《宁波通讯》2012 年第 10 期。

30. 江辛宇、袁佳乐：《宁海粗十番音乐研究》，《艺术评鉴》2023 年第 8 期。

31. 姜家君：《妈祖信仰对个体的功能作用探析》，《中共福建省委党校学报》2018 年第 5 期。

32. 孔惟洁、何依：《"菩萨出殿"——宁波陶公山村落民间信仰仪式空间研究》，《建筑遗产》2020 年第 1 期。

33. 雷文彪：《广西金秀瑶族"梁祝"故事传播变异表征的成因探析》，《广西科技师范学院学报》2019 年第 4 期。

34. 李采姣：《服饰上的心意民俗——论宁波童帽的特色》，《宁波大学学报》（人文科学版）2007 年第 3 期。

35. 李成智：《古代的飞天梦与飞天探索》，《人民论坛》2023 年第 19 期。

36. 李程：《藏族民居建房风俗研究》，《四川建筑》2015 年第 4 期。

37. 李翠芳：《试论曲阜孔庙的文化价值及其保护利用》，《文物鉴定与鉴赏》2021 年第 8 期。

38. 李广志：《宁波海神信仰的源流与演变》，《民间文化论坛》2011 年第 5 期。

39. 李建荣：《宁波骨木镶嵌艺术的传承之道》，《民艺》2023 年第 1 期。

40. 李媛媛：《"十里红妆"中蕴含的"礼"与"仁"》，《中国民族博览》2021 年第 12 期。

41. 李忠娟：《对外汉语教学中民俗文化应用的思考》，《学周刊》2020 年第 3 期。

42. 梁宇：《浅谈吴越地域的舞蹈文化》，《安徽文学》（下半月）2010 年第 3 期。

43. 廖佰翠、伍鹏：《关于开发式保护非物质文化遗产的若干问题思考——以宁波为例》，《商场现代化》2010 年第 12 期。

44. 刘莲：《关羽信仰的文化内涵》，《中华文化论坛》1995 年第 3 期。

45. 陆丽君：《宁波金银彩绣的特色与传承》，《纺织学报》2010 年第 1 期。

46. 罗宣：《来自"乡土"的艺术——试论宁波朱金漆木雕艺术》，《镇江高专学报》2008 年第 2 期。

47. 马敏：《甬剧"七十二小戏"的民间品格探析》，《今古文创》2021 年第 34 期。

48. 毛海莹：《文化生态学视角下的海洋民俗传承与保护——以浙江宁波象山县石浦渔港为例》，《文化遗产》2011 年第 2 期。

49. 毛海莹：《浙江地方民俗文化与外来文化互融研究》，《宁波党校学报》2005 年第 4 期。

50. 毛思洁：《聆听浦船鼓的故事》，《宁波通讯》2011 年第 20 期。

51. 毛雨辰、郭泉江：《探析海丝文化与宁波帮艺术传承》，《戏剧之家》2020 年第 11 期。

52. 苗叶茜：《源远流长的打春习俗——"鞭春牛"》，《文化月刊》2015 年第 1 期。

53. 南方云：《立秋"贴秋膘"》，《文史博览》2013 年第 6 期。

54. 倪浓水、陈小观：《舟山渔民号子的特征及功能研究》，《文化艺术研究》2014 年第 1 期。

55. 宁波海曙群艺馆：《宁波走书》，《浙江档案》2009 年第 3 期。

56. 欧阳秀敏：《女厕神的社会功能流变及其历史文化内涵——紫姑信仰的社会文化阐释》，《赤峰学院学报》（哲学社会科学版）2009 年第 3 期。

57. 帕蒂古丽：《余姚泗门镇　不让草根断根》，《宁波通讯》2011 年第 6 期。

58. 潘垒、邵良、魏怡菲：《宁波泥金彩漆的传承与发展》，《中国生漆》2020 年第 3 期。

59. 潘莉：《宁波地方曲艺的传承保护与发展》，《宁波大学学报》（人文科学版）2011 年第 2 期。

60. 裴秀颖：《融合现代产品设计理念的宁波朱金漆木雕的设计与开发》，《生态经济》2012 年第 9 期。

61. 任崇喜:《花朝节——百花女神的生日》,《农村农业农民》2018 年第 3 期。

62. 单笑寒:《财神与财富观》,《经济研究参考》2012 年第 4 期。

63. 上官云:《颇具仪式感的立秋习俗:啃秋、晒秋、贴秋膘》,《中国食品》2020 年第 16 期。

64. 邵滋映、赵旻燕:《文化视角下宁波传统特色美食译介》,《宁波工程学院学报》2016 年第 1 期。

65. 沈法、蔡黎明:《宁波草席手工编织技艺探究》,《装饰》2018 年第 8 期。

66. 沈伟伦:《宁波象山曲艺"唱新闻"的传承与保护现状研究》,《艺术评鉴》2023 年第 6 期。

67. 沈优优:《传统龙舞在祭祀仪式中的祈雨事象研究》,《浙江艺术职业学院学报》2022 年第 3 期。

68. 施王伟:《宁波走书之曲目曲调》,《曲艺》2019 年第 7 期。

69. 史亚萍:《石浦—富冈如意信俗》,《浙江档案》2013 年第 5 期。

70. 孙晓红:《宁波金银彩绣》,《浙江档案》2015 年第 2 期。

71. 孙悦湄:《宁波象山曲艺"唱新闻"文化生态与社会生态研究》,《艺术百家》2010 年第 6 期。

72. 唐永喜:《解读温州商业禁忌民俗》,《浙江工贸职业技术学院学报》2009 年第 9 期。

73. 滕延振:《宁海婚俗》,《神州民俗》2009 年第 1 期。

74. 田燕:《甬剧的现代性蜕变》,《美术教育研究》2015 年第 2 期。

75. 万建中:《春节的禁忌与习俗》,《群言》2024 年第 1 期。

76. 万建中:《论民间禁忌的功能》,《民间文化论坛》2004 年第 3 期。

77. 万剑:《国家非遗"三金一嵌"的可持续性发展及对策研究》,《吉林省教育学院学报》(上旬)2014 年第 11 期。

78. 王梦梦、杜珍珍、吴丹丹、王腾飞:《港湾利用与象山开洋节文化变迁》,《改革与开放》2016 年第 19 期。

79. 王巧玲:《宁波金银彩绣渊源浅谈》,《宁波广播电视大学报》2008 年第 3 期。

80. 王晴:《民俗宁波》,《宁波通讯》2012 年第 1 期。

81. 王晴:《民俗宁波》,《宁波通讯》2012 年第 22 期。

82. 王守功:《考古所见中国古代的太阳崇拜》,《中原文物》2001 年第 6 期。

83. 王苏英:《近代宁波钱庄业的发展历程及其经营特色》,《浙江万里学院学报》2006 年第 3 期。

84. 魏敏:《浙江慈溪青瓷瓯乐调查与研究》,《吉林省教育学院学报》2011 年第 5 期。

85. 魏世平:《节气与吃食》,《阅读》2023 年第 7 期。

86. 文君:《正月十五月儿圆　赏灯狂欢"闹元宵"——元宵节民间习俗文化综述》,《工会博览》2020 年第 5 期。

87. 吴敏:《宁波朱金漆木雕装饰艺术的形式与意蕴》,《文艺争鸣》2011 年第 10 期。

88. 萧放:《"冬至大如年"——冬至节俗的传统意义》,《中华活页文选(教师版)》2018 年第 12 期。

89. 萧放:《中秋节的历史流传、变化及当代意义》,《民间文化论坛》2004 年第 5 期。

90. 谢鹭:《探究民间体育游戏滚铁环对大班幼儿身体动作能力的发展》,《中文科技期刊数据库(全文版)教育科学》2022 年第 10 期。

91. 谢蓉蓉:《晚清洋泾浜英语的语言模因观——以《英话注解》文本为例》,《山东外语教学》2017 年第 5 期。

92. 徐春林:《宁波节庆活动渐入佳境》,《国际商报》2008 年第 6 期。

93. 徐莉萍:《宁波骨木镶嵌传统工艺的传承与发展》,《宁波教育学院学》2014 年第 2 期。

94. 徐茂华、王华锋、唐廷猷:《浅论国药业在宁波帮形成和发展中的历史作用》,《中国现代中药》2015 年第 17 期。

95. 徐志斌:《"文"与"野"——四明南词与宁波走书审美心理比较》,《宁波大学学报》(人文科学版)2012 年第 5 期。

96. 严春晓、徐凤:《北仑穿山半岛的民俗文化探究》,《考试周刊》2011 年第 86 期。

97. 严则勋、张康夫:《宁波金银彩绣的审美特征及婚庆应用》,《教育现代化》2019 年第 72 期。

98. 杨古城:《第一批国家级非物质文化遗产:宁波朱金漆木雕》,《上海工艺美术》2007 年第 2 期。

99. 姚晓宇:《朱金漆木雕艺术的民俗美学价值再利用》,《文物鉴定与鉴赏》2020 年第 1 期。

100. 尹富:《地藏菩萨诞日的产生时代及其相关宗教民俗活动论述》,《中华文史论丛》2007 年第 1 期。

101. 友燕玲:《宁海平调生存发展三论》,《中国戏剧》2021 年第 1 期。

102. 于智:《论民俗文化于对外汉语教学的重要性》,《才智》2019 年第 23 期。

103. 余姚市档案局:《姚剧》,《浙江档案》2010 年第 3 期。

104. 虞盛儿、张冰钰:《宁波金银彩绣的视觉元素及其文化内涵研究》,《创意设计源》2022 年第 3 期。

105. 张方颖、毛海莹:《中元节文化的传承与传播》,《文学教育(上)》2022 年第 9 期。

106. 张如安:《三教影响下的宋代宁波人的生死、丧葬观》,《中共宁波市委党校学报》2007 年第 3 期。

107. 张玥:《基于文旅融合的宁波非物质文化遗产活化路径探析》,《宁波经济》(三江论坛)2019 年第 5 期。

108. 章勇涛:《象山举行渔民谢洋节》,《宁波通讯》2015 年第 12 期。

109. 赵则玲:《宁波俗语中的地域文化特色探析》,《湖州师范学院学报》2016 年第 11 期。

110. 周东旭:《南词走书评话,宁波人的乡音艺术》,《文化交流》2020 年第 11 期。

111. 周冠明:《宁波人怎样过年》,《宁波通讯》2001 年第 1 期。

112. 周海雄、王雁玲:《麻将的起源与演变》,《宁波大学学报(人文科学版)》2002 年第 4 期。

113. 周华斌:《中华史前文明的太阳崇拜》,《艺术学界》2015 年第 2 期。

114. 周秋良:《民间送子观音信仰的形成及其习俗》,《中南大学学报》(社会科学版)2012 年第 5 期。

115. 周志锋:《浙东方言与海洋文化探析》,《绍兴文理学院学报(哲学社会科学版)》2009 年第 2 期。

116. 朱海滨:《浙江节日习俗的区域特征及地域差异》,《节日研究》2010 年第 2 期。

117. 朱旭:《宁海平调的野性与阳刚之美》,《今日浙江》2015 年第 1 期。

118. 诸挺:《宁波方言的商贸文化特色》,《宁波通讯》2017 年第 13 期。

硕博论文：

1. 陈希赟：《江南婚嫁女红艺术研究》，浙江工业大学，2014 年。
2. 付秋婷：《清明节的民俗文化研究》，哈尔滨师范大学，2013 年。
3. 高志宏：《腊八节的历史变迁与现代转型》，中南民族大学，2013 年。
4. 黄超：《城隍信仰初探》，湘潭大学，2011 年。
5. 廖松清：《宗族认同下的吹打乐》，上海音乐学院，2010 年。
6. 林俊琦：《民俗叙事与地方认同研究》，华东师范大学，2019 年。
7. 刘晓春：《弘扬优秀传统文化视野下的春节习俗研究》，齐鲁工业大学，2021 年。
8. 柳依依：《蛟川走书活动及其音乐的调查与研究》，宁波大学，2018 年。
9. 钱玥旨：《文化变迁视野下的四明南词音乐活动与传承研究》，南京艺术学院，2014 年。
10. 宋韵琪：《清代粤商信仰禁忌习俗的文化研究》，华南理工大学，2010 年。
11. 孙晶晶：《孝亲的音符》，杭州师范大学，2011 年。
12. 徐可：《明代中后期的祝寿文化》，东北师范大学，2023 年。
13. 张丑平：《上巳、寒食、清明节日民俗与文学研究》，南京师范大学，2006 年。
14. 张莉：《浙东海岛渔区海神信仰研究》，浙江海洋大学，2014 年。
15. 张莹：《四明南词伴奏音乐与宁波丝竹乐比较研究》，上海音乐学院，2020 年。
16. 赵帆：《十里红妆物件与习俗的相关性研究》，中国美术学院，2013 年。
17. 钟俏：《十里红妆——清代宁绍地区漆艺嫁妆研究》，中国美术学院，2011 年。
18. 周燕清：《宁波方言谚语研究》，上海交通大学，2019 年。

其他资料：

1. 宁波非物质文化遗产网：https://www.ihningbo.cn。
2. 宁波市图书馆官方网站—明州往事：https://mp.weixin.qq.com。
3. 体育非物质文化遗产官网—渔民传统竞技：https://fy.szu.edu.cn。
4. 鄞州教育：全国智力七巧板总决赛：https://mp.weixin.qq.com。
5. 甬派新闻—"塔峙大阿哥"拔河队再创新辉：https://ypstatic.cnnb.com.cn。

附:宁波民俗文化访谈录

访谈时间:2024 年 1 月 11 日(周四)12:30—17:30

访谈地点:宁波市海曙区王升大博物馆

访谈对象:

1. 俞志华　男,1944 年生,目前居住于宁波海曙区江湾城

2. 吴瑞芳　男,1946 年生,目前居住于宁波海曙区洞桥镇

3. 陈素君　女,1963 年生,目前居住于宁波鄞州区中河街道

4. 丁唯真　女,1968 年生,目前居住于宁波鄞州区中兴路

采访者:毛海莹、郑晓兰、王玉珏、邵初、郑涵冰

岁时民俗

问:立春是二十四节气中的第一个节气,寄托着人们的美好期盼,而宁波民间在立春这天却有很多禁忌,有哪些禁忌呢? 为什么宁波人对立春时节如此重视? 宁波人对立春怀有一种什么样的情感? 现在的宁波人还在沿用这些习俗禁

忌吗?

陈: 立春当天长辈每年都会强调不能吵架,不能摔破碗,因为立春是一年的开端,要顺风顺水。

吴: 没有听说过立春不能看病、不能理发和不能搬家的习俗。因为立春要有一个好的开端,所以当天不能摔破碗,也不能吵架。

俞: 人们素来重视立春,因为一年之计在于春。人们对立春的重视仅次于正月初一。人们对于立春的重视和敬畏来自于希望一年有一个好的开头,能够顺顺利利。

问:端午节有很多中国人共同的传统习俗,比如赛龙舟、吃粽子、挂艾草、喝雄黄酒等,但是宁波地区除了这些习俗之外,还有吃"五黄六白"的习惯,这些食物是有特定的功效和寓意吗? 并且宁波人的女婿也要在端午节给岳父家送"端午担",这个您听说过吗?

吴: 宁波的确有端午担的说法。端午担指的是女婿在端午节去岳丈家送礼,过去交通工具匮乏,需要女婿用担挑着端午节的礼品送到岳丈家,所以叫端午担。现在有了各种各样的交通工具,"端午担"的说法也渐渐少了,但是端午节女婿给岳丈家送礼的习俗还是保留了下来。以前女婿会送活的大白鹅(因为鹅叫的声音大,大家听到都知道谁家的女婿上门了)、黄鱼、粽子、烟酒等,岳父家送方糕作为回礼,旧时条件好的会送纺绸衫裤和西装(回礼要回送礼的一半)。可以看出端午节对于宁波人的重要性。

俞: 端午节女婿要给岳丈家送端午担,也叫送节料。由于旧时街里街坊缺乏乐趣,所以当他们看到有谁家的女婿上门来送端午担就都奔来凑凑热闹,尤其是小孩。这时女婿把准备的咸光饼分给小孩(那时喜糖未曾兴起,建国后才渐渐流行)。咸光饼的中间被镂空,可以用咸草穿成一串。一般都是由丈母娘准备,分给左邻右舍。端午节给女婿的回担也随着时代的发展慢慢演变,从最开始的纺绸衣裤,变为的确良和西装。

我好像没有听说过端午节要吃"五黄六白",我家是开豆腐店的,端午节没有吃豆腐的习俗。

丁:端午担兴起的原因是大家过于在乎别人的目光,总想胜过别人一筹,所以也有种攀比的意味。

问:中秋节又称团圆节,全国大部分地区都是在农历八月十五过中秋节,宁波则在八月十六过中秋节,这是什么原因呢? 为什么能一直延续至今呢?

吴:宁波人之所以把八月十六当作中秋节,传说是因为当时的丞相史浩每年都要赶回宁波过元宵,但有一次晚了一天,所以之后便在八月十六过中秋节。

俞:也有说法是因为史浩与金兵打仗,迟了一天赶到宁波。现在还有宁波人喜欢在八月十六过中秋,但大部分还是和其他地区一样在八月十五过中秋节。

陈:宁波人在八月十六过中秋与宁波的商业习俗有关,当时宁波人多在上海经商,过去交通也不发达,所以要晚一天回到宁波过中秋。

丁:有一种说法是当时史浩在陪皇帝,给皇帝安排好中秋节的一切之后回到宁波,便晚了一天。

问:宁波的元宵节一般什么时候过? 有哪些习俗?

吴:宁波一般在正月十一的时候便上灯了,一直到正月十五,这几天在宁波人眼里都属于元宵节。

陈:宁波人一般在正月十四过元宵节。

俞:宁波东乡还有正月十三日晚小孩"赶老鼠老猫"的习俗。各家孩子手提自制灯笼汇入祠堂成队齐呼:"嗬趋哒趋,赶到茅山吃草籽。"

问：宁波人非常重视冬至这一节气，有俗语"冬至大如年"之说。中国人通常在清明、春节等节日进行祭祀活动，为什么宁波人在冬至日也有到宗祠祭祖的习俗呢？这一习俗依旧流传至今吗？

吴：冬至是宁波人上坟和迁坟的时候，冬至还要做羹饭。

俞：冬至的时候可以去山上祭祀。

陈：除了冬至前一晚要吃大头菜烤年糕之外，冬至还要吃番薯汤馃。番薯与"翻"谐音，意为翻身、翻倍。吃烤大头菜的习俗是因为有话道"烤大头菜烘烘响"，"烘烘响"也是吉利的意思。

问：谢年仪式有一整套严格的规矩，其中割下一块祭品掷上房屋来"请瓦上将军"这一行为有什么寓意吗？背后有什么深层次的文化内涵？

吴：宁波有"瓦将军"的说法，一般是放在瓦片上，有镇邪、保平安的说法。有时会在造屋的时候放在瓦片中间。

俞：未曾听说"请瓦上将军"的说法，旧时条件艰苦，盐也相当珍贵买不起的人家多多，不太可能用于请瓦将军。

陈：谢年的时候有请"素菩萨"，祭品也比较简单，用麸（富）、蜜（黄糖）、桂圆、红枣、长面、年糕等选五色。一般麸、年糕都要的，其中年糕必须放条状，而不能放糯米粿，因为"粿（kuì）"在宁波话中与"亏"谐音。如果是用荤菜谢年的话，则要准备一刀肉、鸡或者鹅、鲤鱼（穷的时候用木鱼替代）、大黄鱼等，一般是五色或者七色。

谢年是为了感谢当年好收成（收获），祈求来年更加兴旺发达，平平安安。过去只有丈夫或者儿子可以祭拜，女子不行，现在女性也可以参与其中。

人生礼俗

问：宁波有几个和其他地区不同的关键岁数，如六十三和六十六，六十三被视为凶兆之年有什么说法吗？

吴：宁波俗话说："六十六，阎罗大王请吃肉。"意思是在六十六岁的时候要吃六十六块肉。还有一个特殊的岁数是 23 岁，说"23 罗成关"，是年轻人的一道坎。

丁：宁波还有"三十三，乱刀斩"的俗话，就是在三十三岁的时候要在门背后用刀砍上几刀用于辟邪。

俞：宁波人还有"三十六，要当心"的说法，因为当年宋江就是三十六岁上梁山的。六十六块肉是要由女儿或媳妇从窗口递进的，不但有肉，还要有米饭和龙头烤。

问：生子是人生礼俗的一个重要环节，双方的父母为了迎接新生儿的诞生，总会准备各种各样的物品。宁波现在还有催生礼、催生担的讲究吗？如果有的话，现在和过去有什么差别？

吴：催生礼一直都有，一般普遍准备黄棉袄、红糖、鸡蛋。要扔包袱，朝外则是女孩，朝里则是男孩，扔了包袱要马上解开，更容易顺产。虎头帽、虎头鞋则是满月礼。还要准备金团分给邻居们吃。现在还有准备催生礼的习俗，一般都是孩子穿的贴身衣物、尿不湿和成套的婴儿用品，东西虽然有所改变，但保留了美好的寓意。

问：宁波现在还保留什么具有当地特色的婚庆习俗吗？比如谢媒、下聘这种习俗是否还存在？

吴：现在还有谢媒的习俗（如果双方是通过做媒认识的话），一般用蹄膀作为送给媒人的谢礼。过去下聘需要根据双方的经济条件来确定聘礼的内容,一般是油包 200 个,吉饼 200 个。女子还要做鞋样,来看她的女红如何。

俞:会用一桌菜来谢媒,所谓十八只蹄膀。男女婚配的时候还要过书,一般是男子用绿书,女子用红书。没有结婚时有吃糖面的习俗,只有坐月子的时候要吃用红糖水煮的长面。结婚的时候婆家要给女婿和女儿吃桂圆串蛋。还有哥哥抱上轿、弟弟送上轿、吃上轿饭的习俗,要有鱼有肉。同时要脚不能沾地,意味着不能带走娘家的风水和财气。

饮食民俗

问:宁波拥有非常丰富的海洋资源,可以说是靠海吃海,那么宁波的菜肴有什么特色? 宁波人的饮食习惯和传统仪礼食俗有什么关系吗?

吴:宁波人在不同的节令要吃具有时令特色的食物,比如立夏要吃大黄鱼和乌贼,乌贼一般用咸菜来炒。清明的时候则要吃小黄鱼、清明螺和鹅肉。过去宁波人爱吃龙头烤,但现在因为腌制品太咸了,已经很少有人在吃了。

陈:宁波人爱吃羹,是因为勾芡后的羹汤称为"浆",在宁波话中和"涨"谐音,寓意好,这也和宁波的海上商业习俗有关。宁波人还会以黄鳝糊辣作为饭桌上的最后一道菜。

丁:过年必不可少的食物是红膏呛蟹。

俞:宁波菜的特色就是重咸鲜、多海鲜(如蟹和虾)。

生产民俗

问:宁波金银彩绣的图案和设计元素是否反映了当地的文化、信仰或历史故事？这些绣品在宁波地区的日常生活和特殊场合中有何用途？宁波朱金漆木雕的历史中是否有一些著名的作品或艺术家？这种雕刻风格和技艺是否受到其他地区或文化的影响？

陈：金银彩绣和朱金漆木雕的确是宁波特有的生产民俗，只不过并不用于日常生活中。它们作为艺术品的价值要高于实用价值，一般用于佛教用品或者戏服、戏台等，如庆安会馆的戏台便是用朱金漆木雕装饰的。金银彩绣无法用机器代替生产，必须由绣娘手工绣成，这也是其如此珍贵的原因。

问：在宋以后的农业生产中，宁波地区的农作方式和农具发生了哪些变化？这些变化如何影响了农业产出和农村社会的发展？

吴：1950 年代时变成六月种稻的连作稻，本来是间作稻和种晚稻。后由插秧机代替人工插秧。

游乐民俗

问：宁波有"正月嗑瓜子，二月放鹞子"的老话流传。您以前放过鹞子吗？现在呢？以前的鹞子是用什么做的？现在还会自己制作吗？

丁：山东潍坊放风筝在全国比较有名，其实基本上全国各地都在放风筝。但是现在的放风筝和以前的概念已经不太一样了。

陈：以前的鹞子一般都是自己家里做好自己出来放。

俞：放鹞子是民间的一种娱乐方式，还有"鹞子高，吃糕糕；鹞子低，吃烂泥"的老话。

吴：以前有正月里放鹞子的习惯。老百姓觉得放飞鹞子可以帮助驱散晦气，迎来喜气。当时人们也觉得鹞子飞得越高，预示着个人发展会越好。

问：您玩过"猜枚子"吗？您在哪儿见过"猜枚子"？您知道哪些有宁波特色的"枚子"？例如："宁波船，两头尖，当中央养个活神仙"。

吴：猜枚子小时候玩得比较多，以前可能人们聚在一起乘凉的时候，在桥头聊天，无聊了就猜一个枚子，又叫"小孩枚子"。还有一些谜面，都是比较简单的，比如"一个榔头七个眼，一个眼睛会吃饭"，其实就指的是脸和嘴。"宁波船，两头尖，当中央养个活神仙"这个谜语还有一种说法是：乌山船，两头尖，松毛丝，盖船边，当中坐个活神仙。

丁：以前有一些老的枚子，会印在火柴盒里面，现在基本都没有了。现在的娱乐活动更多，"猜枚子"可能在元宵灯会、庙会等场所还会出现，日常生活中人们已经不怎么玩"猜枚子"了。

问：您了解"宁海舞龙"和"宁海舞狮"吗？您看过他们的表演吗？宁海有"狮舞之乡"的美称，现在宁海舞龙舞狮的传统发展得怎么样了？有年轻人去学吗？

丁：舞龙舞狮这些非遗项目的传承是国家在保护和大力扶持，不然很难延续下去。但现在这些活动的功能也保存有限，大多是为一些特定的活动捧场。

吴：宁海舞龙和舞狮不错。但宁波舞狮表演最好的当属北仑梅山，舞龙当属奉化布龙。他们的表演既有传承也有故事。这次杭州亚运会开幕式他们就参加了表演，还有北京举办过的一些赛事他们也去参加过。

语言民俗

问：您知道"翻白泥螺""褪脚毛蟹"的意思吗？您在生活中还会使用类似的

哪些表达呢？您身边的年轻人还会说这些俗语吗？为什么？

吴："翻白泥螺"是说以前的泥螺都是用盐腌过的，"翻白泥螺"是说泥螺没盐分了就会白沫，有的时候说人就是装糊涂、不上进。"褪脚毛蟹"是说螃蟹在用温水处理的时候容易掉脚，现在的人们买毛蟹会先用剪刀在螃蟹的肚脐眼里戳一下，先把螃蟹弄死，烧时脚就不会退了。

丁：现在的宁波年轻人一般不怎么说这些俗语了，许多年轻人甚至不会讲宁波话。所以这些俗语主要在老一辈人当中使用。

问：您知道宁波人把鲤鱼称作什么鱼吗？现在祀财神时还有用红纸将鲤鱼的眼睛蒙住这样的习俗吗？

俞：现在还有用红纸蒙鲤鱼眼的习俗，主演担心拜财神的时候鲤鱼乱蹦乱跳，也就是"跳龙门"。宁波人还把鲤鱼叫"元宝鱼"，这种鱼就是在拜财神的时候求多一点财富，多一点好运。

问：您在生活中还会使用"勿是侬格财，勿落侬格袋""脚踏路中央，不怕论短长"这样的俗语吗？您还知道哪些和做生意、钱财有关的俗语？

诸位老师：现在这些俗语不怎么说了，有一些生意人还会说"勿是侬格财，勿落侬格袋"（不是自己的财富，就不要贪图）和"脚踏路中央，不怕论短长"（脚踏实地，不怕别人的批评和议论）这样的话。

俞：有的生意人把"舌头"说成"赚头"，把"石浦"说成"赚浦"。

丁：老话说"做生意有七十二道"，这里的"七十二道"就寓意着人发财。

陈：这些主要就是吉祥话，宁波这边大家都爱说。

民间俗信

问：您了解"晒龙王"的习俗吗？现在晒龙王的仪式和以前一样吗？您还了解其他求雨的仪式吗？您知道现在的年轻人怎么看待这些习俗？您觉得应怎样更好地把这些习俗保存下来？

吴：晒龙王背后有一个故事。据说以前镇上有个姓谢的姑娘，她妈妈给她讲过一个故事：有一年干旱得特别厉害，据说龙王能帮忙下雨，于是大家就去求龙王赐雨。有个村里的人，她爸爸是卖草席的。有一次，这姑娘去找她爸爸，可走到半路就不见了。她爸爸急坏了，到处找她，最后发现在龙台旁边只发现了她穿的一双草鞋。原来是她听说只要有人献身，皇天就会下雨来解救大家。结果她真的这么做了，她去世后，干旱真的缓解了。村里的人为了纪念她，就建了一个庙。晒龙王这件事，每个地方都有不一样的说法。这个故事也是听别人说的，是个民间故事。

俞：晒龙王的习俗现在没有了。有些地方，比如说鄞州东乡可能还有晒龙王。晒龙王其实就是天不下雨，老百姓没办法，所以就去请龙王，把泥鳅、黄鳝、蛇等类似龙形的动物抬出去晒来求雨，抬到泥土地上晒雨，让龙王也感受到炎热。不过，现在的龙王庙主要不是为了求雨了，比如说白龙王庙，主要用于祈福。

陈：以前的晒龙王是人们有空的时候就抬着龙王出去走，出去晒。不过现在没有了，现在大家已经科学总结了下雨的规律。晒龙王主要是以前求雨的一种方式，尤其是有龙王庙的地方，会去晒龙王。现在的白龙王庙就是用来拜一拜。横溪那里有大岙布龙，也有一个龙王庙，那里舞龙的传统也是来自求雨。

吴：晒龙王奉化比较多，主要是当时老百姓的思想比较简单，晒龙王更多的是一种思想寄托，希望龙王可以保佑老百姓，解放之后这种习俗就没有了。还有一种晒龙王的方法是去晒龙王的时候不戴帽子,清晒,只带毛巾擦擦汗,这么做是为了感动龙王,这些人不管怎么热都不戴帽子。

问:您知道"祭床神"吗? 您做过相关的事情吗? 您还知道哪些需要"祭床"的场合呢?

吴:祭床这种习俗也很久了,一般会在结婚的当天晚上祭床。还有小孩生出三天后,也会祭床公床婆,床上会摆相量盏(相量盏用于成婚久无儿女,寓意不会吵架、保持和气),还会在酒台上放满白酒杯,酒台上面放饭,中间放一块黄糖,拿水瓶和麻袋放在床边,这是一种祭床的方式。

陈:给小孩子祭床主要是向床公床婆祈求,祈求孩子健康平安。还有人为了让小孩安睡,会把纸贴到床上、街上,上面写着"一觉睡到大天亮"。

问:您家里以前或者现在会供奉菩萨/财神吗? 您供奉的是哪位菩萨?

俞:以前打鱼人还会拜妈祖娘娘、如意娘娘等这类海边的神。灶神菩萨现在拜的家庭主妇也不是很多,不过也有每天在上供的人。

陈:现在年轻人里供奉的很少了。不过,现在财神菩萨是做生意的人都要上供的。以前祭灶会在灶台旁边贴灶神像,现在都不贴了。现在的年轻人家里大部分没有老的灶了,但是新灶也会进行祭灶。一般会点香,摆祭灶果,放一杯茶。也有考究一点的人会放上水果,保佑家人平安,保佑家里太平。

吴:拜灶神菩萨、观音菩萨的比较多,观音是初一、十五或每天上供,每个家庭都不一样。灶神菩萨的像会贴在煤气灶旁边,以前是会摆贡品的。大家认为灶神菩萨是家庭平安的保护神,不过在菩萨里面灶神菩萨是最小的,只管一户人家,一般人家灶神菩萨不大上供。不过我们家老太婆(家母)每天在念的,我们外甥女书读好一点,可以成功考进大学。

问:您知道宁波民间有哪些禁忌吗?像农历七月十五,从前各家都要祭祖做"七月半羹饭"或"放焰口",您现在还会这样做吗?

俞:"七月半羹饭"这种习俗有的地方还有,不一定是七月半的那天,基本上在十五之前。也有羹饭和放焰口活动,焰口相当于做法事。

丁:七月半的晚上一般就不出门了。给地藏王菩萨插地香一般是在小区门口、草中间或者弄道里。

吴:七月做羹饭和放焰口是两件事。做羹饭是为了让已故之人的魂魄回家来吃用的,放焰口则是当地有一些人聚拢起钱财,为那些无家可归的魂魄准备的,放焰口的时候还有和尚要念经。还有一种说法是七月半山中的野鬼过节,有的地方比较隆重,会演戏、搭高台,还会请和尚在高台上念经等等,做这些相当于是在做善事。七月三十还会插地香,这是在给地藏王菩萨过生日,祈求鬼门关合上的时候不要把自己带走。

民俗艺术

问:您平时听的戏曲多吗?您听过甬剧、滩簧吗?您觉得现在年轻人还爱听戏曲吗?您觉得怎么样才能更好地把宁波当地的戏曲文化保存并发扬呢?

俞:戏曲这种艺术是需要传承的,但宁波的戏曲出现断层了,老一辈的艺术家去世后,老师就没有了,传承的人也越来越少了,革新的戏曲也失去了原味。

问:您了解宁波走书吗?您了解蛟川走书吗?您更爱听哪一个?为什么?您身边有人爱听走书吗?为什么爱听?是因为故事情节、唱腔还是其他的原因?

丁:我们以前是听走书的,但现在的走书已经没有市场了,听众出现断层了,年轻人都不爱听。

俞：我更爱听蛟川走书，蛟川走书更美。现在的走书总体缺少传承，革新的走书找不到以前的影子了。其实走书传承和做年糕一样，要革新但还要保留年糕的味道。

吴：宁波走书主要是在奉化、象山一带，蛟川走书是宁波走书的一种。

问：您平时在大型集会/节日中有看见过一些具有宁波特色的庆祝仪式吗？例如：渔民号子、奉化吹打、造趺等等。现在这些民俗还有人在学吗？您觉得为什么？应怎么样更好地把这些习俗发扬下去呢？

俞：现在这些庆祝仪式都没有了，现在这些仪式大多是为了表演而表演，失去了老味道。

丁：现在这些庆祝仪式大多是为了演出而演出，只是在一些特定的场面中出现了一下，也不够正宗，人们也只是在看演出的时候才会回顾一下。

吴：渔民号子是象山特色，奉化吹打是奉化特色。这个号子现在不用了，因为现在都是开大船了。

问：您了解宁波的"朱金木雕"器具吗？例如"千工床""万工轿"。现在的年轻人结婚还会遵从这些礼俗吗？您了解宁波的"金银彩绣"吗？您家有什么具有宁波特色的工艺品吗？例如：上林湖越窑青瓷、泥金彩漆、骨木镶嵌等。您觉得这些宁波特色工艺品怎样做可以发展得更好呢？

吴：这些器物都比较老化了，像"千工床"现在都没有人睡了，变成了一个概念，用来向别人介绍以前的轿子和床是这样的形态。原来这些工艺品和农村的老百姓是没有关系的，平时很少用，一般老百姓享受不起这么好的轿子和床，本身老百姓并不熟悉这种生活。以前的金银彩绣都是使用金线银线，而且必须手工制作，大多用于做戏服。

丁：现在天一阁有一个"万工轿"，但只是放在那里跟游客们介绍以前的轿子是什么样的。像"千工床"这些工艺品其实本质上是与当下生活脱节的，已经失去了内核，只保留下了形式。现在的年轻人大多不会遵从这些礼俗了，哪怕是坐着轿子拜堂，其实也只是走一套流程，只是一个外壳，内核的东西现在已经没有了。比如"汉服热"只是在消费汉服而不是真正了解汉服。以前的工艺品现在已经无法和其他的家具软装等等物件匹配了。现在的衣服里面可能有粤绣、湘绣等等，但是这些已经和金银彩绣完全不一样了。并且现在机器大规模替代手工，以前的金银彩绣完全都是手工的。以前的物件是更有温度的，现在只是流水线上的一个产品。

俞：这些老的工艺品大多富贵华丽、工艺珍贵、价格很高，不怎么用于日常了，装饰品、佛教用品更多，比如寺院的僧袍，它们从实用价值已经过渡到艺术价值了。像朱金漆木雕，现在大多用来收藏了，用在戏台上的话，象征富贵。

后 记

　　《宁波民俗文化》一书历经四个春夏秋冬,终于完稿。本书的写作既是源于一种专业的使命和动力,也是源于对家乡宁波民俗发自内心的情感。我是土生土长的宁波人,家乡的山水和风俗我从儿时起就耳濡目染,孩童游戏的乐趣、过年过节的习俗、婚嫁做寿的场面,还有长辈们千叮万嘱的日常习俗与禁忌,都深深地印刻在我的脑海中。成年后,求学于上海,在华东师范大学度过了硕士和博士岁月,身处大都市感受到了现代与时尚,但期间对家乡民俗的记忆却没有随着岁月的流逝而褪色。

　　博士期间我读的是"文艺民俗学"专业,专业的思维让我更多地用文艺的、发展的眼光去看待民俗、研究民俗。钟敬文先生"民俗学是现代学"的学术思想影响和引领着我在民俗的田园里不断挖掘,我也深深地认同这些观点:民俗学的研究对象主要是现代社会中的民俗事象;主要研究方法是对它们进行实地采集并加以科学研究;研究视角主要是着眼于现在;研究目的是为现代社会和文化服务。可以说,钟先生"民俗学是现代学"的理论主张直接和间接地促成了当代中国民俗学朝向当下的转向。这些思想也无形地渗透融入到本书的撰写与研究中。

本书意在系统、深入地表现宁波民俗文化的立体多维,涵盖岁时民俗、人生礼俗、饮食民俗、生产民俗、游乐民俗、语言民俗、民间俗信和民俗艺术等内容,把最具有宁波特色的融传统与当下于一体的各个层面民俗展示给读者。溯源宁波传统民俗,但也十分注重民俗的当下性,关注当代宁波民俗与现代社会的发展,这是本书的亮点之一。另外,运用田野调查和民俗访谈相结合的形式进行宁波民俗的研究,在搜集考证史料的基础上丰富民俗事象,也是本书采用的主要研究方法。展示物质层面和精神层面的民俗,把民俗外在与内在、宏观与微观结合起来进行考察,民俗的那种启蒙人、鼓舞人、凝聚人的魅力或许能被真正地激发出来,成为当代人构筑丰富精神世界的元素。

本书得到了宁波市文联文艺创作重点项目、浙江省哲学社会科学重点研究基地浙东文化研究院项目的支持。感谢我所在单位宁波大学人文与传媒学院领导同事的支持!感谢宁波鄞州区民协主席陈素君和俞志华、吴瑞芳、丁唯真等老师接受深入细致的宁波民俗访谈;奉化区民协主席何禾、副主席陈峰及其他老师也提供了相关民俗口述资料。还有家族长辈们不厌其烦地为我提供一些宁波传统民俗口述资料,这些都是十分珍贵的。本书的大部分图照为本人多年民俗调研和采风拍摄所得,陈素君老师和其他相关师友也热心提供部分图照。宁波大学国际中文教育研究生在民俗调研、个案访谈等方面也给予了积极协助,显示出了青年人对民俗文化的热爱。此外,还要感谢博导陈勤建教授的关怀和同门钱斌老师的热心相助,编辑吴慧老师为本书设计及出版花费了大量心思,感激之情不胜言表。

"一方水土养一方人",甬沪两地风土人情有着天然的地缘维系,你中有我,我中有你,唯愿宁波民俗文化能让两地、两个城市的人们都能感受到生活的温度。

毛海莹

甲辰年初秋于宁波塘家湾

图书在版编目(CIP)数据

宁波民俗文化/毛海莹著. —上海:上海三联书
店,2024.12.—ISBN 978 - 7 - 5426 - 8784 - 5

Ⅰ.K892.455.3

中国国家版本馆 CIP 数据核字第 2024SK0265 号

宁波民俗文化

著　　者／毛海莹

责任编辑／吴　慧
装帧设计／徐　徐　一本好书
监　　制／姚　军
责任校对／王凌霄

出版发行／上海三联书店
　　　　　(200041)中国上海市静安区威海路 755 号 30 楼
印　　刷／上海惠敦印务科技有限公司

版　　次／2024 年 12 月第 1 版
印　　次／2024 年 12 月第 1 次印刷
开　　本／710mm×1000mm　1/16
字　　数／230 千字
印　　张／16.75
插　　页／8 面
书　　号／ISBN 978 - 7 - 5426 - 8784 - 5/K·811
定　　价／68.00 元

敬启读者,如发现本书有印装质量问题,请与印刷厂联系 13917066329